Wanderungen im

Südwesten der USA

ROTHER Selection

Reisetips	9

The Grand Circle – Rundtour I 21

Sunset Crater Volcano National Monument	26
Wupatki National Monument	28
Grand Canyon National Park	30
Page und die Glen Canyon National Recreation Area	38
Navajo National Monument – Monument Valley	42
Canyon de Chelly National Monument	48
Natural Bridges National Monument	52
Canyonlands National Park/Needles District – Newspaper Rock State Historical Monument	56
Arches National Park – Island in the Sky – Goblin Valley State Park – Horseshoe Canyon	64
Capitol Reef National Park	78
Bryce Canyon National Park	85
Zion National Park	92
Death Valley National Park	102

Kakteen, Kivas, Canyons – Rundtour II   104

Organ Pipe Cactus National Monument   109
Saguaro National Monument   110
Chiricahua National Monument   116
Petrified Forest National Park   120
El Morro National Monument   124
El Malpais National Monument   126
Chaco Culture National Historical Park   128
Mesa Verde National Park   132
Cedar Breaks National Monument –
Grand Canyon North Rim   138

Kalifornien und mehr – Rundtour III   144

Joshua Tree National Park   150
Sequoia und Kings Canyon National Park   156
Yosemite National Park   169
Great Basin National Park   182

Register   190

Reisetips

Um nach Amerika zu kommen, wird heute kaum jemand mehr mit dem Dampfer über den Großen Teich schippern. Wenigstens einmal will jeder so richtig dem Jet Set angehören (einschließlich Jet Lag) und fliegt also in die Staaten. So ein **Flug** ist, wenigstens in der Touristenklasse und je länger der eigene Körper gewachsen ist, eine strapaziöse Angelegenheit. Gesetzt den Fall, man steuert sein Ziel im Direktflug an, Los Angeles oder San Francisco etwa, sitzt man so um die 12 Stunden am Stück in der engen fliegenden Kiste, zusätzlich gefoltert vom Lärm der Düsen und bedrängt von schwer zu beantwortenden Fragen der Stewardessen wie etwa: »Chicken or Chikken?« Schon beim Einchecken wird man eine Menge gefragt auf deutschen Flughäfen, der geübte Flugzeugentführer wird darüber nur müde lächeln können. Jedenfalls tut man gut daran, diese Prozedur rechtzeitig vor dem Abheben der Maschine hinter sich zu bringen, was heißt, daß man weitere 2 Stunden auf den Beinen ist. Kommt noch die mehr oder weniger lange Anfahrt, das mehr oder weniger ausgiebige Frühstück dazu. Bei der **Ankunft** am Zielort, endlich gelandet, baut sich die nächste Hürde in Form der Einwanderungsbehörde vor einem auf. Ein **Visum** ist für deutsche Staatsbürger nicht mehr erforderlich. Bei einem Aufenthalt bis zu 90 Tagen genügt ein Reisepaß, der mindestens bis zum Abreisetag gültig ist, und das Vorweisen der ausgefüllten **Einreiseformulare**, die man im Flugzeug erhält. Trotzdem, die Prozedur der Immigration kann dauern, wenn man Pech hat und drei Großraumjets auf einmal ankommen, auch schon mal 2 Stunden. So man Glück hat, kommen nach und nach auch sämtliche Gepäckstücke an und dann steht man endlich vor den Flughafentoren und weiß hoffentlich Bescheid, wie man zu seinem hoffentlich vorgebuchten Hotel gelangt. Spätestens hier sind zum ersten Mal ganz massiv die hoffentlich vorhandenen englischen Sprachkenntnisse gefragt, wenn man zwischen *Cab*, *Limo* oder *Shuttle*, also Taxi, Großraumlimousine oder Bus-Sammeltaxi, wählen muß.

Spätestens bei Erreichen des Hotels ist es jetzt bereits stockfinster, und obwohl es erst so um die 8 Uhr abends **Ortszeit** ist, wäre es zu Hause, 8 oder 9 Stunden später, fast schon wieder Zeit zum aufstehen. Genau deswegen sollte man nun auch noch aufbleiben und sich gleich dem Tagesrhythmus der neuen Umgebung anpassen. Ist man in Las Vegas gelandet, hat man damit kaum ein Problem, für Unterhaltung ist hier reichlich gesorgt. Sei es bei einem Bummel über den neonglänzenden Strip, bei Temperaturen so um die 30 °C, oder bei einem Zug durch das eigene Hotelcasino, wo man schön klimatisiert gleich mal seine ersten Dollar verjubeln kann.

Über Las Vegas gäbe es natürlich noch eine Menge zu berichten, Thema dieses Buches ist aber die Bewegung in der Natur, zu Fuß und – notgedrungen – mit dem Auto. Nur soviel noch: Gerade für unsere erste Rundtour ist Las Vegas der ideale **Ausgangsort** und gerade soviel Stadt, wie man ertragen kann, wenn das eigentliche Ziel die Entspannung in stiller, weiter und grandioser Natur ist. Auch auf den anderen vorgeschlagenen Reiserouten kommt man in Las Vegas vorbei und kann die Stadt somit ebenfalls als Startpunkt wählen. Will man mit dem Wohnmobil reisen, gibt es hier, wie auch in Phoenix, ein Handicap: Es steht nur ein Vermieter, immerhin der größte, zur Wahl. Startet man ab Los Angeles oder San Francisco, ist die Auswahl unter den verschiedenen Anbietern größer. PKW-Vermietstationen aller gängigen Gesellschaften findet man in allen vier möglichen Ausgangsorten.

San Francisco, Golden Gate.
Ein Tor zum Westen.

Im Wohnmobil ist man gleich überall zu Hause. Hier im Capitol Reef N.P.

Las Vegas oder auch Phoenix wird man in den meisten Fällen nur mit einem Umstieg auf irgendeinem anderen US-Flughafen erreichen. Positiv daran ist, daß man nicht gar so lange ununterbrochen im Flugzeug sitzt, somit Gelegenheit hat, sich die Füße zu vertreten und die Einwanderungsformalitäten während der Wartezeit auf den Weiterflug erledigen kann. Ein Zeitverlust muß also mit einem Zwischenstop nicht unbedingt verbunden sein.

Am zweiten Urlaubstag übernimmt man dann das **Fahrzeug**, das einen die nächsten Wochen dahin transportieren soll, wo man unterwegs seine Zelte aufschlagen will. Drei Arten der **Übernachtung** bieten sich an: Eben jene im Zelt, die im Motel oder im Heim auf Rädern. Für die beiden erstgenannten Möglichkeiten mietet man sich einen PKW. Nur wer mit extrem wenig Gepäck zurecht kommt, mietet sich – stilgerecht – eine Harley. In unserem Fall, mit einer Menge Sachen bepackt, die man zum Wandern braucht, eher unpraktisch. Eine andere Möglichkeit sich fortzubewegen bietet das Gefährt, das der Amerikaner »RV« nennt. Ein *Recreation Vehicle* also, zu deutsch Erholungsfahrzeug. So ein *Motorhome* hat den großen Vorzug, daß man immer irgendwie zu Hause ist, selbst im Stau zwischen San Francisco und Oakland. Nur in wenigen Nationalparks findet man auch feste Unterkünfte (Hotels oder Lodges), *Campgrounds* findet man dagegen so gut wie immer. So ist man mit dem Wohnmobil oder dem Zelt in der Regel näher am Geschehen, was in diesem Falle auch heißt: näher, und schneller, an den Ausgangspunkten zu unseren Wanderungen. Bei langen Tagestouren oder bei mehrtägigen Unternehmungen ist diese Ausgangslage natürlich von Vorteil. Am preisgünstigsten ist sicher die Variante PKW/Zelt. Dabei ist zu bedenken, daß widriges Wetter in Form von Regen, Gewitter oder (Sand-)Sturm öfter herrscht, als die üblichen Schönwetterfotos weismachen wollen. Nachttemperaturen können auch im Sommer – etwa auf der Höhe des Bryce Canyon – an die Null-Grad-Grenze sinken. Vom Komfort her betrachtet fährt man vielleicht am besten mit der Lösung PKW/Motel, vorausgesetzt, man knausert nicht bei der Wahl der entsprechenden Kategorien. Geht man dann nicht immer nur zum Mc Dings essen, wird die Sache einigermaßen teuer. Auch nicht gerade billig ist die Anmietung eines Wohnmobils, unter dem Strich gesehen meiner Meinung nach aber die Lösung, welche die meisten Vorteile in sich vereint. Selbst wenn man den enormen Benzindurst eines solchen schweren und wenig windschnittigen Vehikels in Rechnung stellt, dürfte die Summe der Kosten für das mobile Heim die Summe aus PKW plus Sprit und stets wechselndem Dach über dem Kopf kaum übersteigen. Für welche Art des Reisens man sich auch entscheidet, in aller Regel wird es preislich günstiger, wenn man sein Gefährt bereits über das heimische Reisebüro bucht. Auch Motels kann man bereits von zu Hause aus buchen oder reservieren. Einige größere Ketten bieten auch Übernachtungsgutscheine, so daß man, je nach Streckenführung, noch eine Auswahl hat. Vorbuchung auf diesem Sektor bedeutet jedoch eine Einschränkung der fast grenzenlosen Reisefreiheit, die einem das Wohnmobil bietet. Die meisten Veranstalter weisen darauf hin – und das ist kein Verkaufstrick: Nehmen Sie Ihr Wohnmobil (gemessen in *feet*, wobei ein »Fuß« 30,48 cm lang ist) lieber eine Nummer größer als unbedingt erforderlich. Es rentiert sich nicht, die Reisekosten pro Kopf zu senken, wenn der Preis dafür Klaustrophobie heißt. Freundschaften bleiben erhalten, Partnerschaften bleiben intakt, wenn man sich nicht ständig auf die Füße tritt.

Falls Sie also ein mobiles Heim gebucht haben, werden Sie dies normalerweise am zweiten Urlaubstag in der Fremde übernehmen. Ebenso normalerweise wird der **Transfer** von Ihrem Hotel zur Vermietstation im Mietpreis für das Fahrzeug inbegriffen sein. Das heißt, Sie werden abgeholt, und zwar am Nachmittag, an dem Ihnen dann bis 16 Uhr (4 pm) das Fahrzeug übergeben wird. Rein theoretisch jedenfalls. Praktisch kann es schon mal passieren, daß an diesem Nachmittag noch 50 andere Urlauber ihr Gefährt übernehmen wollen. Wenn Sie also Pech haben bzw. sich nicht auch noch im Urlaub die Ellenbogen blutig schlagen wollen, dann kommen Sie eben als letzter vom Hof, in stockdunkler Nacht oder vielleicht sogar ohne Ihr gebuchtes Auto. Da gibt's nur eins, nämlich schon früh am Vormittag die Transferlage telefonisch checken und gegebenenfalls die Sache selbst per Taxi organisieren.

Stichwort **Telefonieren**: Im Prinzip funktioniert es genauso wie in Deutschland: Abheben, Münze einwerfen, wählen, erzählen. Die Telefonnummern bestehen aus sieben Ziffern, drei für die örtliche Vermittlungsstelle und die letzten vier für den Teilnehmer. Handelt es sich nicht um ein Ortsgespräch, ist vorher der Area Code, die entsprechende Ortsvorwahl, zu wählen. Telefoniert man über bundesstaatliche Grenzen hinweg, wählt man vorweg zusätzlich noch die 1. Für eine Resevierung im Grand Canyon Trailer Village von Las Vegas aus

Campgroundidyll im Navajo N.M.

12 Einführung

Grand Canyon South Rim. Maricopa Point vom Powell Memorial.

also beispielsweise die Nummer 1-520-638-2887.

Ein Unterschied zum deutschen System ist, daß die Nummer nicht nur aus Ziffern bestehen kann, sondern daß Ziffernfolgen mit Buchstabengruppen kombiniert sein können. Dann drückt man eben auf die entsprechenden Zifferntasten, auf denen auch der zu wählende Buchstabe steht.

Telefone, meistens offen, ohne Zelle, finden sich an jeder Straßenecke, jedem Supermarkt, jeder Tankstelle. Von den allermeisten kann man auch Ferngespräche in alle Welt führen. Dazu hält man sich entweder einen Vorrat an *Quartern*, 25-Cent-Münzen, bereit oder eine Kreditkarte. Man wählt die 1, dann den Area Code und anschließend die restliche siebenstellige Nummer. Schon meldet sich der *Operator* (das »Fräulein vom Amt«) und fragt, wie man bezahlen möchte. Je nachdem, wie die Antwort ausfällt, wird man nun aufgefordert, einen Betrag an Münzen einzuwerfen oder die Kreditkartennummer entweder zu nennen (darauf achten, daß niemand mithört) oder über die Wähltasten einzugeben. Die bargeldlose Methode ist sicher die einfachere, allerdings wird die Karte nicht von allen der vielen privaten Telefongesellschaften akzeptiert.

Erst nachdem ein Gespräch angezahlt ist, und sofern sich der Teilnehmer meldet, kommt es zustande. Meldet sich niemand, ist man seine Münzen – mindestens für die erste (Nicht-)Gesprächsminute – los.

Bei einem Überseegespräch (nach Deutschland z.B. wählt man 011 für Übersee, 49 für Deutschland, die Ortsvorwahl ohne die erste Null und dann die Teilnehmernummer) muß man schon einen ganzen Sack voller Quarter parat haben, denn der Operator schaltet sich in regelmäßigen Abständen ins Gespräch ein und verlangt den Einwurf weiterer Münzen für die Fortsetzung des Telefonats. Es kann übrigens auch passieren, daß noch ein Restbetrag gefordert wird, wenn man das Gespräch eigentlich beenden will.

Die einfachste Methode, ein Ferngespräch zu führen, ist sich einer *Calling Card* zu bedienen. AT&T, die größte amerikanische Telefongesellschaft, bietet diesen Service auch den deutschen Kunden an (Informationen bei AT&T Deutschland, Postfach 100152, 60001 Frankfurt a.M., ✆ 0130-838888). Die Karte selbst ist kostenlos, abgerechnet wird über Kreditkarte.

Ganz ohne zu bezahlen kann man auch telefonieren: Im Selbstwählverfahren, sofern es sich um eine Nummer handelt, die mit 800 oder 1-800 beginnt, oder man wählt die Null, teilt dem sich meldenden Operator seinen Wunsch nach einem *Collect Call* und die entsprechende Nummer mit, und der Operator holt das Einverständnis zum R-Gespräch beim entsprechenden Teilnehmer ein. Ein solches gibt z.B. Ihr Fahrzeugvermieter, falls Sie irgendwelche Probleme mit Ihrem Wagen bei ihm melden wollen.

Bei der **Fahrzeugübernahme** achte man trotz allen Dranges, endlich in Fahrt zu kommen, auf die Funktionstüchtigkeit aller Einrichtungen seines fahrbaren Hauses. Kleinere Karosserie- und Aufbauschäden sind zwar unschön, aber nicht weiter tragisch. Auf einem Mängelbogen erfaßt, kann man Sie bei der späteren Abgabe nicht dafür haftbar machen. Bei selbstverursachten kleineren Dellen tut das erfahrungsgemäß sowieso keine Vermietgesellschaft. Gegen größere Schäden kann man zwar eine – teure – **Versicherung** abschließen, die Klauseln sind aber so unverständlich wie in Versicherungsbedingungen hierzulande auch und noch dazu selbstverständlich in Englisch abgefaßt. Vieles bleibt zudem ausgeschlossen, und ein Rest von Selbstbeteiligung bleibt immer. Eine sogenannte Teilkaskoversicherung, mit unterschiedlichen Deckungssummen, ist meistens im Mietpreis für das Fahrzeug inbegriffen. Und apropos Versicherung: Eine **Auslandskrankenversicherung**, die schon ab ca. 20 DM für ein Jahr abgeschlossen werden kann, ist sehr zu empfehlen, denn wenn man wirklich einmal krank werden sollte, kann das sehr teuer werden.

Spätestens jetzt sind eigene fahrerische Fähigkeiten gefordert, wenn man, vielleicht zum ersten Mal, mit einem Fahrzeug, das unter Umständen doppelt so lang ist, und breiter und höher sowieso, als der eigene heimische PKW, den sicheren Hafen der Vermietstation verläßt. Als Neuling wird man schon ein paar Tage der Gewöhnung brauchen, macht man es schon zum zweiten Mal, dann wird man erstaunt feststellen: Es ist wie beim Radfahren, man verlernt es nicht.

Der erste Blick auf die Armaturentafel signalisiert dem Kleinhirn normalerweise: **Tanken!** Einer seltsamen Regelung zufolge übernimmt man sein Gefährt nämlich fast leer, weil es ebenso zurückzubringen ist. Erste Station jeder Reise mit dem Wohnmobil ist also die nächste Tankstelle. Achten Sie auf die lichte Höhe der Durchfahrt zu den Zapfsäulen, sonst ist die Klimaanlage nur noch Schrott, Sie kriegen keine Kühlung mehr, aber dafür jede Menge Ärger sowie ein Minuszeichen vor die letzte Zahl auf Ihrem Kontoauszug, und das selbst bei Abschluß der V.I.P. »Vollkasko«. Kommt partout keine *Gallone* (= 3,79 Liter) Sprit aus der Zapfpistole, obwohl Sie den Starthebel bzw. -knopf betätigt haben, haben Sie das Schild »Pay first« übersehen. Also zuerst bezahlen, dann den Tank füllen. Geben Sie ruhig mehr Geld her, als Sie Sprit zu brauchen glauben. Es wird selbstverständlich zurückerstattet.

Die zweite Station jeder Reise mit dem Wohnmobil ist der in der Regel rund um die Uhr geöffnete Supermarkt. Vom Personal der Vermietstation läßt man sich erklären, wo man am besten bzw. nächsten **einkaufen** kann und wie man da hin kommt. Wie bei uns auch steht das Wort »Supermarkt« kaum je an einer solchen Einrichtung, die zudem von außen meist eher wie ein Lagerhaus aussieht. Statt dessen prangt an der Fassade der Name der Kette, vielleicht noch mit dem Zusatz »Mart« (»K« und »E« spart sich der abkürzungsbesessene Amerikaner). Mit der Zeit und nach etlichen gefahrenen Zusatzmeilen bekommt man dann schon raus, ob es sich um einen Lebensmittelmarkt handelt oder ob man vielleicht nur Schrauben, Bettwäsche und Angelzeug bekommt. In Städten und zum Teil auch noch in Ortschaften, die man bei uns bestenfalls als Dorf bezeichnen würde, sind die Supermärkte so beschaffen, daß man in ihnen schon die erste Wanderung antritt. Das Angebot ist riesig, stets sind die Regale aufgefüllt, der Boden blankgewienert. Dort wo das Obst zu Pyramiden gestapelt ist, herrscht arktische Kälte. In den Äpfeln spiegeln sich die Lampen. Der Salat wird automatisch mit Wasser besprengt. Torten, mit Zuckerguß in den verwegensten Farben dekoriert, ziehen einem beim puren Betrachten die Plomben aus den Zähnen. *Das* muß man gesehen haben. Auf jeden Fall dauert der Gang durch die Regalschluchten und -labyrinthe seine Zeit. Bis der Basiseinkauf getätigt ist und man mit zwei vollen Einkaufswagen, leicht geschafft, die Kasse erreicht, können schon so um die 2 Stunden vergehen.

Hier sind die nächsten zwei Entscheidungen zu treffen: »Cash or Credit?«, »Paper or Plastic?« Während die zweite Frage nach den Tüten, in denen man sein Beutegut abtransportieren will, unwesentliche Probleme aufwirft, ist die erste Frage nach der **Bezahlungsmethode** schon von größerer Bedeutung, besonders dann, wenn sie vielleicht gar nicht gestellt wird. Es ist, entgegen landläufiger Meinung, nämlich durchaus nicht so selbstverständlich, mit *plastic money* zu bezahlen. Gerade in Supermärkten wird oft nur *cash*, Bargeld, genommen. Noch nie ist mir übrigens passiert, daß man meine Hundert-Dollar-Scheine nicht genommen hätte, eine weitere Story, die gerne verbreitet wird. Man sollte also schon einige echte Dollars dabei haben. Den Umtausch erledigt man am besten zu Hause, denn deutsche Geldscheine sind in amerikanischen Banken weitgehend unbekannt und werden wie Spielgeld belächelt. Bei anderer Gelegenheit ist eine Kreditkarte allerdings unerläßlich: Bei der Hinterlegung der Kaution für das Mietfahrzeug etwa, oder wenn man Hotels oder Campgrounds telefonisch reserviert.

Hat man seinen Tank gefüllt und seine Vorräte verstaut, geht es endlich **on the road**. Keine Angst, die Straßen sind breit genug, die erlaubte Geschwindigkeit niedrig, die Beschilderung mit Straßennummern, Himmelsrichtungen und Wegweisern logisch und der amerikanische Verkehrsteilnehmer in aller Regel wesentlich gelassener und zuvorkommender als in heimatlichen Gefilden. Und ist man erst mal aus den großen Städten raus, werden die *Freeways* und *Highways* immer leerer, die Landschaft weit und man hat genügend Zeit, sich an die ungewohnten Ausmaße seines Wohnmobils zu gewöhnen. Es wird nicht lange dauern und **Autofahren** kann wieder als Spaß erlebt werden. Kein Spaß sind nach wie vor die diversen Schilder, welche die erlaubte Höchstgeschwindigkeit anzeigen, wenngleich sich in den letzten Jahren die Amerikaner in zunehmendem Maße kaum noch darum kümmern. Gefahren werden grundsätzlich 10 mph mehr.

Ein probates Mittel, den Fahrstreß auf Reisen möglichst gering zu halten, ist die richtige **Routenplanung**. Die hier vorgestellten drei Rundtouren sind so angelegt, daß sie in 4 Wochen leicht zu schaffen sind und man nicht mehr Zeit auf der Straße verbringt und mehr *Meilen* (1 Meile = 1,6 Kilometer) abspult als unbedingt nötig. Auf den hier vorgestellten Routen bleibt jedenfalls noch genug Zeit zum Verweilen, zum Kennenlernen und zum Wandern. Bei den vorgeschlagenen Routen, Zielen und Wanderungen handelt es sich eben nur um Vorschläge, die jeder nach Lust und Laune variieren kann. Aus dem riesigen Angebot an Wanderwegen bzw. den hier vorgestellten Touren muß man sowieso auswählen, was in die eigene Routenplanung und in den vorhandenen Zeitrahmen paßt. In jedem Fall sollte man nicht von vornherein sklavisch an einer einmal ausgewählten Route festhalten. Vielleicht ist das Wetter ja so schlecht, daß man sich zum Weiterziehen entschließt, oder es ist so schön, daß man eben noch bleibt, wo es einem gefällt.

Die hier gezeigten Kartenskizzen geben einen Anhaltspunkt und illustrieren den

Zwischen Boulder und Escalante führt der Highway über eine versteinerte Sanddüne.

Text. Auf der Fahrt empfiehlt es sich natürlich, etwas detaillierteres Kartenmaterial zu benützen. Gute Übersichtskarten erhält man gratis, so man Mitglied ist, bei einem großen deutschen Automobilclub. Offizielle **Straßenkarten** der einzelnen Staaten sowie allgemeine **Informationsbroschüren** kann man sich von den entsprechenden Ämtern für Tourismus schicken lassen (Adressen am Schluß des Kapitels). Das kann allerdings um die 2 Monate dauern. Die besten Karten, die man kostenlos kriegen kann (vielleicht die besten überhaupt), gibt die *American Automobile Association* aus. Geschrieben wird das *AAA* und gesprochen *Triple A*. Um diese Karten sowie *Tourbooks* und *Campbooks* (mit Motel-, Restaurant- bzw. Campgroundempfehlungen) zu bekommen, muß man allerdings wieder Mitglied in besagtem großen deutschen Automobilclub sein und seinen Mitgliedsausweis vorzeigen können.

Auf eine Einteilung in Tagesetappen wurde bewußt verzichtet, die Ziele der vorgestellten Rundfahrten wurden jedoch so gewählt, daß die einzelnen Streckenabschnitte möglichst kurz ausfallen. Das garantiert nicht nur entspannteres Fahren und somit mehr Kraftreserven für die übrige Ausgestaltung des Tages, sondern in aller Regel auch einen freien Platz auf dem nächsten anzusteuernden **Campground** im nächsten Nationalpark. Allerdings nur dann, wenn diese Plätze nach dem System *First come, first served*, also »Wer zuerst kommt, mahlt zuerst« vergeben werden. Wie das funktioniert, wird, aus gutem Grund, am Beispiel des Campgrounds im Needles District des Canyonland N.P. erklärt (Seite 56). Wo diese Regel nicht gilt (siehe Nationalparkinformationen) und man »gezwungen« ist zu reservieren, heißt das Zauberwort: *MISTIX* (Adresse am Schluß dieses Kapitels). Reservieren kann man schriftlich und telefonisch bis zu 8 Wochen im voraus. Wer bereits von zu Hause aus reservieren möchte, läßt sich am besten rechtzeitig eine Broschüre schicken.

Die Belegung eines Campingplatzes im National Park oder National Monument ist aus guten Gründen ein erstrebenswertes Ziel: Die Campgrounds in den Parks liegen landschaftlich normalerweise wesentlich schöner als die privaten *RV-Parks* außerhalb. Letztere liegen oft weit ab vom Schuß und sind, wie der Name schon sagt, hauptsächlich auf Wohnmobilkundschaft eingerichtet, seltener gibt es daneben auch Plätze für Zelte. Zwar herrscht auch auf privaten Plätzen nicht die aus Europa bekannte drangvolle Enge, die staatlichen Campgrounds sind aber in der Regel enorm großzügig angelegt. Die **Preise** pro *Campsite* variieren zwischen $ 5 bis 10, manchmal kostet die Übernachtung auch gar nichts. Teuer ist es nur in kalifornischen *State Parks*. Mit $ 14 Miete ist man schon fast bei Preisen wie auf privaten Plätzen. Private Plätze bieten dann allerdings für Preise um $ 20 Elektro-, Frisch- und Abwasseranschlüsse für das Wohnmobil, sogenannte *Hook Up's*. Sowohl auf dem staatlichen als auch auf dem privaten Campground findet man pro Platz ein Set aus Tisch und Bänken und einen Grill oder eine Feuerstelle, über der man sich sein Steak brutzeln könnte. Theoretisch jedenfalls, denn die geschmiedeten Dinger sind nur selten wirklich benutzbar. In den meisten privaten RV-Parks gibt es noch einen kleinen Laden, wo man camperspezifisches Equipment, auch Grills, das dazugehörige Brennmaterial und anderes, erstehen kann, in bescheidenem Umfang auch Lebensmittel. Manchmal befindet sich auch ein kleiner Pool auf dem Gelände und für Kinder ein Spielplatz. Oft gibt es eine Gelegenheit, seine Wäsche wieder in einen tragfähigen Zustand zu versetzen, immer findet man Waschräume und Duschen. Letztere, zumal solche, deren Benützung man empfehlen kann, gibt es nicht auf allen staatlich verwalteten Campgrounds.

Nur wenige **Nationalparks** gewähren freien Zutritt, in den meisten ist **Eintrittsgeld** zu bezahlen. Wer so viele Parks und Monuments besucht wie vorgeschlagen, der tut gut daran, sich gleich am ersten Parkeingang einen *Golden Eagle Passport* zu kaufen. Der kostet $ 25 und spart Geld im Vergleich zur Entrichtung vieler Einzeleintrittsgebühren. Der Pass berechtigt zum Besuch aller vom National Park Service verwalteten Naturschutzgebiete und ist 12 Monate gültig. Mit der Entrichtung des Eintrittspreises bzw. dem Vorweisen des *Golden Eagle* erwirbt man auch **Informationsmaterial** zum National Park bzw. National Monument. Man bekommt eine Broschüre ausgehändigt, die u.a. auch eine Übersichtskarte enthält, in größeren Parks zusätzlich noch aktuelle Informationen in Form einer Zeitung. In kleineren Parks oder Monuments kann es passieren, daß die Station am Eingang entweder nicht besetzt ist oder daß eine solche erst gar nicht existiert. Sofern man es nicht eilig hat, einen Campsite zu belegen, Sie wissen schon: *First come ...*, ist der erste Gang der ins **Visitor Center**. So eine Einrichtung, mehr oder weniger imposant, hat jeder Park. Dort entrichtet man dann seinen Obolus und erhält seine Parkbroschüre. Ferner trifft man im Besucherzentrum auf geschultes Personal, in 99% aller Fälle auch auf auskunftsfreudiges und freundliches. So ein Park-Ranger, der übrigens auch Polizeigewalt inne hat, kann einem so ziemlich jede Frage beantworten, erteilt Ratschläge und auch Genehmigungen, *Permits*, falls solche für irgendeine Unternehmung erforderlich sind. Daneben bietet ein Visitor Center in aller Regel eine Ausstellung, Geologie, Fauna, Flora und Geschichte des Parks betreffend. Es gibt Dia-Schauen, und es gibt eine mehr oder weniger große Auswahl an Anschauungsmaterial, das käuflich zu erwerben ist, darunter meistens auch **Wanderbücher und -karten**, die sich speziell mit dem Gebiet befassen, in dem man sich befindet. Einige Parks haben auch solche speziellen Informationen in gedruckter, wenn auch nicht überaus ausführlicher, Form, dafür aber kostenlos zu vergeben. Fragen Sie danach. Bei Tageswanderungen auf markierten Wegen genügt normalerweise das

Der Church Rock bei Monticello.

Karten- bzw. Skizzenmaterial, das man unentgeltlich erhalten kann. Wer sich auf längere Strecken ins *Backcountry* begibt, wo möglicherweise auch übernachtet werden soll, der tut gut daran, im Visitor Center Rat einzuholen und topografische Karten zu erwerben.

Nachdem man nun frühestens am zweiten, eher am dritten Urlaubstag das erste Ziel, den ersten National Park, erreicht hat, kann es endlich losgehen mit der Erkundung des Südwestens der USA. Zu Fuß versteht sich, denn das ist hier wie anderswo auf jeden Fall die beste Methode, wirklich zu sehen und vielleicht auch zu begreifen, was die Natur um uns herum an Wundern zu bieten hat.

Wandern selbst ist kostenlos, die richtige Ausrüstung natürlich nicht. Einige der vorgeschlagenen Wege kann man zwar getrost in Turnschuhen begehen, besser sind allemal Trekkingstiefel. Noch wichtiger ist die Mitnahme ausreichend großer bzw. mehrerer Gefäße für Trinkbares. Auf den meisten hier vorgeschlagenen Touren ist es heiß, wenigstens im Sommer. Im Unterschied zu heimischen Gefilden handelt es sich hier um eine trockene Hitze, die einen kaum merken läßt, wieviel Körperflüssigkeit man schwitzend verliert. Bis es zu spät ist. Wer den ganzen Tag unterwegs ist, sollte mindestens 4 Liter Flüssigkeit mitnehmen und auch trinken. Auch das Essen ist nicht zu vergessen, selbst wenn man vielleicht keinen Hunger verspürt. Wieviel an sonstiger Ausrüstung man außerdem mitnimmt, hängt natürlich von der Art der Unternehmung ab. Letztlich bleibt es dem einzelnen und dessen gesundem Menschenverstand bzw. seiner Wandererfahrung überlassen. Wer gut bei Kondition ist, schleppt eben mehr mit, auch wenn es vielleicht nicht gebraucht wird. Kondition sollte man schon mitbringen. Selbst Touren von nur ein paar Kilometern Länge, wenigen Stunden Dauer und mit geringem Höhenunterschied können der Hitze und der Höhenlage entsprechend zu anstrengenden Unternehmungen werden. Viele der vorgeschlagenen Touren bewegen sich in Höhen von 2000 Metern und mehr. Ausreichende Anpassung ist hier vonnöten. Nach Möglichkeit sollte man nicht alleine gehen. Wer es dennoch tut, sollte sich bei den zuständigen Stellen im Park (Visitor Center, Ranger Station oder Backcountry Office) registrieren lassen. In manchen Parks ist das in jedem Fall obligatorisch (darauf wird in den Nationalparkinformationen hingewiesen). Will man im *Backcountry*, dem unerschlossenen Hinterland, wandern und dort sogar übernachten, ist fast immer ein **Permit** erforderlich, das in begrenzter Zahl kostenlos erteilt wird.

Der Südwesten, ein Eldorado für Fotografen. Hier der Antelope Canyon.

Adressen

MISTIX
P.O. Box 9029
Clearwater, FL 34618
℡ 1-800-365-2267 (innerhalb Nordamerika)
℡ 813-572-7527 (aus Ländern außerhalb der USA oder Kanada)

Arizona Office Of Tourism
1100 West Washington
Phoenix, AZ 85007

California Division of Tourism
801 K Street, Suite 1600
Sacramento, CA 95814

Colorado Tourism Board
1625 Broadway, Suite 1700
Denver, CO 80202

Nevada Commission On Tourism
Capitol Complex
Carson City, NV 89710

New Mexico Department of Tourism
P.O. Box 20003
Santa Fe, NM 87503

Utah Travel Council
Capitol Hill
Salt Lake City, UT 84114

BOTSCHAFT der Bundesrepublik Deutschland
4645 Washington D.C. 20007
℡ (202) 298-4000

The Grand Circle – Rundtour 1

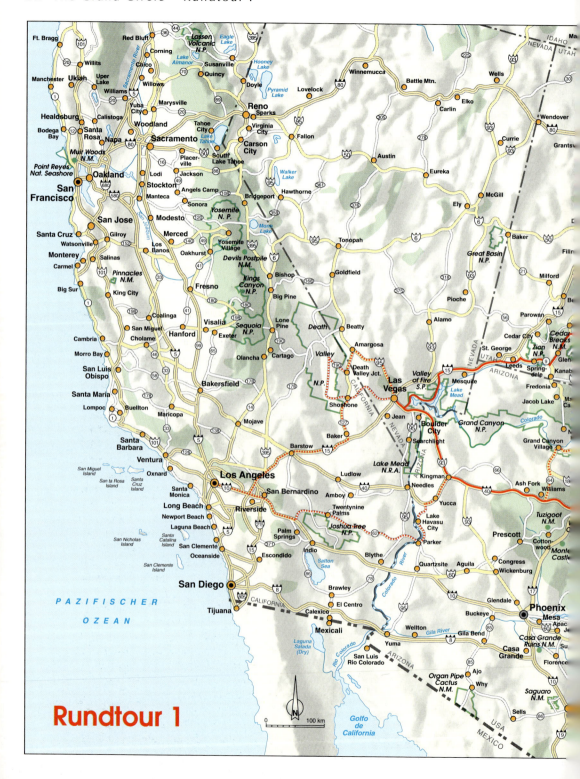

Rundtour 1

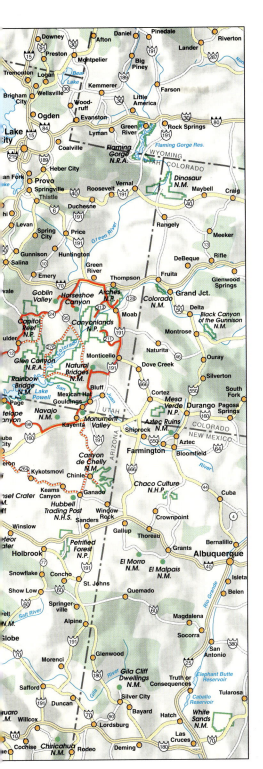

Heute liegt Halls Crossing zwar am südlichen Ufer des Lake Powell, ist aber immer noch eine Fährstation wie zu Zeiten, als der Colorado noch ungezähmt durch den Glen Canyon floß. Heute verbindet die Fähre nicht mehr zwei Uferstreifen Niemandslandes, sondern zwei Yachthäfen miteinander, mitten in einer Landschaft, die zum Nationalen Erholungsgebiet erklärt wurde. Sticht man die Spitze eines riesigen Zirkels bei Halls Crossing ein und zieht einen Kreis mit einem Radius von etwa 150 Meilen, so befindet sich in diesem relativ kleinen Kreis eine so große Anzahl landschaftlicher Sehenswürdigkeiten und Stätten alter, vorkolumbischer Kultur wie sonst nirgends mehr im Südwesten. Die Nationalparks reihen sich von **A** wie **Arches** bis **Z** wie **Zion**.

Die Tourismuswerbung nennt das ganze »**The Grand Circle**«, was ausnahmsweise mal nicht übertrieben ist. Wir wollen es auch nicht übertreiben: Alle Parks und Monuments, die unter dem Oberbegriff Grand Circle (Info: Grand Circle Association, P.O. Box 987, Page, AZ 86040) firmieren, kann man auch während 4 Wochen Urlaubs nicht besuchen, geschweige denn wandernd erkunden. Um diese Landschaft intensiv zu erleben, sollte man sich Zeit lassen, es bedarf somit der Beschränkung. Deshalb wurde hier eine Auswahl aus der »offiziellen« Großen Runde getroffen, die, um es nicht unerwähnt zu lassen, als zusätzliche Ziele außerhalb unseres Programmes den Nordrand des Grand Canyon enthielte, den Mesa Verde N.P., das Hovenweep N.M., das Cedar Breaks N.M., das Pipe Spring N.M. und noch eine Reihe anderer Sehenswürdigkeiten.

Die im folgenden vorgestellte Runde soll also auch wiederum jeder selbst nur als Anregung zur Gestaltung seines eigenen Programmes betrachten, was auch heißt, daß man die Rundfahrt z.B. ebenso in umgekehrter Richtung als der hier beschriebenen angehen kann.

Ein günstiger Ausgangspunkt zur Erkundung dieses großartigen Zirkels ist jedenfalls Las Vegas. Von dort aus wollen wir unsere erste Rundfahrt starten.

> **Von Las Vegas zum Grand Canyon:
> Abstecher in das
> Sunset Crater Volcano N.M.**

Wer mit dem PKW reist, wird vielleicht recht frühzeitig an seinem zweiten Urlaubstag starten können. Sofern ein Platz auf dem Campground oder ein Hotelzimmer reserviert ist, kann man durchaus noch an diesem Tag unser erstes Hauptziel, den Südrand des Grand Canyon erreichen. Für den, der mit dem Wohnmobil reist, wird dies kaum möglich sein, immerhin ist eine Strecke von knapp 300 Meilen zu bewältigen, Fahrtzeit also um die 6 Stunden. Vielleicht schafft man noch die gut 100 Meilen bis Kingman (Campground der KOA-Kette). Wer spät aus Las Vegas wegkommt, steuert einen Platz am Lake Mead an. Über Henderson gelangt man zur Las Vegas Bay oder zum Boulder Beach. Hier befinden sich Marinas, Yachthäfen, denen auch Campingplätze angeschlossen sind. Da diese in der **Lake Mead National Recreation Area** liegen und somit staatlich verwaltet werden, sind sie recht preisgünstig. Zudem liegen sie schön in Seenähe, und man kann bereits am zweiten Urlaubstag anfangen, ein wenig zu entspannen.

Henderson, ein Vorort von Las Vegas, erreicht man über den mehrspurigen Boulder Highway. Bis hierher und noch weiter bis Kingman treibt man in dichtem Verkehr, eingekeilt vor allem inmitten einer Armada von *Trucks*, wie die riesigen LKW-Gespanne hierzulande heißen. Im Bereich des Hoover Dam, der den Colorado zum Lake Mead aufstaut und dem Fluß die Energie abtrotz, um Las Vegas zum Glitzern zu bringen, wird die Straße eng, schlaglöchrig und zu beiden Seiten des Flußufers steil und kurvenreich. Der Wohnmobilneuling tut gut daran, diesen ersten Teil unserer Runde bei Tageslicht hinter sich zu bringen. Andererseits, wenn die Sonne hinter Las Vegas unter die umgebenden Bergketten abtaucht und die Stadt mit künstlichem Lichtergefunkel antizyklisch erwacht, verwandelt sich

Las Vegas Boulevard, »The Strip«. Kommt der Jackpot?

Kohlschwarze, grobkörnige Asche prägt über weite Teile das Bild des Sunset Crater N.M.

auch die Mondlandschaft graubrauner Hügel und abweisender zackiger Gebirgskämme, die man tagsüber unter blendend hellem Himmel durchfährt, in ein mit rosa und orangerot leuchtendem Strahlen übergossenes Arkadien.

In Kingman, einem Ort mit knapp 13 000 Einwohnern, für hiesige Verhältnisse also recht groß, kann man, wie gesagt, sein Nachtlager aufschlagen. Man kann hier auch seinen Basiseinkauf erledigen, tanken oder einkehren. Man kann sogar ein kurzes Stück in Nostalgie schwelgen und auf der alten Route 66 die Stadt durchqueren oder aber sich gleich auf die Interstate 40 schwingen und mit dem Wahnsinnstempo von 65 erlaubten Meilen pro Stunde (105 km/h) die nächsten 117 Meilen bis Williams über die Autobahn »brausen«. Die Landschaft zu beiden Seiten ist kaum erwähnenswert, interessanter ist die Frage, was als erstes Ziel unserer Reise anzusteuern ist. Gleich der Grand Canyon durch die Vordertür, von Williams aus also zum Südeingang, oder der Sunset Crater und dann erst die berühmte Schlucht über den Osteingang, sozusagen durch die Hintertür? Nicht nur der Gemütlichkeit halber, sondern auch wegen der Anpassung der inneren Uhr an die Ortszeit sowie der Anpassung des ganzen Körpers an die hier gegebene Höhenlage von über 2000 Metern empfiehlt es sich, die Reise ruhig angehen zu lassen.

Also ich plädiere für eine Streckenführung, die über Williams hinaus nach Flagstaff führt und von dort aus auf dem Highway 89 noch ein Stück nach Norden in das Sunset Crater Volcano N.M. Vielleicht sollte man so etwas gar nicht schreiben, aber hier findet sich einer der schönsten und am großzügigsten angelegten staatlich verwalteten Campingplätze, die ich im Südwesten kenne. Und, garantieren kann ich dafür zwar nicht, einen Platz findet man hier, wenn es sein muß und es nicht gerade ein (Feiertags-)Wochenende ist, auch noch am späten Nachmittag.

Sunset Crater Volcano National Monument

Blick in den Sunset Crater vom O'Leary Peak.

Adresse/Information: Sunset Crater Volcano N.M., 2717 N. Stevens Blvd, Suite 3, Flagstaff, AZ 86004, ✆ (520) 556-7042. **Öffnungszeiten:** Ganzjährig geöffnet. **Größe:** 12 km². **Höhenlage:** 2121 m, Visitor Center. 2717 m, O'Leary Peak. **Wetter/Klima:** Angenehme Tagestemperaturen im Sommer, nachts stark abkühlend. Im Frühjahr und Herbst relativ kühl, kalte Nächte. Im Winter kalt mit gelegentlichen Schneefällen. **Landschaftscharakter/Attraktionen:** Zahlreiche Vulkankegel, Lavaströme und Felder schwarzer Vulkanasche, spärlich mit Kiefern bewachsen. Zeugnisse vulkanischer Tätigkeit aus historischer Zeit (letzter Ausbruch 1064 n.Chr.). **Unterkunft:** Im Park: Bonito Campground mit 44 Plätzen. First come, first served. Geöffnet nur vom 15. Mai bis 15. September. Keine Dump Station. Keine weiteren Unterkünfte im Park. (Auch der Campground sowie das Visitor Center liegen eigentlich außerhalb im Coconino National Forest, allerdings nur einen Steinwurf von der Parkgrenze entfernt.) **Außerhalb:** Campingplätze und Unterkünfte verschiedenster Kategorien im 32 km entfernten Flagstaff. **Verpflegung:** Im Park: Keinerlei Einrichtungen. Außerhalb: Supermärkte und Restaurants in Flagstaff. **Wanderwege:** ⚹⚹ Lava Flow Nature Trail: 1,6 km Rundweg. ⚹⚹ O'Leary Peak (2717 m): 16,7 km, Hin- und Rückweg (im benachbarten Coconino N.F.), 600 Hm.

Wie die anderen Eruptionskegel innerhalb und außerhalb des Sunset Crater Volcano National Monument gehört der Sonnenuntergangskrater zum Vulkanfeld der San Francisco Peaks, die sich westlich des Monuments an die 4000 Meter hoch und bis weit in den Sommer schneebedeckt in den Himmel recken. Diese hohen Berge sind nicht nur ein weitläufiges Wandergebiet, sondern auch der »Zweitwohnsitz« der Kachinas. Zur Wintersonnenwende kommen diese Ahnengeister der Hopi, insgesamt gibt es davon mehr als 400, in die nicht allzuweit wegliegenden Hopidörfer und begleiten helfend das Leben der Gemeinschaft. Zur Sommersonnenwende kehren sie zurück in die Berge.

Im Jahr 1064 n.Chr., geologisch gesehen also erst vor kurzem, brach, vorläufig zum letzten Mal, dieser Vulkan aus, dessen Kraterrand von einer rötlichen Ascheschicht bedeckt ist. Daher der Name Sunset Crater. Ansonsten herrscht die Farbe Schwarz vor. Schwarze grobkörnige Asche bedeckt das Gebiet des National Monument, durchzogen von Strömen wild zerklüfteter schwarzer Lava. Lichte Kiefernwälder steuern ein wenig Grün bei, und wenn man genau hinsieht, finden sich auch ein paar zarte Tupfer Rosa und Gelb von vereinzelt wachsenden Wildblumen. Das Ganze meistens unter einem klaren tiefblauen Himmel.

Dem kleinen Visitor Center nahe des Parkeingangs sollte man einen Besuch abstatten. Neben dem üblichen Informationsangebot findet man hier den Schreiber eines Seismographen, der die Aktivitäten der Erdkruste in näherer und weiterer Umgebung mit kritzeligen schwarzen Strichen auf weißem Papier festhält. Da sieht so ein Diagramm von den Erschütterungen eines Atomtests in den Wüsten von Nevada genauso erschreckend harmlos aus wie das Dokument vom jüngsten Zusammenprall der Kontinentalplatten an der kalifornischen Pazifikküste.

Sunset Crater Volcano National Monument

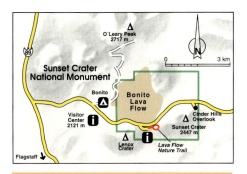

Wanderungen im Sunset Crater Volcano N.M.

Auch wer erst am Nachmittag hier ankommt, kann gleich zur ersten Wanderung starten. Der **Lava Flow Nature Trail** ist zwar eher ein Spaziergang, kurz und ohne nennenswerten Höhenunterschied, aber gerade deshalb ist er gut geeignet, sich der Höhe von um die 2000 Meter über dem Meeresspiegel anzupassen, auf der wir uns im weiteren Verlauf unserer Rundfahrt überwiegend aufhalten werden. Zudem ist dieser Naturlehrpfad gut geeignet, sich einen Eindruck von der Landschaft im Park zu verschaffen, wobei viele Schautafeln am Weg helfen. Der Weg bietet zudem gute Ausblicke auf den nahen Sunset Crater, zumal gegen Abend, wenn die sinkende Sonne den roten Rand des schwarzen Vulkankegels zum Leuchten bringt.

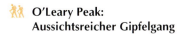
O'Leary Peak: Aussichtsreicher Gipfelgang

Der Weg auf den O'Leary Peak ist schon von anderem Kaliber. Zwar führt er absolut unschwierig über eine Forststraße, die in einigermaßen gleichmäßiger Steigung die Südflanke des Berges hinaufzieht, aber bis zum Gipfel auf 2717 Meter Höhe sind immerhin mehr als 8 Kilometer Strecke zurückzulegen und ein Höhenunterschied von knapp 600 Metern zu überwinden. Dazu wird man an die 3 Stunden brauchen. Zusammen mit dem etwa zweistündigen Abstieg ist diese Tour also keine Kleinigkeit, schon gar nicht während des Beginns unserer Akklimatisationsphase.

Die Forststraße zweigt kurz vor dem westlichen Parkeingang von der Loop Road durch das Sunset Crater sowie Wupatki N.M. ab. Durch den Kiefernwald geht es zunächst recht flach, dann gleichmäßig steigend in weiten Serpentinen bergan. Nach etwa zwei Dritteln des Weges werden die Bäume weniger, die Sicht freier. Schon ist man weit über dem Sunset Crater und blickt von oben in den Schlund der ebenmäßig geformten Schüssel. Wahrscheinlich hat man schon längst festgestellt, daß man diese unbefestigte Straße auch befahren kann und, sogar als Privatmann, darf. Mit einem gemieteten PKW, gar mit einem Wohnmobil, ist davon jedoch dringend abzuraten. Was bis zum letzten Straßendrittel aus der Fußgängerperspektive zwar schmal, aber sonst ganz gut befahrbar erscheint, wird in der Schlußphase zunehmend holprig und steil und balanciert ganz schön am Abgrund. Zu Fuß kommt man zwar langsamer nach oben, sicherer aber allemal, und das Panorama sollte man sich nicht mit der Aussicht auf die nötige, kriminelle Abfahrt verderben. Zwar ist der Gipfel baumbestanden, er bietet jedoch durch zahlreiche Lücken eine grandiose Rundumsicht. Im Süden reihen sich die Vulkankegel ein paar hundert Meter unter uns aneinander. Im Westen ragen schneebedeckt die San Francisco Peaks noch 1000 Meter höher in den Himmel. Im Osten und Norden breiten sich die roten und gelben, teilweise auch grünen Ebenen der Painted Desert, einem Siedlungsgebiet der Navajo, bis hin zu den blauschwarzen Tafelbergen, auf denen die Hopi leben.

Weiterfahrt zum Grand Canyon

Man könnte vom Sunset Crater N.M. nach Flagstaff zurückfahren und über den Highway 180 direkt den Südrand und das Grand Canyon Village ansteuern. Landschaftlich reizvoller ist die Route vom Sunset Crater N.M. über das Wupatki N.M. zum Osteingang des Grand Canyon. Zumindest bis man den Highway 89 wieder erreicht und die San Francisco Peaks auch aus dem Rückspiegel verschwinden.

Wupatki National Monument

Zu wandern gibt es im Wupatki National Monument zwar nicht viel, zu schauen aber eine ganze Menge. Die Fläche des Monuments umfaßt eines der ehemaligen Siedlungsgebiete der Sinagua-Indianer (spanisch für »Ohne Wasser«). Diese Urbevölkerung siedelte bereits in der Gegend, bevor es in der südlichen Nachbarschaft des nachmaligen Sunset Crater N.M. so richtig zu rumpeln begann. Zunächst durch die Vulkanausbrüche vertrieben, kehrte sie später zurück, als sich die abgelagerte Asche als fruchtbarer Boden erwies. Diese Ackerbauphase dauerte jedoch nur etwa hundert Jahre. Die Ernten wurden dann immer spärlicher und die Leute verließen ihre Heimat. Aus der Sicht heutiger Anthropologen spurlos. Zurück blieben ihre Behausungen, gemauert aus dem rötlichbraunen Gestein der Moenkopi-Formation, die hier zutage tritt. Nordöstlich von Wupatki, nicht weit weg, leben noch heute die Hopi. Deren älteste Siedlung, Old Oraibi, bestand schon in jener Zeit, als die Sinagua ihre Wohnstätten verließen. Gingen sie dorthin oder nach Süden? Ein kreisrunder, ummauerter Platz bei der Wupatki-Ruine, interpretiert als Ballspielplatz, weist auch auf mögliche Verbindungen zu den mittelamerikanischen Kulturen hin. Von ihren einsti-

Wupatki, in der Hopi-Sprache das hohe Haus.

Im Herbst, nach zahlreichen Sommergewittern, grünt die Steppe um die San Francisco Peaks.

gen Pueblos blieben über die Zeiten nur Ruinen übrig, sehenswert sind sie trotzdem. Ein einsamer Sonnenaufgang an der Lomaki-Ruine, im Hintergrund die San Francisco Peaks: traumhaft. Wupatki, das hohe bzw. mehrstöckige Haus, ist die besterhaltene Siedlung. Sie liegt wenige Schritte hinter dem Visitor Center des Monuments. Vorbei am neuzeitlichen Cola-Automaten tritt man ein in eine vergangene Welt.

Vom Wupatki N.M. zum Grand Canyon N.P.

Bei Gray Mountain wird auch die Gegend so grau, wie der Name sagt – so recht eine Landschaft, um sie den Indianern, in diesem Falle den Navajo, großzügig als Reservat zu überlassen. Übrigens sagt man heutzutage nicht mehr Indianer, sondern, politisch korrekt »Native Americans« weil hier erstens nun wirklich nicht Indien ist, wie wir inzwischen wissen, und zweitens weil sich die demzufolge Nicht-Indianer durch diese Bezeichnung diskriminiert fühlen könnten. Das meinen jedenfalls manche Bleichgesichter.

Bei der Abzweigung des Highway 64 in Richtung Grand Canyon kann man noch mal tanken, bevor es im Park teurer wird. Geld kann man auch im weiteren Verlauf der Fahrt entlang des Highways ausgeben. Chief Yellowhorse und seine Roten Brüder laden dazu jedenfalls herzlich ein. Ein Stand mit angeblich selbstgefertigtem Indianerschmuck reiht sich an den anderen.

Grand Canyon National Park

Kurz nach dem Eingang zum Grand Canyon National Park ist es soweit: Vom Desert View blickt man auf das Felsenwirrwarr zu Füßen und auf den Fluß in der Tiefe, der diese Landschaft geschaffen hat. Eine sehr eindrucksvolle Sache, selbst im Licht einer hoch am Himmel stehenden Vormittagssonne, die kaum Schatten in die Kulissen der gestaffelten Wände, Grate und Türme wirft. Wer von hier aus erleben möchte, wie beim Sonnenauf- oder -untergang die Konturen und Farben herausgearbeitet werden, sieht zu, einen Platz auf dem nahegelegenen Desert View Campground zu bekommen. Ein lohnenswertes Ziel. Wer seinen Platz im Grand Canyon Village vorgebucht hat, wer früh genug dran ist, um eine Chance zu haben, auch ohne dieses Zeremoniell noch einen zu bekommen, wer einfach nicht bleiben möchte und auch nicht vorhat, im östlichen Parkbereich auf einem der Primitive Trails hinunter in die Schlucht zu wandern, der fährt auf der Parkstraße 40 Kilometer weiter bis ins Grand Canyon Village. An dieser Straße reiht sich ein Aussichtspunkt an den anderen, und die Ausblicke werden immer eindrucksvoller. Wir heben uns aber die Besichtigungstour noch etwas auf, weil wir den Park auf derselben Route wieder verlassen werden und dann mehr Zeit dafür ist.

Grand Canyon Village, das ist wirklich eine Art Dorf, eigentlich schon eine kleine Stadt. Es geht zu, als ob es etwas geschenkt gäbe. Das stimmt schon in gewisser Weise, denn wo sonst bekommt man einen so atemberaubenden Ausblick und zugleich einen Einblick in zwei Milliarden Jahre Erdgeschichte geboten? Um eine Ahnung von solchen Dimensionen zu bekommen, begibt man sich am besten ins Yavapai Museum, wo versucht wird, einem die Entstehungsgeschichte der »Mutter aller Schluchten« nahezubringen. Wie gesagt, ein Versuch, denn wer soll schon begreifen, daß zu seinen Füßen ein erdgeschichtliches Tagebuch mit immerhin siebenhundert Milliarden steinernen Seiten aufgeblättert ist, mit den Seiten, die von der Erosion inzwischen herausgerissen wurden, also eine Chronik halb so alt wie der Planet selbst. Auf Hebungen der Erdkruste, verursacht durch die Drift der Kontinente, und auf die damit einhergehenden Gebirgsbildungen folgten mehrmalige Abtragungen durch die Kräfte der Erosion. Riesige Binnenseen bedeckten das Gebiet des heutigen Colorado-Plateaus und Flüsse lagerten darin ihre Sedimentfracht ab. Genauso wie in die Meere, die während Perioden der Absenkung das Land überfluteten. Schicht für Schicht wurde übereinandergelagert und teilweise auch wieder abgetragen. Heute sind wir Zeuge einer für unsere auf Schnelligkeit geeichten Sinne nicht spürbaren Hebungsphase. Seit rund hundert Millionen Jahren regiert die Erosion und hat die zuoberst abgelagerten Schichten bereits wieder in die Weltmeere befördert. Seit etwa zehn Millionen Jahren hilft ihr der Colorado River, gräbt und fräst sich in die Gesteinspakete. Wie und in welchem ursprüglichen, vom heutigen Flußbett abweichenden er das tat, sei dem Streit der Experten überlassen. Für jedermann zu sehen ist jedenfalls, daß er sich hier und heute schon mehr als eine Meile tief hinuntergearbeitet hat. Durch Kalk und Sandstein, durch Ton und Mergel bis in Schiefer und Granit. Dabei hat er auch Barrieren aus Lava niedergerissen, die zwischenzeitlich durch vulkanische Tätigkeit entstanden und den Fluß auf natürliche Weise zeitweilig aufstauten. Jeden Tag gräbt er sich millimeterweise tiefer und rennt an gegen alles, was sich ihm in den Weg stellt. Auf Dauer wird er auch vor den Barrieren nicht halt machen, die der Mensch in seinen Flußlauf betoniert hat.

Blick in die Schlucht vom Moran Point. Der Colorado, der Rotgefärbte, heute in Grün.

Adresse/Information: Grand Canyon N.P., P.O. Box 129, Grand Canyon, AZ 86023, ✆ (520) 638-7888. *Öffnungszeiten:* South Rim: Ganzjährig geöffnet. *North Rim:* Oktober bis Mai geschlossen. *Größe:* 4933 km². *Höhenlagen:* 732 m, Phantom Ranch/Colorado River. 2090 m, Visitor Center, South Rim. 2272 m, Desert View, South Rim. 2516 m, Grand Canyon Lodge/Visitor Center North Rim. 2684 m, Point Imperial, North Rim. *Wetter/Klima:* Im Hochsommer kann es tagsüber an beiden Rändern der Schlucht heiß werden. Nachts kühlt es merklich ab, im Frühsommer, Frühling und Herbst bis um den Gefrierpunkt, während dann die Tage milder sind. Die Winter sind kalt, am Nordrand auch schneereich, weshalb dieser Teil des Parks dann geschlossen ist. Je tiefer man ins Innere der Schlucht hinabsteigt, desto wärmer – im Sommer oft unerträglich heiß – und wüstenhafter wird es zu jeder Jahreszeit. *Landschaftscharakter/Attraktion:* Wild und grandios zerklüftete Schlucht des Colorado River, eingeschnitten in das bewaldete Colorado-(Hoch-)Plateau. Die Attraktion ist der Blick – von wo auch immer – in die Schlucht aller Schluchten. *Unterkunft: Südrand:* Im Park: 3 Campgrounds. Desert View mit 50 Plätzen. First come, first served. Von Oktober bis Mai geschlossen. Mather Campground mit 327 Plätzen. Reservierung erforderlich über: MISTIX (Adresse s. S. 18). Trailer Village mit rund 200 Plätzen und Anschlüssen für Wohnmobile oder Wohnwagen. Reservierung empfehlenswert unter derselben Adresse wie für die Lodge-Reservierungen, siehe unten. Telefonische Reservierung unter der Nummer: (520) 638-2887. Am Südrand gibt es das El Tovar Hotel und 5 Lodges (Bright Angel- [auch zuständig für die Phantom Ranch], Kachina-, Thunderbird-, Maswik- und Yavapai-Lodge). Reservierungen – dringend empfohlen – über Grand Canyon N.P. Lodges, P.O. Box 699, Grand Canyon, AZ 86023. ✆ (520) 638-2401 oder (520) 638-2631 (für Reservierungen am Tag des Anrufs). Reservieren kann man bis zu 23 Monate (11 Monate, Phantom Ranch) im voraus. Die Zeltplätze im Canyon (Cottonwood, Bright Angel und Indian Gardens) für Übernachtungen auf Mehrtageswanderungen sind – nur schriftlich und maximal 5 Monate im voraus – zu reservieren über das Backcountry Office, Grand Canyon N.P., P.O. Box 129, Grand Canyon, AZ 86023. *Außerhalb:* Campground (mit Anschlüssen für Wohnmobile) und Motels im wenige Meilen vom südlichen Parkeingang entfernten Tusayan. *Nordrand: Im Park:* North Rim Campground mit 82 Plätzen. Von Ende Oktober bis Mai geschlossen. Reservierung erforderlich über MISTIX. Grand Canyon Lodge. Reservierung über: TW Services Inc, P.O. Box 400, Cedar City, UT 84720. ✆ (801) 586-7686. Ende Oktober bis Mitte Mai geschlossen. *Außerhalb:* De Motte Campground und Kaibab Lodge, 8 km nördlich der Parkgrenze an der Zufahrtsstraße. Ganzjährig geöffnet. Campground und Lodge im 50 km entfernten Jakob Lake. Ganzjährig offen. Frei campen darf man im Kaibab National Forest, der nördlich des Parks anschließt. *Verpflegung: Südrand: Im Park:* Supermarkt im Grand Canyon Village, dort sowie auch in den Lodges diverse Restaurants. Einkaufsmöglichkeit und Snack Bar auch in Desert View am östlichen Parkeingang. Die Phantom Ranch am Grund der Schlucht bietet ebenfalls – wenn auch, der Lage entsprechend – bescheidene Möglichkeiten, sich zu verpflegen. *Außerhalb:* Lebensmittelläden sowie Restaurants in Tusayan. *Nordrand: Im Park:* General Store und Restaurants auf dem Gelände zwischen Campground und Lodge. *Außerhalb:* Restaurant in der Kaibab Lodge. Laden und Restaurant In Jakob Lake. *Weitere Einrichtungen: Südrand: Im Park:* Autoreparatur, Tankstellen, Propangas, Post, Bank, Klinik. Organisierte Maultierritte in den Canyon.

Bright Angel-, South- und North Kaibab Trail, auf denen man den Canyon vom Süd- zum Nordrand durchqueren kann, sind sogenannte *Corridor Trails*, ausgebaut, unterhalten und von Rangern patrouilliert. Alle anderen Wege in die Schlucht, und es gibt noch eine Menge davon in der sogenannten Treshold-, Primitive- und Wild Zone, sind von mehr oder weniger primitiver Art, erfordern also noch gewissenhaftere Planung, noch bessere Ausrüstung, Kondition und Erfahrung, als ohnehin schon für die aufgeführten durchaus ernsthaften Unternehmungen notwendig ist.

Zwischen der Bright Angel- und der Grand Canyon Lodge trennen 10 Meilen Luftlinie den Südrand vom dort 400 Meter höher gelegenen Nordrand des Grand Canyon. Zu Fuß ist man auf dem South- und North Kaibab Trail, der kürzesten Verbindung von Rim zu Rim, ziemlich genau 20 Meilen unterwegs und überwindet dabei im Ab- und Aufstieg fast 3300 Höhenmeter. Wer so eine Durchquerung machen möchte (die »leichteste« Möglichkeit ist North Kaibab runter, Bright Angel rauf), aber nicht vorhat, dies hin und zurück zu tun und auch keine Möglichkeit hat, den Rücktransport über die 200 Meilen lange Straßenverbindung zwischen beiden Punkten privat zu organisieren, kann einen Shuttle-Service in Anspruch nehmen. Reservierung vor Ort über die *transportation desks* in den *Lodges* oder telefonisch unter (520) 638-2820.

Sehen wir uns das Ganze in natura an, nicht nur im Museum. Gelegenheit dazu haben wir entlang des gesamten Verlaufs der Straße durch den Park, von Desert View bis Hermits Rest. Auf dem East Rim Drive von Desert View bis ins Grand Canyon Village können wir unser eigenes Fahrzeug benützen. Im Bereich des Village kann man sein Auto stehen lassen. Shuttle Busse steuern alle interessanten Punkte an. Busse verkehren auch zwischen der Bright Angel Lodge und Hermits Rest auf dem West Rim Drive. Diesen kann man mit dem eigenen Auto nicht befahren, die kleinen Parkplätze sind dem Ansturm einfach nicht mehr gewachsen.

Grand Canyon National Park 33

Der Hopi Point ist ein ausgezeichneter Ort, um den Sonnenuntergang zu verfolgen.

Wanderungen im Grand Canyon N.P.

Steigen wir am Hopi Point aus und spazieren auf dem 4,8 Kilometer langen **Rim Trail** ohne nennenswerten Höhenunterschied zurück bis zum Yavapai- oder zum Mather Point. Am besten tut man das am späten Nachmittag, wenn die Strahlen der Sonne immer flacher in die Schlucht fallen, wenn lange Schatten die Konturen der Gipfel, Tafelberge und Wände in der Tiefe herausarbeiten und die Gesteinsschichten unterschiedlicher Färbung langsam zu leuchten anfangen. Ein grandioser Spaziergang ist das, und selbst im Bereich des Village hat man dabei nicht allzuviel Begleitung. Rückt der Sonnenuntergang näher, konzentrieren sich die Menschenmengen am Yavapai- und am Mather Point. Wer dieses Schauspiel für sich alleine in Ruhe genießen will, wer erleben will, wie das letzte Licht all die Tempel Türme und Throne, benannt nach Göttern aus den Mythen

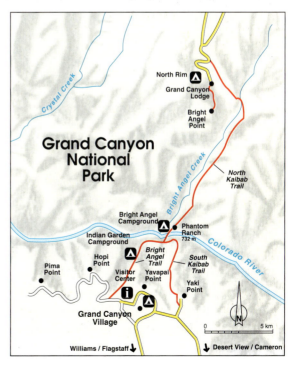

der Germanen, Ägypter und Hindu, mit rötlichem Gold überzieht, der findet eine Reihe von dazu geeigneten Stellen zwischen diesen beiden Brennpunkten massentouristischer Aufläufe. Auch vom Hopi Point ist das Erlebnis eines Sonnenuntergangs am Grand Canyon unvergeßlich. Wer will, geht den Weg also in umgekehrter Richtung. Der letzte Shuttle Bus bringt einen wieder zurück ins Village.

Hinab in die Schlucht: South Kaibab und Bright Angel Trail

Beratung in Sachen Wanderungen in der Schlucht bietet das *Backcountry Office* nahe dem Mather Campground. Die Ranger dort werden einem in jedem Fall den Tagestrip Village – Phantom Ranch – Village ausreden wollen. Und wer nicht wirklich bei guter Kondition ist und sich völlig fit fühlt, sollte die Finger davon lassen. Machbar ist die (Tor-)Tour aber schon. Auf einer früheren Exkursion hinunter bis zum Plateau Point hatte ich jedenfalls Leute getroffen, die es geschafft haben. Diesmal wollte ich es selber wissen.

Der erste Bus aus dem Village erreicht den Yaki Point um 7 Uhr früh. Los gehts, den South Kaibab Trail hinunter. Noch liegt der erste Teil des Weges durch die Steilflanke im Schatten. Schon hier heißt es, sich zu konzentrieren, denn die Spur ist mal glatt, mal sandig, in jedem Falle holprig von unzähligen Fuß- und Huftritten. Bald ist das erste Etappenziel, **Cedar Ridge**, erreicht, es liegt bereits voll in der Sonne. Diese Kanzel 450 Meter unter dem Rim am Beginn eines Felsgrates ist ein schönes Ziel für eine gemütliche Halbtagestour von insgesamt 4,8 Kilometer Länge. Schon hier hat man herrliche Einblicke in den Canyon, und zwar aus einer ganz anderen Perspektive als der vom Canyonrand aus. Man könnte es bei diesem Ausflug bewenden lassen. Aber

Auf dem South Kaibab Trail eröffnen sich neue Canyonperspektiven. Auch die, vom Rand aus gesehen, karge Vegetation zeigt sich in voller Größe.

der Tag ist noch jung, die Stimmung gut, und der Ehrgeiz treibt. Auf steilere Wegstücke folgen flache Passagen, es geht zügig voran, vorbei an meterhohen gelbblühenden Agaven und mitten durch die Geologie der Jahrmillionen, vom Kaibab-Kalkstein bis hinunter zum Vischnu-Schiefer. Auf kleinen Tafeln wird erklärt, wie weit man schon ins Erdinnere vorgedrungen ist, das hier offen zutage liegt. Knapp 1000 Meter unterhalb des Rim trifft man auf den **Tonto Trail** auf der gleichnamigen Plattform über der Inner Gorge, der inneren Schlucht des Colorado. Auch hier könnte man sich noch überlegen, den Trip abzukürzen und hinüberzuqueren nach Indian Gardens am Bright Angel Trail. Ganz so flach wie das von oben aussieht, ist das Tonto Plateau nicht, und es gilt einige Auswaschungen zu queren im Tapeats-Sandstein, der ansonsten der Erosion besser widerstanden hat als die darüberliegende

> **Wanderwege:** Für Wanderungen im Canyon, bei denen übernachtet werden soll, ist ein *Permit* erforderlich. Das holt man sich beim Backcountry Office (Adresse siehe Stichwort »Unterkunft«). Da sehr viele Leute in die Schlucht hinabsteigen und dort übernachten wollen, ist die Anzahl der Genehmigungen, der Anzahl der Zeltplätze entsprechend, begrenzt. Es empfiehlt sich also, auch Alternativen anzugeben. Eine je nach Andrang mehr oder weniger geringe Anzahl von Permits wird vor Ort für den gleichen Tag reserviert und ab 9 Uhr vormittags nach dem Prinzip *first come, first served* vergeben. Außerdem kann man sich vor Ort auf eine Warteliste setzen lassen. *Südrand (Auswahl):* Rim Trail: 4,8 km zwischen Hopi- und Yavapai Point. South Kaibab Trail: 2,4 km bis Cedar Ridge, 457 Hm, 10,6 km bis zum Bright Angel Campground am Nordufer des Colorado, 1481 Hm. Bright Angel Trail: 7,4 km bis Indian Gardens, 945 Hm, 9,7 km bis zum Plateau Point, 980 Hm, 15,3 km bis zum Bright Angel Campground, 1358 Hm. Jeweils 800 m vom Bright Angel Campground bis zur Phantom Ranch. Tonto Trail: 8 km zwischen South Kaibab Trail und Bright Angel Trail auf dem Tonto Plateau, durchschnittlich 450 m über dem Südufer des Colorado. (Gesamtlänge des Trails 116 km). River Trail: 2,4 km zwischen South Kaibab- und Bright Angel Trail. Verbindet beide Wege südlich über dem Fluß. Rundweg South Kaibab – Bright Angel Trail: 27,5 km (über Phantom Ranch), 24,5 km (über River Trail), 22,5 km (über Tonto Trail). *Nordrand (Auswahl):* Bright Angel Point: 800 m Hin- und Rückweg. Cape Royal: 1 km Hin- und Rückweg. Uncle Jim Trail: 8 km Rundweg. Widforss Trail: 16 km Hin- und Rückweg. Ken Patrick Trail: 19,3 km (einfache Distanz), 168 Hm. North Kaibab Trail: 7,6 km bis Roaring Springs, 927 Hm, 11 km bis zum Cottonwood Campground, 1293 Hm, 21,7 km bis zur Phantom Ranch, 1732 Hm, weitere 800 m bis zum Bright Angel Campground am Colorado River. Insgesamt 1780 m Höhenunterschied!

Schicht aus weichem Bright-Angel-Ton. An solchen Stellen ist der Wegverlauf nicht immer auf Anhieb ersichtlich. Der Fluß, von hier oben bereits zu sehen und an diesem Tag smaragdgrün, lockt weiter abzusteigen. Die Abzweigung des **River Trail** wird auch ignoriert, jetzt so kurz vor dem Zwischenziel. Man geht durch einen kurzen Tunnel und überquert den Fluß auf der schwarzen Hängebrücke. Vorbei am Bright Angel Campground erreicht man die Blockhütten der Phantom Ranch. Ein paar der wenigen Mitwanderer an diesem Tage sind schon da, ein paar haben sich noch etwas mehr Zeit gelassen. Es ist 10.30 Uhr, es ist Ende Mai, und das Thermometer steht bei 100 °Fahrenheit (ca. 38 °C)! Selbstverständlich im Schatten, den es hier unter den Cottonwood Bäumen entlang des Bright Angel Creek tatsächlich gibt. Im Gastraum der Ranch ist es auch nicht gerade kühl, aber doch etwas angenehmer als draußen. Man kann hier eine bescheidene Mahlzeit bekommen und etwas zu trinken. Sogar Bier wird auf dem Rücken von Maultieren hier heruntertransportiert. Von dessen Genuß ist aber mehr als dringend abzuraten, es sei denn, man ist in der glücklichen Lage, sein Endziel für diesen Tag bereits erreicht zu haben. Nur mit sehr viel Glück und wenn man sehr früh aufsteht, kann man vielleicht kurzfristig einen Schlafplatz auf der Phantom Ranch ergattern. Anders ist es mit dem Bright Angel Campground. Das Backcountry Office hält pro Tag ein kleines Platz-Kontingent für Kurzentschlossene frei. Doch ich wollte am eigenen Leib testen, wie es ist, die Runde an einem Tag zu absolvieren. Die Vorbereitung war gut, ich war schon wochenlang im Gebiet unterwegs, der obligate Sonnenhut thronte auf dem spärlich behaarten Haupt und genügend Proviant, vor allem genügend zu trinken, hatte ich auch dabei. Um 12 Uhr Mittags brach ich auf. Inzwischen war die 104-Grad-Marke erreicht, 40 °C! High Noon. Über die zweite, die silberne Suspension Bridge zum Bright Angel Trail, und dann schön langsam, mit vielen Trinkpausen, bergan. Genau das ist das Teuflische an den Wegen in so einem kopfstehenden Berg. Der zweite Teil einer Canyon-Wanderung ist immer der anstrengendere. In Indian Gardens wird unter schattenspendenden Cottonwoods die nächste große Pause eingelegt, mit dem dort sprudelnden Wasser die hohe Stirn gekühlt, ein *power bar* »eingeworfen« und aus der Thermosflasche noch kalter Orangensaft eingelitert. Letzteres dürfte ein Fehler gewesen sein. Ich wußte von einer früheren Exkursion über Indian Gardens zum Plateau Point, was für ein Stück Arbeit es ist, diese fast 1000 Höhenmeter wieder zurückzukeuchen. Daß es so schlimm werden würde, wußte ich allerdings nicht, als ich Indian Gardens gegen 3 Uhr nachmittags verließ. Zuerst geht es ein Stück kaum merklich steigend dahin. Auf dem sandigen Untergrund macht sich jedoch langsam aber sicher die bereits in den Beinen angesammelte Müdigkeit bemerkbar. Mir entgegen kommen zwei Wanderer bar irgendeines erkennbaren Ausrüstungsgegenstandes. Vor meinen Füßen bricht die Frau plötzlich zusammen. Bloß gut, daß Parkranger, stationiert auch in Indian Gardens, den Trail patrouillieren. Motivierend ist der Zwischenfall nicht gerade, und wenig später erwischt es mich selbst mit Magenproblemen. Die Serpentinen ziehen sich endlos, das 3-Mile-Resthouse, ein Stück oberhalb des Weges gelegen, erscheint wie ein entrücktes tibetisches Kloster. Irgend etwas zu fotografieren, kommt mir schon längst nicht mehr in den Sinn. Nur noch eineinhalb Meilen bis zur nächsten Station mit Trinkwasser (nur im Sommer) und Notruftelefon. Nur noch? Der Weg scheint mit jedem müden Schritt länger statt kürzer zu werden. Die vielen hohen Stufen des Weges fordern ihren Tribut, aber ich weiß, irgendwann bin ich oben. Nur jetzt nicht ungeduldig werden. Eine halbe Stunde Pause beim 1½-Mile-Resthouse. Noch eineinhalb Meilen bis zum Rim. In Kilometern wird nicht mehr gerechnet, das hört sich noch länger an. Um 7 Uhr abends, 12 Stunden nach dem Start, stehe ich wieder oben am Rand der Schlucht. Never again! – Das hatte ich allerdings beim letzten Mal auch gesagt.

Bei Hite Crossing beginnt der Colorado sich in sein Lake-Powell-Schicksal zu fügen.

Vom Grand Canyon zum Lake Powell

Sich loszureißen vom Anblick dieses wahren Weltwunders Grand Canyon fällt schwer. Auf der Fahrt zum nächsten Etappenziel, dem Lake Powell, haben wir noch einige Gelegenheiten, den Abschied zu zelebrieren. Den Yaki Point kennen wir schon, es folgen Grandview-, Moran- und Lipan Point. Von letzterem aus sieht man das größte Stück vom Colorado River. Vielleicht machen wir auch nochmal am Desert View Halt, bevor wir den Park verlassen und es so schnell nichts vergleichbar eindrucksvolles mehr zu sehen gibt.

Die Gegend zwischen Cameron und Bitter Springs ist trist. Ein paar niedrige, grau und violett gebänderte Bentonit-Kegel säumen den Highway 89, winzige, trostlos erscheinende Siedlungen der Navajo tauchen ebenso schnell auf wie sie im Rückspiegel verschwinden, über die Echo Cliffs ziehen, fast romantisch silbrig glänzend, die Stromleitungen und zeigen die Richtung nach Page an. Bei Bitter Springs teilt sich der Highway 89 in eine südliche Variante und eine nördliche Hauptroute. Geradeaus führt er, der südlichen Variante folgend, über die Navajo Bridge, die den Colorado überspannt. Kurz danach führt eine Straße rechts nach Lees Ferry, Start- oder Endpunkt einer Mehrtageswanderung durch den Paria Canyon. Zu Füßen der Vermillon Cliffs führt der Highway 89 Alt. nach Jakob Lake. Von dort geht es entweder weiter zum Zion- und Bryce Canyon N.P. oder zum Nordrand des Grand Canyon, vom Südrand immerhin eine Fahrdistanz von 200 Meilen und eine Fahrzeit von etwa 5 Stunden. Könnten wir fliegen, bräuchten wir vom Grand Canyon Village am South Rim bis hinüber zum Bright Angel Point am North Rim nur einen Hüpfer von 10 Meilen zu machen. Zu Fuß muß man als Normalwanderer für die 20 Meilen auf dem South- und North Kaibab Trail schon zwei Tage ansetzen. Es soll Leute geben, die das in kürzerer Zeit schaffen, als man mit dem Auto von einem Rand zum anderen braucht.

Vor Bitter Springs rechts abzweigend, die Höhen der Echo Cliffs auf steiler Wegstrecke erklimmend, fahren wir auf der nördlichen Hauptroute des Highway 89 nach Page und zum Lake Powell.

Page und die Glen Canyon National Recreation Area

Page wurde gegründet als Heimstatt für alle, die am Bau des Glen Canyon Staudammes mitwirkten. Mittlerweile lebt der Ort vom Betrieb bzw. den Betreibern des Wasserkraftwerkes und von den Touristen, die sich auf den gebändigten Coloradowassern des Lake Powell tummeln. Entsprechend ist die Gemeinde gewachsen und bietet alles, was der Gast so braucht. Es gibt Veranstalter von Jeep-Touren in die Umgebung, Tankstellen, Motels, Restaurants und Einkaufsmöglichkeiten verschiedener Art. Auch Alkoholika jeder Sorte, und das nur einen Steinwurf entfernt von der angrenzenden Reservation der Navajo, auf deren Gebiet schon der bloße Besitz von »Feuerwasser« streng verboten ist. Übrigens auch für Durchreisende. Page mit dem Lake Powell bzw. die Glen Canyon National Recreation Area ist nicht nur für alle Wasserratten von Interesse, sondern kann auch als Stützpunkt für Wanderungen in der Umgebung dienen. Als Camper steuert man die Wahweap Marina an, die nicht nur über einen staatlich verwalteten Campground mit mehr als 200 Plätzen in Seenähe verfügt, sondern auch über einen privat geführten Platz mit Anschlüssen für Wohnmobile. Für Nichtcamper gibt es direkt am See auch eine recht feudale Lodge, wo man z.B auch die Bootstouren bis zum **Rainbow Bridge N.M.** oder gleich ein eigenes Hausboot buchen kann. Nach Wahweap fährt man von Page aus direkt über die Dammkrone der Glen Canyon Staumauer, einem zweifellos eindrucksvollem Werk. Ob es den Meister lobt, ist eine andere Frage. Während mit abgeleitetem, hochsubventioniertem Wasser Wüsten in Felder verwandelt werden, wird andernorts, wo Wasser teurer bezahlt werden muß, traditionelle Anbaufläche überflüssig, werden Existenzen vernichtet. Durch übermäßige Verdunstung versalzen die Felder in der Wüste schnell und werden wieder wertlos. Durch Verdunstung aus den Kanälen, die Hunderte von Meilen lang die ariden Gebiete des Südwestens durchziehen, und aus dem riesigen Stausee mit einer Uferlinie länger als die Pazifikküste der USA (ohne Alaska) wird täglich eine unvorstellbare Menge Wasser verschwendet. Kaum ein Tropfen Coloradowasser erreicht die einstige Flußmündung im (mexikanischen) Golf von Kalifornien. Im Carl Hayden Visitor Center, direkt über dem Damm und dem Kraftwerk, rasen dafür die Zahlen eines digitalen Meßwerkes, welches anzeigt, für wie viele Dollar seit Anwerfen der Turbinen im Jahre 1964 Strom verkauft wurde. Eine Zahl, die einen schwindlig macht. Die Quelle wird, nach menschlichen Maßstäben, noch eine Weile sprudeln. In geologischen Zeiträumen gemessen allerdings nur noch lächerlich geringe ein- bis zweihundert Jahre. Dann wird der Colorado den Glen Canyon mit Sand und Schlick und Geröll aufgefüllt haben, und der Lake Powell wird ebenso Geschichte sein wie der Mann, nach dem er benannt ist. Dieser John Wesley Powell war mitsamt seinen Gefährten der erste, der den Colorado auf Booten befuhr. Er war auch einer der wenigen weißen Männer, die den damals von jeglicher Zivilisation weit abgelegenen Glen Canyon zu Gesicht bekamen. Und er wie die anderen waren überwältigt von dieser Schlucht, die sie für die schönste des Colorado River hielten. Der Fluß hat sie genommen, der Fluß wird sie auch wieder geben, denn eines Tages wird er auch den Glen-Canyon-Damm durchbrechen, in den Pazifik spülen und die gestauten Sedimente hinterher. Sie glauben das nicht? Sehen Sie sich ein Video im Carl Hayden Center an, das zeigt, welche Gewalt der Colorado bei seinem Hochwasser von 1983 entfaltet hat. Uns Normalsterblichen, die den ursprünglichen Canyon nie zu Gesicht bekommen

Paria Canyon: Der Fels zeigt die Spuren der Gewalt, die von Sturzfluten entfesselt wird.

haben, erscheint auch die wassergefüllte Schlucht wunderschön. Zu Recht. Ein Sonnenuntergang vom Ufer aus beobachtet, oder gar von einem Hausboot aus, das in einer stillen Bucht liegt, ist ein Hochgenuß.

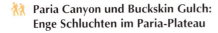

Wanderungen in der Umgebung von Page

Paria Canyon und Buckskin Gulch: Enge Schluchten im Paria-Plateau

Wie die Kraft des Wassers die Sandsteinschichten des Colorado Plateaus modelliert, können wir in der Umgebung von Page gut studieren. Etwa 30 bzw. 35 Meilen nordwestlich der Stadt führen zwei Waschbrettpisten, abzweigend vom Highway 89, in die **Paria Canyon-Vermillion Cliffs Wilderness Area**. Am Beginn der ersten, kurzen Zufahrt zum White House Trailhead befindet sich eine Ranger Station, wo man sich nach den Bedingungen einer Wanderung in die Wildnis erkundigen kann bzw. muß.

Drei Ziele stehen zur Wahl: Die hochempfindliche, phantastische Sandsteinlandschaft um die **Coyote Buttes** (nur maximal acht Glückliche pro Tag erhalten dafür ein Permit), der **Paria Canyon** sowie die **Buckskin Gulch**. Die Durchwanderung der beiden, zum Teil extrem engen Canyons ist wegen der Möglichkeit plötzlich auftretender Überflutungen nicht ungefährlich. Die *flash floods*, verursacht durch heftige (Gewitter-)Regenfälle, die eventuell meilenweit entfernt niedergehen, während im Gebiet selbst eitel Sonnenschein herrscht, bringen für den Schluchtenwanderer unter Umständen fatale Wasserstandsänderungen mit sich. Die Buckskin Gulch (Trailheads: Buckskin oder Wire Pass an der Straße ins House Rock Valley) ist ohnehin nur etwas für Spezialisten: ein 11,8 Meilen langer, dunkler Spalt im Paria Plateau. »Wet and muddy, hip high holes, some quick sand«, lautete meine letzte, noch recht positive Information. Dazu kommen zwei Steilstücke, die überklettert werden müsssen. Der gesamte Weg durch den Paria Canyon vom White House Trailhead bis Lees Ferry ist 58,4 Kilometer lang (391 Höhenmeter). Eine Unternehmung, für die man mindestens drei Wandertage ansetzen und entsprechend ausgerüstet sein muß. Vom White House Trailhead (Trailhead = Ausgangspunkt für Wanderumgen) bis zur Mündung der Buckskin Gulch in die Paria Canyon Narrows sind es 11,4 Kilometer. Hin und zurück gewandert, obwohl fast ohne Höhenunterschied, eine ordentliche Tagestour. Und zur Buckskin Gulch und ein Stückchen in sie hinein muß man schon gehen, wenn sich der Ausflug lohnen soll. Man watet durch unzählige Mäander des Paria River. Spätestens ab der zwanzigsten Durchquerung des Flusses hört man auf zu zählen, spätestens ab der dreißigsten Durchwatung ist es einem egal, ob sich die treuen, alten Wanderschuhe endgültig auflösen, nasser können sie jedenfalls nicht mehr werden. Nach dem Motto: Voll durch. Eine eindrucksvolle Tour für den, der's mag.

Antelope Canyon: Kathedrale des Lichts

Schön trocken wandert man zu einer Attraktion in der Umgebung von Page, die nicht nur für jeden Fotobegeisterten ein absolutes Muß darstellt: »The Corkscrew«, der obere Teil des Antelope Canyon. Auf dem Highway 98 geht es etwa 5 Meilen hinaus aus Page bis kurz vor das landschaftsverschandelnde Kohlekraftwerk der Navajo Nation. Auf dem Boden der Reservation befindet sich auch unser Wanderziel, und es gilt Eintritt zu bezahlen, ehe man – falls keine Filmcrew den Ort für Stunden oder Tage exclusiv gemietet hat – durchs Weidegatter schreiten darf. Etwas langweilig ist dieser Hatscher schon, Abwechslung bieten nur schwarzweiß gefleckte Kühe, die hier in der sandigen Einöde »weiden«. Aber nach gut 5 Kilometern hat man es geschafft, aus dem Licht sengender Sonne tritt man durch einen schmalen Spalt in einer hohen ockerfarbenen Sandsteinklippe ein ins Halbdunkel eines phantastischen *Slot Canyons*. Von denen gibt es eine ganze Menge auf dem Colorado-Plateau, und dieser hier ist einer der am leichtesten zugänglichen. Fotos können kaum wiedergeben, welche Pracht sich hier entfaltet. Man muß selbst, staunend und stumm, zwischen den Felswänden gestanden haben, um sich ein Bild von diesem Naturwunder machen zu können. Das periodisch fließende Wasser des Antelope Creek hat mit seiner schmirgelnden Sandfracht eine Kathedrale des Lichts geschaffen, die sich Beschreibungen entzieht. Es ist ein Fest für die Augen. Allerdings nur während der Mittagsstunden, wenn die Sonne senkrecht von oben durch den engen, gewundenen Spalt im Sandstein ins Innere der Schlucht fällt, sich bricht an Kanten und Graten, Mulden und Höhlungen ausleuchtet, in andere Schatten wirft. Von Minute zu Minute ändert sich die Beleuchtung mit dem Lauf des Gestirns. Spätestens um 2 Uhr nachmittags ist der Zauber zu Ende. Dann heißt es, den ernüchternden Rückweg anzutreten.

Von Page zum Navajo N.M.

Wenn wir von Page aus unsere Runde fortsetzen, kommen wir auf dem Highway 98 abermals am Eingang zum Antelope Canyon und kurz darauf an der Navajo Power Plant vorbei. Die Gegend ist nicht weiter aufregend. Bis auf besagtes Kraftwerk, eine Dreckschleuder gigantischen Zuschnitts, die mit dafür verantwortlich ist, daß die einst fast grenzenlose Fernsicht in der Region immer weiter abnimmt. Unser nächstes Ziel ist das Navajo N.M. Wir erreichen es, indem wir vom Highway 98 nach Nordosten (links) in den Highway 160 abbiegen und von dem wiederum nach links, in nördlicher Richtung, abfahren. Auf einer 9 Meilen langen Stichstraße (Nr. 56) geht es bis zum Visitor Center und zum traumhaft abseits und ruhig gelegenen Campground.

Antelope Canyon.
The Corkscrew.

Navajo National Monument

Die drei Pueblo-Ruinenkomplexe, die das Navajo National Monument ausmachen, Betatakin (Betonung auf dem ersten »a«), Keet Seel und Inscription House, liegen, Schwalbennestern gleich, hingeklebt in riesige Höhlungen in den Wänden eines weitverzweigten Schluchtensystems. Erbaut wurden sie um 1250 n.Chr. von den später so genannten Kayenta Anasazi, einer Gruppe von vorgeschichtlichen Indianern. Schon ca. 50 Jahre später gaben sie ihre Siedlungen wieder auf. Vermutlich wurde die ohnehin spärliche Niederschlagsmenge immer weniger, Raubbau an der bodendeckenden Vegetation führte zur weiteren Absenkung des Grundwasserspiegels und tat ein übriges, um die Felder unfruchtbar werden zu lassen. Warum die Urbevölkerung tatsächlich ihre Heimat verließ, weiß so genau niemand, denn schriftliche Aufzeichnungen fehlen uns aus jenen Zeiten. Erst mehr als 100 Jahre später trafen die ersten Navajo, aus dem heutigen Kanada kommend, in der Gegend ein, die sie seither auch als ihre Heimat ansehen und die Teil ihrer heutigen Reservation ist. Auch das Wort »Anasazi«, was in etwa »Die Alten« bedeutet, entstammt der Navajo-Sprache. Der Begriff wird auch interpretiert als »Die, die vorher da waren«, und das ist auch richtig, denn die alten Indianerdörfer in den Felsklippen hier haben mit den Navajo stammesgeschichtlich nicht das geringste zu tun. Eher wahrscheinlich mit den Hopi. Die jedenfalls sehen sich als die Nachfahren der »Anasazi«, und in ihren Wanderungslegenden haben sie ganz andere als unsere rationalen Erklärungen für das Verlassen von blühenden Siedlungen und Dorfgemeinschaften.

Das Betatakin Pueblo diente den Anasazi nur kurze Zeit als Heimstatt, ...

Wanderungen im Navajo N.M.

Der (lange) Weg zum **Inscription House** existiert nicht mehr. Zumindest offiziell. Die Ruine, dem Wetter ausgesetzt, ist wesentlich verfallener als die beiden anderen Siedlungen und deshalb für Besuche gesperrt. **Keet Seel**, die größte der drei Pueblo-Ruinen, ist auf einer Tageswanderung zu erreichen. In der riesigen Felsnische siedelten die Anasazi schon etwa 300 Jahre bevor das Pueblo gebaut wurde, welches wir noch heute bewundern können. Von den frühen Behausungen ist nichts mehr übrig geblieben, aber Teile davon, alte Dachbalken etwa, wurden neben frisch gefällten Stämmen in der neuen Siedlung verbaut. Mit der Baumringmethode kann man das Alter der Siedlungen bestimmen.

Betatakin Ruin: Ausflug zu einem ehemaligen Indianerdorf

Am einfachsten zugänglich ist die Betatakin-Ruine. Von einem Overlook, der auf einfachem, kurzen Weg vom Visitor Center aus erreichbar ist, kann man sich einen ersten Eindruck aus der Ferne verschaffen. Ohne ein Fernglas sieht man von dort aus allerdings nicht sehr viel, selbst die Höhlung in der Felswand wirkt von oben kleiner als sie tatsächlich ist. Um einen Eindruck von der gewaltigen Größe des natürlichen Daches zu bekommen, welche die uralte Siedlung überspannt, und um das Pueblo näher in Augenschein nehmen zu können, muß man schon 4 Kilometer gehen und dabei ca. 200 Meter absteigen. Man kann das nur in Begleitung eines Rangers machen und muß sich für diese Tour im Vistor Center anmelden. Es heißt früh aufstehen, um einen der 24 Plätze zu bekommen, die nur für die am selben Tag stattfindende Führung vergeben werden. Ein kurzes Stück fährt man bis zum Parkplatz am Trailhead, dann geht's los. Zunächst ganz gemütlich. Der Ranger hält mehrmals an, versammelt seine Schäfchen und erzählt einiges über die Vegetation und deren Nutzung anhand der Bäume und Sträucher, die den Weg

... den Häusern gewährte die Höhle länger Schutz.

Adresse/Information: Navajo N.M., Tonalea, AZ 86044-9704, ☏ (520) 672-2366. **Öffnungszeiten:** Ganzjährig geöffnet. **Größe:** 1,5 km². **Höhenlage:** 2227 m, Visitor Center. **Wetter/Klima:** Im Sommer warm mit kühleren Nächten. Frühjahr und Herbst milder, nachts stark abkühlend. Hauptniederschläge während hochsommerlicher Gewitter. Kalte Winter mit gelegentlichem Schneefall. **Landschaftscharakter/Attraktionen:** Spärlich bewaldete Hochebene, durchzogen von zahlreichen Canyons. Attraktion sind die Puebloruinen der amerikanischen Ureinwohner in riesigen Nischen steiler Felsklippen. **Unterkunft:** Im Park: Campground mit 30 Plätzen. First come, first served. Offiziell limitiert auf Fahrzeuglängen bis 25 feet. Geöffnet von Mitte Mai bis Mitte Oktober. Keine weiteren Unterkünfte im Park. Außerhalb: Motels im 50 km entfernten Kayenta und kurz davor in Tsegi am Marsh Pass. **Verpflegung:** Im Park: Keine Verpflegungsmöglichkeit. Außerhalb: Lebensmittelladen in der Black Mesa Trading Post, 10 km entfernt am Highway 160. Supermarkt und Restaurants in Kayenta. **Wanderwege:** Betatakin Overlook: 1,6 km Hin- und Rückweg. Betatakin Ruin: 8 km Hin- und Rückweg (200 Hm). Nur mit Führung durch Ranger von Mai bis September möglich. Maximal zwei Führungen pro Tag, begrenzt auf 24 Teilnehmer. Anmeldung nur am gleichen Tag ab 7 Uhr früh.

säumen. Die Yucca verwenden die Indianer zum Teil noch heute. Sie gewinnen aus den Wurzeln Shampoo und machen aus den Blättern Haarbürsten. Ziemlich unvermittelt beginnt der eigentliche, steile Abstieg über die Felsklippe hinunter auf den Boden des Canyon, ein Weg über sandige Stufen und glatten Fels, den auch schon die Anasazi benützt haben. Verblichene Petroglyphen, in den Fels gehauene Zeichen, zeugen davon. Bevor wir zum Pueblo wieder ein Stück hinaufsteigen, wird eine Mittagsrast eingelegt, dann, bevor wir »Bleichgesichter« ins Heiligtum eingelassen werden, noch eine dramatische Kunstpause inszeniert: Shirley Cloud, unsere Führerin an diesem Tag, gehört dem Bear Clan an, will heißen, sie ist eine Navajo. Da in ihren Adern auch noch ein Teil Hopi-Blut zirkuliert, wie sie uns erklärt, muß sie vor Betreten der Stätte, in der einst ihre reichlich fernen Verwandten siedelten, erst eine kleine Zeremonie abhalten. Und zwar allein. Sei's drum, nach einer kurzen Weile winkt Shirley uns herauf. Wir erklimmen ein paar glatte, ausgetretene Treppenstufen im blanken Fels und stehen dann in der hohen Wölbung, die wie eine gigantische steinerne Brandungswelle über den fragilen Ruinen des verlassenen Indianerdorfes zusammenzuschlagen droht. Seit einigen 10 000 Jahren ist der himmelhohe Brecher aber schon in der Bewegung erstarrt. Weder hat er die erschlagen, die hier um das Jahr 1250 unserer Zeitrechnung nur wenige Jahrzehnte siedelten, noch hat er die zerbrechlichen Häuschen zermalmt, die nun schon gute 700 Jahre, eng aneinandergekauert, hier ausharren. Vielmehr dient der steinerne Wellenkamm den Häusern noch immer als zweites Dach und gewährte den einstigen Bewohnern Schutz vor den Unbilden des Wetters. Die Höhle, nach Süden ausgerichtet, hält nicht nur den seltenen Regen und noch selteneren Schnee ab, sie läßt im Winter die flachen Strahlen der Sonne herein und speichert die Wärme. Im Sommer, bei hohem Sonnenstand, spendet sie angenehm kühlenden Schatten. Eine praktische Sache. Shirley erklärt uns, wie ihre Vorfahren hier früher wahrscheinlich gelebt haben, beantwortet Fragen. Dann sind wir entlassen. Den Weg zurück in sengender Sonne, die steile Felswand wieder hinauf, können wir in Eigenregie in Angriff nehmen. Es ist ratsam, sich auch für den Rückweg Zeit zu lassen, immerhin bewegen wir uns in einer Höhe von mehr als 2200 Metern über Normalnull. Die ganze Unternehmung dehnt sich dergestalt über etwa 5 lehr- und erlebnisreiche Stunden.

Vom Navajo N.M. zum Monument Valley

Unser nächtes Ziel ist das Monument Valley. Zwar darf man abseits der Straße durch das Monument Valley nicht wandern und auf dieser vielbefahrenen, staubigen Piste macht es sicher auch keinen großen Spaß, entgehen lassen sollte man sich das Erlebnis Monument Valley aber nicht.

Vom Navajo N.M. bis ins Monument Valley sind nur etwa 60 Meilen Straße zu bewältigen. Über Kayenta, eine größere Siedlung der Navajo, mit Einkaufsmöglichkeiten, Tankstellen und Motels, benötigt man für die Strecke keine 2 Stunden. Morgens abgefahren, hat man beste Chancen auf einen Platz an der Sonne, d.h. auf dem Mitten View Campground. Ich habe diesen Platz schon mehrfach angesteuert und war jedesmal wieder überrascht, daß er sich, entgegen anders lautenden Hiobsbotschaften, erst gegen Nachmittag zu füllen beginnt. Sollten alle Stricke reißen, im nahen Gouldings, dem Sitz einer alten Trading Post, befindet sich ein weiterer Campingplatz (mit Anschlüssen für Wohnmobile, kleinem Laden und sogar mit Hallenbad) sowie die Gouldings Lodge. Hier wohnten schon John Ford und John Wayne während Dreharbeiten zu diversen Western, durch die das Tal erst bekannt wurde. Postkutschen donnern zwar keine mehr an den berühmten Kulissen der Buttes (gesprochen bjuuts) und Mesas vorbei, dafür um so mehr Vehikel unserer modernen Zeiten. Einige davon, hauptsächlich solche, in denen man sich von Navajos durch das Tal kutschieren

Navajo National Monument 45

Zwar kein Wanderziel, aber ein Schau-Platz ersten Ranges: die Mitten Buttes im Monument Valley bei Sonnenaufgang.

lassen kann, stehen den alten *Stagecoaches* an Klapprigkeit in nichts nach und Staub wirbeln sie auch genügend auf. Denken Sie daran, daß ihr Mietwagen ihnen einiges übel nehmen könnte, sollten Sie sich mit ihm auf eigene Faust auf der stoßdämpfermordenden Holperstraße im Tal bewegen wollen. Erlaubt ist solches schon, zumindest mit Wohnmobilen ist davon jedoch dringend abzuraten. Fahren Sie mit einem einheimischen Führer durch diese Landschaft so lange Sie wollen und auch dorthin, wo Sie mit dem eigenen Fahrzeug nicht hindürfen. Genießen Sie den Blick auf die Mitten Buttes bei Sonnenuntergang und stehen Sie früh auf am nächsten Tag. Das Auftauchen der Sonne hinter den Zwillingstürmen in Fasthandschuhform, das bedeutet der Name »Mitten«, ist ein unvergeßliches Erlebnis.

Routenvariante: Grand Canyon – Canyon De Chelly – Monument Valley

Als Naturfreund reinen Wassers wird man vielleicht auf den Anblick der künstlich gestauten Fluten des Lake Powell verzichten wollen. Schön ist dieses Naturwunder aus zweiter Hand zwar schon, der Staudamm oder das nahegelegene Navajo-Kraftwerk aber eher nicht. Zwar verzichtet man, besucht man Page nicht, auf ein erstklassiges Naturwunder wie den Antelope Canyon und im weiteren Verlauf der »Originalroute« vielleicht auch auf den Besuch des Navajo N.M., der Canyon de Chelly ist aber ebenfalls ein lohnendes Ziel.

Vom Desert View am Osteingang des Grand Canyon N.P. fahren wir bis hinunter auf den Highway 89. Auf ihm in nördlicher Richtung 16 Meilen weiter und dann rechts

Nach einem Regenguß präsentiert sich das Monument Valley in ungewohnten Farben.

abbiegend nach Tuba City. Vom Highway 160, der zum Navajo N.M. und weiter nach Kayenta führt, biegen wir nach 10 Meilen rechts ab nach Moenkopi, einer Siedlung der Hopi mitten im Navajo-Reservat. Auch die Hopi haben ihre eigene kleine Reservation, die wir auf der Weiterfahrt über den Highway 264 erreichen.

Die Straße präsentiert sich so desolat wie die Lage der Hopi-Reservation und die daraus resultierende Stimmung der Hopi selbst. Das ihnen zugewiesene Land, das sie seit einem knappen Jahrtausend besiedeln, ohne daß es dazu eines Regierungsaktes bedurft hätte, liegt eingeschlossen mitten in der vergleichsweise riesigen Navajo-Reservation. Große Teile davon wiederum sind seit altersher ebenfalls Hopi-Siedlungsgebiet gewesen, und vorher lebten darauf die Anasazi, welche die Hopi, mit einigem Recht, als ihre Vorfahren ansehen. Gegen Ende des 15. Jahrhunderts, nicht lange bevor auch die ersten weißen Männer, Spanier, in der Gegend auftauchten, wanderten die Navajo von Norden her ein. Welche Konflikte zwischen seßhaften Ackerbauern, den Hopi, und nomadisierenden Viehzüchtern, den Navajo, damit heraufbeschworen wurden, läßt sich denken. Zwar arrangierten sich die unterschiedlichen Völker zwangsläufig über die Jahrhunderte hinweg, knüpften auch Familienbande, der Streit um die Nutzung des Landes (Eigentumsansprüche daran in unserem Sinne sind den Indianern fremd) schwelt jedoch auch heutzutage weiter, geschürt durch das Anwachsen der Navajo-Bevölkerung und unterstützt von ignoranten staatlichen Behörden, denen es auch heute noch gerade recht ist, wenn sich die »Roten Brüder« gegenseitig das Leben schwer machen.

Die Dörfer der Hopi kann man besuchen, man darf auch religiösen Zeremonien beiwohnen, sofern diese in der Öffentlichkeit der Dorfplätze stattfinden, und es gibt auch ein kleines Informationszentrum mit angeschlossenem Kunstgewerbeladen und ein Motel. Irgendwie kommt man sich aber doch selbst fehl am Platze vor in dieser so gänzlich andersartigen Umgebung und Kultur, und so stört es vielleicht auch gar nicht, daß Fotografieren hier verboten ist, ebenso Video- und Tonaufzeichnung. Sogar Zeichnen ist nicht erlaubt.

Nach Keams Canyon verlassen wir die Hopi-Reservation und bewegen uns nunmehr für eine ganze Weile in der Navajo-Reservation. Hier ist, im Sommer zumindest, die Uhr eine Stunde vorzustellen. Die Navajo haben auf ihrem Gebiet, im Gegensatz zum übrigen Arizona, die *Daylight Saving Time*, sind also zeitgleich mit Utah und New Mexico.

Es lohnt sich, noch ein Stückchen auf dem Highway 264 weiterzufahren, vorbei an der Abzweigung nach Chinle und zum Canyon de Chelly, in Richtung Ganado. Dort folge man den Wegweisern zur **Hubbel Trading Post**. Das ist eine Art alter Supermarkt aus der Ursprungszeit des Handels zwischen dem weißen Mann und den Indianern, der sich noch fast im Urzustand befindet und deswegen zum *National Historic Site* erklärt ist. Die Navajo erwerben hier nach wie vor die Dinge ihres täglichen Bedarfs, auch Samtstoffe oder Ledersättel. Jetzt, da man vom Tauschhandel schon lange abgekommen ist, meistens gegen *cash*. Der Tourist, so er über sehr viele Dollar verfügt, kauft Schmuck und Teppiche, hier garantiert authentischen Ursprungs. Lorenzo Hubbel war ein Mann, der ausnahmsweise nicht nur nahm, sondern den Indianern ein Partner und Freund wurde. Auf seine Anregung hin begannen die Navajo, ihre Kunst des Webens von Decken auf die Teppichweberei auszudehnen. Neben der Herstellung von Silberschmuck ist dies bis heute ein einträgliches, aber mühsames und zeitaufwendiges Geschäft. In einem Nebengebäude der Trading Post kann man zuschauen, wie so ein Navajo-Teppich entsteht. Danach versteht man, daß die Originale ihren Preis wert sind.

Zurück zur Abzweigung des Highway 191 North. Durch das »Beautiful Valley« erreichen wir Chinle, eine größere Siedlung der Navajo.

Monument Valley. Bighornschafe in Sandstein gebannt.

Canyon de Chelly National Monument

Ein kurzes Stück östlich von Chinle liegt das Canyon de Chelly National Monument. Wer auf dem Cottonwood Campground eincheckt, zumal mit einem Zelt, sehe zu, sein Lager nicht unter einem der morschen Exemplare besagter Cottonwoods aufzuschlagen. Manchmal, ich habe es fast hautnah erlebt, fällt so ein toter Riese ohne jegliche Vorwarnung einfach um. Hoffentlich hat sich die Parkverwaltung inzwischen entschlossen, nur noch die gesunden Bäume stehen zu lassen.

Im vorigen Jahrhundert war der Canyon Schauplatz eines brutalen Kahlschlages. Die Navajo hörten einfach nicht auf, sich mit Überfällen gegen den Raub ihres Landes durch weiße Siedler zu wehren. So brach eine zahlenmäßig weit überlegene US-Kavallerieeinheit unter Führung eines gewissen(losen) Kit Carson zu einer finalen Strafexpedition auf. Die Soldaten drangen in das letzte Rückzugsgebiet der Navajo ein, verwüsteten die Felder entlang des Chinle Wash und fällten die Obstbäume, um den Indianern die Lebensgrundlage zu entziehen. Die flüchteten sich in die entlegensten Winkel der Schlucht, was schließlich auch nichts nützte. Wer sich nicht ergab, wurde niedergemetzelt, der Rest, ausgehungert und zermürbt, wurde gefangengenommen und deportiert. Auf dem berüchtigten *Long Walk* ins Internierungslager nach Fort Sumner kamen viele der Überlebenden des Massakers im Canyon del Muerto, einem Seitenarm des Canyon de Chelly, um. Vier Jahre später scheiterte das erste Experiment, eine Reservation fernab der alten Heimat einzurichten. Die Navajo durften zurückkehren. Heute macht der Canyon einen friedlichen Eindruck. Wer von einem der Overlooks am Süd- oder Nordrand in die Tiefe blickt, sieht auf grüne Felder. Pfirsichbäume stehen wieder am Grund der Schlucht, durch die sich nach Regenfällen der Fluß schlängelt, der das Tal geschaffen hat. Dort wo zwei Arme des Schluchtensystems zusammentreffen, erheben sich Felsmonolithe aus dem Talgrund wie der Junction Butte oder der Spider Rock. In Höhlen in den Wänden der Canyons haben die Anasazi ihre *Cliff Dwellings* gebaut. Aus dieser und auch aus späteren Perioden der Besiedlung haben sich viele interessante Felszeichnungen erhalten.

Wanderungen im Canyon de Chelly N.M.

Der Canyon de Chelly (gesprochen: d'schäj) ist für die Indianer eine Art Gedenkstätte. Der Besuch des Canyons beschränkt sich deshalb weitgehend auf geführte Touren zu Pferd, Jeep oder mit alten Armeelastwägen. Ohne Führer kann man die Ausblicke in den Canyon von den beiden Straßen am Süd- und am Nordrand genießen.

Einzige Möglichkeit, frei im Canyon zu wandern, bietet der etwa 2 Stunden Zeit erfordernde **White House Trail**. Vom White House Ruin Overlook an der südlichen Parkstraße steigt man auf unschwierigem Weg knapp 200 Meter in der steilen Canyonwand ab bis zum Grund der Schlucht. Ein Stück geht es nach links an der Fels-

---

Adresse/Information: Canyon de Chelly N.M., P.O. Box 588, Chinle, AZ 86503, ✆ (520) 674-5436. *Öffnungszeiten:* Ganzjährig geöffnet. *Größe:* 338 km². *Höhenlage:* Ca. 1700 m, Visitor Center. 2135 m, Spider Rock Overlook. *Wetter/Klima:* Milder Frühling und Herbst. Im Sommer warm bzw. heiß, speziell im Canyon selbst. Nachts stark abkühlend. Im Winter kalt mit gelegentlichem Schneefall. Im Inneren der Schlucht dann bitter kalt. Sommergewitter bringen den meisten Niederschlag. *Landschaftscharakter/Attraktionen:* Fruchtbares, in Sandstein bis zu 300 m tief eingeschnittenes Flußtal inmitten halbwüstenhafter Umgebung. Sehr sehenswert sind die Felsklippensiedlungen der amerikanischen Ureinwohner, »Rock Art« und die Schlucht selbst. *Unterkunft:* Im Park: Cottonwood Campground, 104 Plätze. First come, first served. Thunderbird Lodge. Reservierung unter P.O. Box 548, Chinle, AZ 86503, ✆ (520) 674-5841/-42. *Außerhalb:* Motels im ca. 3 km entfernten Chinle. *Verpflegung:* Im Park: Restaurant in der Thunderbird Lodge. Außerhalb: Einkaufsmöglichkeiten sowie Restaurants in Chinle. *Wanderwege:* 🚶 White House Ruin Trail: 4 km Hin- und Rückweg, 200 Hm. Dies ist der einzige Weg in den Canyon, der ohne Begleitung durch einheimische Navajo-Führer gemacht werden kann.

Ein friedliches Bild. Morgenstimmung im Canyon de Chelly. Sommerregen sammelt sich im sandigen Flußbett und bewässert die Felder der Navajo.

wand entlang, dann überquert man das oft gänzlich ausgetrocknete Flußbett und steht nach 2 Kilometern vor der Pueblo-Ruine an der gegenüberliegenden Nordwand des Canyon. Ein Teil des Gebäudekomplexes steht am Fuß der ockergelben, von schwarzen Wasserstreifen überzogenen Felswand. Etwa 20 Meter oberhalb, in eine linsenförmige Höhlung gebaut, hat das »zweite Stockwerk« der kleinen Anasazi-Siedlung dem Zahn der Zeit besser widerstanden. Auf einem Teil des Gebäudekomplexes hat sich sogar noch ein weißlicher Putz gehalten, von dem die gesamte Anlage ihren Namen »White House« hat. So aus der Nähe betrachtet wirkt das eingefallene und eingezäunte Ensemble ein wenig enttäuschend. Vom Canyonrand offenbart sich die grandiose Lage der alten Indianersiedlung in der himmelhohen, überhängenden Felswand erst so richtig.

Leider liegt das White House während der Sommertage im Schatten. Erst im Winter, wenn die Sonnenstrahlen länger in der Wand verweilen, lassen sich die besten Bilder machen. Die Ruinen im Canyon del Muerto liegen auch alle in schattigen Höhlen und sind vom Nordrand ohnehin schwer einzusehen. So war das von den Erbauern aus Gründen der Sicherheit und des Wohlbefindens auch gedacht.

Die Natur meint es mit uns Fotografen besser. Der Spider Rock, Wohnsitz der mythischen Spinnenfrau, von der die Navajo weben gelernt haben, ist so in den Grund der Schlucht »gepflanzt«, daß er vom Rand aus einen phantastischen Anblick bietet. Man sollte der schlanken Zwillingssäule, so hoch wie das Empire State Building, gegen Abend die Reverenz erweisen, dann weben, wenn man Glück hat, die Sonnenstrahlen ein rotgoldenes Netz darüber.

Vom Canyon de Chelly zum Monument Valley

Unsere Alternativroute zum Monument Valley setzt sich von Chinle aus in nördlicher Richtung fort. Auf halbem Weg nach Round Rock zweigt nach links die Indian Road 59 ab. Im Gegensatz zum Schüttelpfad über die Hopi-Mesas eine tipptopp ausgebaute Straße. Bei Tuba City haben wir den Highway 160 verlassen und zur Runde über den Canyon de Chelly angesetzt, zwischen Mexican Water und Kayenta treffen wir wieder auf ihn. Links, nach Südwesten, geht es nach Kayenta, wir sind nun wieder auf der Hauptvorschlagsroute. Haben Sie die Alternativ-Route gewählt, können Sie jetzt immer noch überlegen, das Navajo N.M. anzusteuern. Das Natural Bridges N.M., unser nächstes echtes Wanderziel, könnten wir auch über Mexican Water ansteuern, das Monument Valley wird sich aber wohl kaum jemand entgehen lassen wollen.

Vom Monument Valley zum Natural Bridges N.M.

Nach der Besichtigung des Monument Valley fahren wir nach Mexican Hat, einer kleinen Ortschaft mit Läden, Restaurants und Motels, alles in bescheidener Größe. Wer nicht in Kayenta oder spätestens in Gouldings getankt hat, sollte das jetzt erledigen. Wir überqueren den San Juan River und fahren durch eine Landschaft, die wie ein riesiger Steinbruch wirkt, vorbei am Felsen, dem Mexican Hat seltsamerweise seinen Namen verdankt, und biegen vom Highway 163 nach links ab auf den Highway 261. Kurz darauf sollte man den kurzen Abstecher zum **Goosenecks State Park** nicht verpassen. Der Blick weit hinunter auf diese »Gänsehälse« – ausladende

Der Spider Rock im Canyon de Chelly: Wohnsitz der mythischen Spinnenfrau.

Canyon de Chelly National Monument

Goosenecks State Park. Über zahlreiche Flußschleifen transportiert der San Juan River seine Schlammfracht in den Colorado bzw. in den Lake Powell.

Flußschleifen, die der San Juan in den geschichteten grauen Fels gesägt hat – lohnt sich. Man kann hier auch vortrefflich Rast machen, ehe die Fahrt weiter fortgesetzt wird. Und eine Stärkung kann man für den Streckenabschnitt über den Mokee Dugway schon gebrauchen. Schnurgerade zieht die Straße auf eine hohe Felsklippe zu, und man fragt sich unweigerlich, wie die überwunden werden soll. Die Straßenkarte kündigt »Switch Backs, Steep Grades« an. Und schon geht's los. Auf einer ungeteerten Waschbrettpiste fährt man, mal haarscharf am Abgrund, mal ebenso nahe an der Felswand, steil gen Himmel. In den Serpentinen holpert es noch mehr, manchmal wird es so eng, daß zwei Autos schwerlich aneinander vorbeikommen. Wenigstens nicht auf der »Straße«. Über dieser liegen Felsbrocken in Mehrfamilienhausgröße, bereit, jederzeit dem Lockruf der Schwerkraft nachzugeben. Nach drei nervenaufreibenden Meilen ist es aber geschafft. Von der Höhe der Cedar Mesa blickt man zurück auf das Valley of the Gods, mehr als 300 Meter tiefer. Wir fahren weiter über ein Hochplateau mit typischer Zwergkiefer- und Wacholdervegetation. Wir passieren die Ranger Station am Eingang zur **Grand Gulch Primitive Area**, einem Gebiet, in dem sich prächtig und ausgiebig wandern läßt. Allerdings, wie der Name schon sagt, in einer Schlucht, die mitten in der Wildnis liegt und, speziell auf Mehrtageswanderungen, entsprechende Vorbereitung und Ausrüstung verlangt. Zu sehen gibt es neben ursprünglicher Landschaft zahlreiche Zeugnisse indianischer Kultur. Bald darauf erreichen wir den Highway 95, biegen links in ihn ein und folgen wiederum kurz darauf dem Wegweiser nach rechts zu unserem nächsten Ziel, dem Natural Bridges N.M.

Natural Bridges National Monument

Kleine Bäche haben im Verlauf von Millionen Jahren den White- und den Armstrong Canyon aus dem mehrschichtigen hellen Cedar Mesa Sandstein geschliffen. Wasserläufe versuchen immer, einen geraden Weg zu gehen. Anläßlich von Sturzfluten, *flash floods*, beladen mit Sand und Geröll, donnern sie in Kurven gegen die Canyonwände, höhlen sie aus und durchbrechen sie schließlich. Das Ergebnis ist, zumindest dort, wo eine harte Deckschicht dem ungestümen Anrennen der Naturgewalten länger widerstanden hat, eine Naturbrücke. Drei Prachtexemplare davon gibt es hier, die man auf einer Rundwanderung erleben kann.

Falls man auf dem sehr idyllischen, aber ebenso kleinen, in der Regel gegen 10 Uhr vormittags belegten Campground keinen Platz mehr bekommt, kann man sich auch nur mit einer Sightseeingfahrt auf der Rundstraße durch den Park begnügen. Von den verschiedenen Aussichtspunkten kann man in den Canyon hinabsteigen und so auch auf kurzem Wege drei Naturwundern hautnah auf den Leib rücken.

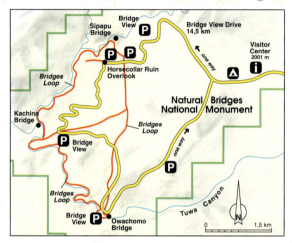

Adresse/Information: Natural Bridges N.M., P.O. Box 1, Lake Powell, UT 84533-0101, ✆ (801) 259-5174. **Öffnungszeiten:** Ganzjährig geöffnet. **Größe:** 31 km². **Höhenlage:** 1983 m, Visitor Center. **Wetter/Klima:** Heiße Sommertage mit nächtlicher starker Abkühlung. Angenehme Temperaturen im Frühjahr und Herbst. Niederschläge verteilt über das ganze Jahr, am trockensten Mai und Juni. Kalte Winter mit vereinzeltem Schneefall. **Landschaftscharakter/Attraktionen:** Spärlich bewaldete, von Canyons durchzogene Hochebene. Attraktionen sind die drei riesigen Naturbrücken über dem White- bzw. Armstrong Canyon. **Unterkunft: Im Park:** Campground mit 13 Plätzen. First come, first served. Keine Dump Station. Offiziell begrenzt auf Fahrzeuglängen bis 21 feet. Keine weiteren Unterkünfte im Park. **Außerhalb:** Jeweils 65 km entfernt liegen die Ortschaften Blanding und Mexican Hat mit Motels. Etwas breiter gefächert ist das Übernachtungsangebot im 98 km entfernten Monticello. Hier gibt es auch Campingplätze. **Verpflegung: Im Park:** Keine Verpflegungsmöglichkeit. **Außerhalb:** Kleine Lebensmittelgeschäfte in Mexican Hat, Blanding und Monticello. Auch das Restaurantangebot ist in diesen Orten eher bescheidener Natur. Moab mit Supermärkten, Restaurants sowie diversen Motels und Campgrounds liegt immerhin 182 km entfernt. **Weitere Einrichtungen:** Eine Negativmeldung: Es gibt kein öffentliches Telefon im Umkreis von 65 km. **Wanderwege:** 🚶 Bridges Loop: 13,8 km Rundweg, 450 Hm. Zu den einzelnen Brücken führen vom Canyonrand bzw. der Parkstraße aus kurze Wege hinunter. Sipapu Bridge (1 km, 150 Hm), Kachina Bridge (1,2 km, 200 Hm), Owachomo Bridge (300 m, 50 Hm), jeweils einfache Distanz.

Wanderung im Natural Bridges N.M.

🚶 Bridges Loop: Nahblick auf die steinernen Brücken

Sehen wir uns die Brücken aus der Nähe an. Vom Parkplatz oberhalb der Sipapu Bridge starten wir zum Bridges Loop, dem Rundweg, der alle drei Brücken miteinander verbindet und über das Mesa Top wieder zurückführt. Es geht steil hinunter über Treppen und Leitern. Auf halber Höhe kommt man an einem Aussichtspunkt vorbei. Um wirklich zu ermessen, wie riesig die Sipapu Bridge ist, muß man allerdings direkt darunter stehen. Es ist überwältigend, und man kommt sich zwerghaft vor unter dieser Brücke. Nach der Rainbow Bridge über einem Seitenarm des Lake Powell ist sie die zweitgrößte Naturbrücke überhaupt, 72 Meter hoch bei einer Spannweite von 88 Metern. Der Name entstammt der Hopi-Sprache und ist der Begriff für das Loch in der Erde, durch das sie, ihrem Schöpfungs-

Natural Bridges National Monument 53

Die Kachina Bridge, jüngstes und deshalb massivstes Exemplar des Brücken-Trios.

mythos folgend, auf diese Welt gekommen sind. Das »Original«-Sipapu liegt allerdings im Grand Canyon. 150 Meter steigen wir bis auf den Grund des White Canyon ab, dann geht es nach links weiter. Verlaufen kann man sich nicht, man folgt einfach dem meist trockengefallenen Bachbett. Man streift durch Weidengestrüpp und vorbei an großen Cottonwood Bäumen, in deren im Vorjahr abgeworfenen, trockenen Blättern es unaufhörlich raschelt. Solange es nicht rasselt, sind es nur Eidechsen auf der Flucht. Man gewöhnt sich an das Geräusch. Sollte man allerdings ein Geräusch vernehmen, das sich so anhört, als würde sich ein Güterzug nähern, heißt es, der Parkbroschüre folgend, aus dem Canyongrund heraus so schnell wie möglich Höhe zu gewinnen. *Flash flood* heißt das Phänomen, das einen bei blauestem Himmel ereilen kann, wenn es irgendwo, weit entfernt im Bergland, gewittert und der Regen sich in Sturzbächen mit verheerender Gewalt durch die Canyons Bahn bricht. Genau durch diese entfesselten Naturgewalten entstanden der Canyon und die Brücken. Daß so etwas immer noch passiert, wenn auch selten, sehen wir an der nächsten Brücke, der Kachina Bridge. Sie ist die massivste der drei, ihre Öffnung ist zwar auch schon von gewaltiger Größe, sie bietet aber den reißenden Wassern noch genügend Angriffsfläche. Risse, die scheinbar nur darauf warten, weiter aufzubrechen, »zieren« den Sandstein, Schwemmholz liegt zuhauf in den Bachbettkurven hinter der Brücke. Benannt ist die Kachina Bridge wieder mit einem Hopi-Wort und zwar deshalb, weil sich auf ihren Pfeilern Felszeichnungen befinden, deren Gestalt an die Kachina-Tänzer und -Puppen der Hopi erinnert. Nach dem Unterschreiten der Kachina Bridge muß man achtgeben, nicht vom Weg abzukommen. Es geht nicht nach rechts im White Canyon weiter, sondern man steigt nach links ein Stückchen hoch in Richtung

Die Owachomo Bridge im Armstrong Canyon.

der Parkstraße, wo man oben meistens ein paar Gestalten erblicken wird, die sich die Brücke vom Overlook aus anschauen. Auf einem Absatz in der Canyonwand wendet man sich nach rechts und geht nun weiter im Armstong Canyon. Der ist breiter als der White Canyon, und der Weg wechselt von einer Canyonwand zur anderen. Um ihn besser zu finden, ist er mit Steinmännchen markiert. Im Sommer ist es hier unten höllisch heiß, und man sollte ausreichend zu trinken mitnehmen. Knöchelhohes Schuhwerk empfiehlt sich ebenfalls, denn zuweilen ist der Weg sandig oder man quert das Bachbett, in dem noch etwas Wasser vom letzten Regen stehen kann. Endlich taucht die Owachomo Bridge auf. Hoch über dem Canyongrund kann ihr fließendes Wasser zwar nichts mehr anhaben, dafür ist sie am weitesten von der Verwitterung angenagt. Unter der Brücke durch steigen wir auf zur Straße durch den Park. Wer erwartet, daß der Rückweg über das Mesa Top eben verläuft – schließlich bedeutet »Mesa« Tafelberg –, hat sich geschnitten. Auf verschlungenen, aber gut ausgeschilderten Pfaden geht es auf und ab, es addieren sich etliche Höhenmeter zu den 150, die man in den Canyon ab- und wieder aufgestiegen ist. Ich schätze, daß es insgesamt wohl um das Dreifache liegen dürfte. Auch die Strecke kam mir weiter vor als die offiziell angegebenen knapp 14 Kilometer. Wie dem auch sei, man muß für die ganze Unternehmung mindestens 5 Stunden Zeit einkalkulieren. Wohl dem also, der jetzt nicht weiter fahren muß als auf der Einbahnstraßenschleife durch das Monument zurück zum Campground.

Vom Natural Bridges N.M. zum Canyonlands N.P. – The Needles

Auch unser nächstes Ziel, der Needles District des Canyonlands N.P., bietet ein Übernachtungsproblem. Auch der dortige Campground ist relativ klein, und weil er direkt, und wunderschön, am Ausgangspunkt zahlreicher Wanderwege liegt, ist ein Platz auf ihm entsprechend begehrt. Man fahre also sehr früh weg aus dem Natural Bridges N.M. Wer sich mehr Zeit lassen kann und will, dem sei eine landschaftlich wunderschöne Zusatzrunde über Halls Crossing empfohlen. Dort bietet sich ein schön gelegener Campground mit Blick auf den Lake Powell zur Übernachtung an. Zur Weiterfahrt muß zunächst mal die (tagsüber) stündlich verkehrende Fähre zur Bullfrog Marina benützt werden. Auch hier kann man Station machen. Es gibt ein Motel, ein Visitor Center, eine Tankstelle mit Laden und, wie es sich für eine Marina gehört, einen Bootshafen, von dem aus man auch Touren bis zur Rainbow Bridge unternehmen kann.

Vorbei an den Henry Mountains, einstigen Magmakammern, die erst durch die Erosion einst kilometerdick darüberliegender Gesteinsschichten zum »Ausbruch« kamen, geht die Rundfahrt weiter nach Hite Crossing. Hier beginnt sich der Colorado zum Lake Powell aufzustauen. Den Hite Overlook (Bild Seite 37), kurz bevor die Straße ziemlich steil zum See abfällt, sollte man nicht verpassen. Über zwei Brücken erreichen wir das Westufer und die Hite Marina, eine, im Gegensatz zur Wahweap- oder Bullfrog Marina, recht bescheidene Angelegenheit. Man kann hier ohne Platzreglementierungen und ohne Entgelt direkt am Seeufer kampieren. Auf dem Highway 95 entlang des White Canyon erreichen wir wieder das Natural Bridges Monument.

Vom Natural Bridges N.M. geht es auf dem Highway 95 (mit Beinamen »Bicentennial«) weiter nach Blanding. Auch dieser Streckenabschnitt ist landschaftlich sehr schön. Der Mule Canyon oder der Butler Wash laden zu kurzen Stippvisiten oder auch längeren Wanderungen ein. Die Gegend ist vollgestopft mit alten Anasazi-Siedlungen. Wieder gilt es, ein hohes Cliff zu erklimmen. Diesmal allerdings auf breiter, geteerter Straße, die schnurgerade durch den roten Fels gesprengt wurde. Sowohl Blanding als auch Monticello sind etwas größere Ortschaften. Man kann sich und sein Fahrzeug verpflegen und auch Station machen, vielleicht um die Abajo Mountains sowie den Edge of the Cedars State Park (Pueblo-Ruinen) wandernd näher zu erkunden. Von Monticello aus könnte man auch einen Abstecher zum Mesa Verde N.P. unternehmen. Wir heben uns diesen Park aber für die Rundfahrt Nummer zwei (siehe Seite 132) auf und sehen zu, in den Needles District des Canyonlands N.P. zu kommen.

Kurz bevor die Stichstraße in den Park abzweigt, steht der Curch Rock (Bild Seite 16), ein riesiger Monolith, einsam und verlassen in steppenartiger Landschaft. Mich erinnert die Form eher an eine nepalesische Stupa als an eine Kirche.

Der nächste benannte Felsen ist ein gutes Stück kleiner, dafür aber noch interessanter. Im **Newspaper Rock State Historical Monument** steht der wüstenlacküberzogene »Zeitungsfelsen« direkt neben der heutigen Straßenverbindung. Er diente Indianern als eine Art Nachrichtenbörse, jedenfalls haben sie neben der Darstellung von Jagdszenen noch eine Menge uns rätselhafter Zeichen in den Stein geritzt. Nach dem flächenmäßig winzigen Monument wird die Straße breiter, das Tal weiter und ungewöhnlich grün. Die Leute von der Dugout Ranch bewässern den Boden mittels riesiger rollender Metallkonstruktionen, um Futter für ihre Pferde und Rinder zu produzieren. Vorbei an den Zwillingsfelsen der Sixshooter Peaks erreichen wir die Grenze zum Canyonlands N.P.

Newspaper Rock: Eine alte Nachrichtenbörse?

Canyonlands National Park

Erste Station im Canyonlands National Park wäre das neu erbaute Visitor Center. Nachdem man aber eventuell bereits an der Entrance Station ein Schild entdeckt hat mit der wenig verheißungsvollen Aufschrift: »Campground full«, ist man vielleicht geneigt umzukehren. Gemach, grundsätzlich sollte man besagte Botschaft nicht zu ernst nehmen, schon gar nicht hier im Needles District des Canyonlands N.P. Einer seltsamen Regelung zufolge muß man hier seinen Platz auf dem Squaw Flat Campground erst um 2 Uhr nachmittags räumen (normal ist 12 Uhr mittags). Viele Camper sind längst vorher weg. Sehen Sie also selbst nach, ob der Campground tatsächlich voll belegt ist.

Woran erkennt man das? Gute Frage! Normalerweise nimmt man sich am Eingang zum Campground einen Umschlag, sucht sich einen freien Platz und füllt das Formular, das auf den Umschlag gedruckt ist, mit den verlangten Angaben aus. In den Umschlag steckt man den velangten Geldbetrag (Ein-Dollar-Noten horten) und kehrt zurück zum Campground-Eingang, wo sich eine Einrichtung findet, in den man den Umschlag steckt. Vorher trennt man einen Abschnitt vom Umschlag und heftet diesen an einen Pfosten, der sich normalerweise am gewählten Platz befindet. Das ist der Haken an der Geschichte. Nicht immer findet sich so eine eindeutige Einrichtung zur Markierung seines Reviers, und selbst wenn, den Zettel könnte der Wind oder sonstwer abreißen. Dann gibt's Verdruß, wenn der Platz verlassen wird und bei der Rückkehr jemand anderes darauf steht. Lassen Sie also eine zusätzliche »Duftmarke« an Ihrem Platz zurück. Ein Schild, einen Wasserbehälter, einen Stuhl oder ähnliches von geringem Wert. Haben Sie ein Zelt aufgestellt und erkennt man, zu welchem Platz es gehört, ist die Sache auch klar.

Die Landschaft wird auf der Fahrt in Richtung Campground immer interessanter. Dieser Teil des Canyonlands N. P. wird von einem wild zerrissenen Sandsteinplateau gebildet, aus dem einzelne Felsrippen ragen. Auf denen thronen seltsam geformte Skulpturen wie der Wooden Shoe-, der Angel- oder der Druid Arch. Vor allem aber zeichnet sich dieses Gebiet aus durch die »Wälder« von cremeweiß und orangerosa gebänderten Felsnadeln: The Needles.

> **Adresse/Information:** Canyonlands N.P., 125 West 200 South, Moab, UT 84532, ✆ (801) 259-7164. **Öffnungszeiten:** Ganzjährig geöffnet. **Größe:** Insgesamt 1365 km². **Höhenlage:** 1175 m, Zusammenfluß von Colorado und Green River. 1512 m, Visitor Center, The Needles. 1712 m, Chesler Park/The Needles. 1810 m, Visitor Center, Island In The Sky. 1853 m, Grandview Point/Island In The Sky. 1463 m, The Great Gallery/Horseshoe Canyon. **Wetter/Klima:** Im Sommer tagsüber heiß mit kühlen Nächten. Frühjahr und Herbst: tagsüber immer noch recht warm, nachts zum Teil schon unter dem Gefrierpunkt. Kalter Winter mit gelegentlichen Schneefällen. Der wenige Niederschlag verteilt sich relativ gleichmäßig über das ganze Jahr. **Landschaftscharakter/Attraktionen:** Wild zerklüftete Sandsteinplateaus, spärliche Vegetation. Weite Panoramen von zahlreichen grandiosen Aussichtspunkten, Schluchtenlabyrinthe, Felsskulpturen. Dazu wilde Trips zu Wasser (mit Booten jeglicher Art auf Colorado- oder Green River) und zu Lande (mit geländegängigen Fahrzeugen auf zahlreichen Four-Wheel-Drive-Routen). **Unterkunft:** Der Park gliedert sich, bedingt durch die Flußläufe des Colorado- und Green River, die ihn durchschneiden, in drei Bezirke: *The Needles, Island In The Sky* und *The Maze*. Dazu kommt noch die Exklave des *Horseshoe Canyons*. **Im Park:** Squaw Flat Campground (*Needles District*) mit 26 Plätzen. First come, first served. Gruppenplatz auf Reservierung. Willow Flat Campground (*Island In The Sky*) mit 12 Plätzen. First come, first served. Nur im Squaw Flat, und dort auch nur im Sommer, gibt es Trinkwasser. Keine Dump Stations. Im Maze District und an der Grenze des Horseshoe Canyon kann man zwar auch campen, irgendwelche Einrichtungen fehlen hier aber gänzlich. Nirgends im Park gibt es Motels oder ähnliches. **Außerhalb:** Campground im Needles Outpost an der Parkgrenze. Campmöglichkeit beim Newspaper Rock (State Park) an der Zufahrtstraße in die Needles. Campgrounds und Motels im 79 km (zum Needles Visitor Center) entfernten Monticello. Campgrounds und Motels in Moab (121 km zum Needles Visitor Center, 51 km zum Island In The Sky Visitor Center). Campground im Dead Horse Point State Park an der Zufahrtstraße zum Island In The Sky. Der Maze District eignet sich kaum für einen Tagesausflug. Nächstgelegener größerer Ort mit Unterkünften und Einkaufsmöglichkeiten wäre Green River, ca. 140 km entfernt (ungeteerte »Straße«). In den Horseshoe Canyon sind es von Green River aus 79 km über dieselbe Waschbrettpiste. **Verpflegung: Im Park:** In keinem Teil irgendwelche Läden oder Restaurants. **Außerhalb:** Bescheidener Laden im Needles Outpost. Diverse Restaurants und Supermärkte in Moab. Sowohl in Monticello als auch in Green River ist das Angebot weniger reichhaltig.

Canyonlands National Park 57

Ein hoher Himmel über weitem Land läßt den Wooden Shoe Arch zum Spielzeug schrumpfen. Nächste Doppelseite: The Needles: ein Wald aus schlanken Sandsteintürmen, hinter denen sich der Chesler Park verbirgt. Fotografiert vom Ansitz über dem Campground.

Wanderungen im Needles District des Canyonlands N.P.

Es gibt hier so viele Wanderwege, teilweise zu einem dichten Netz verwoben, daß man Wochen damit zubringen könnte, alle zu erkunden. Es gilt also, eine Auswahl zu treffen. Kurze Spaziergänge führen etwa zur **Roadside Ruin**, »nur« ein alter, gut erhaltener Kornspeicher, oder zum **Pothole Point**, besonders interessant, nachdem ein Regenschauer die Potholes, Vertiefungen im Sandstein, mit Wasser gefüllt hat. Am Pothole Point vorbei führt die Straße im Park zum Big Spring Canyon Overlook. Hier ist Endstation. Der kleine Parkplatz dient als Ausgangspunkt für den Weg zum **Confluence Overlook**, einem Platz, von dem aus man den Zusammenfluß von Colorado- und

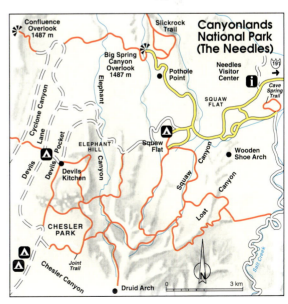

Green River überblickt. Einige der attraktiven Felsformationen im Needles District des Canyonlands N.P. sind nur auf langen Fahrten über kriminelle Four-Wheel-Drive-Pisten zu errreichen. Der vielfotografierte Angel Arch wäre so ein Ziel, das man selbst ansteuern kann, wenn man sich in Moab oder im Needles Outpost ein entsprechendes Fahrzeug mietet. Organisierte Touren kann man bei zahlreichen Veranstaltern in Moab buchen. Es gibt aber genügend landschaftliche Großartigkeit, die man zu Fuß erkunden kann. Idealer Ausgangspunkt dazu ist der Squaw Flat Campground oder der Elephant Hill, der vom Campingplatz über eine ungeteerte, kurze Piste erreichbar ist. Erste »Pflicht« für den, der auf dem Campground einen Platz gefunden hat, ist am nächsten Tag früh aufzustehen und die Felsen zu erklimmen, die sich zwischen den zwei Sektionen des Platzes als ideale Aussichtskanzeln anbieten. Ein Sonnenaufgang zwischen den La Sal Mountains und den Sixshooter Peaks ist ein unvergeßliches Schauspiel. Die Felstürme der Needles im Südwesten werden mit geradezu überirdischem Licht angestrahlt. Wie gesagt, eigentlich ein Pflichtprogramm, ob man nun gute Fotos machen oder nur schauend genießen will.

Slickrock Foot Trail: Naturlehrpfad zum Eingewöhnen

Kurz vor dem Parkplatz am Big Spring Canyon Overlook befindet sich eine Parkbucht am Trailhead zum Slickrock Foot Trail. Das ist eine relativ kurze Wanderung von 4 Kilometern Länge, die man unbedingt unternehmen sollte, Zeitbedarf zwischen ein und zwei Stunden. Sie bietet einen guten Einblick in die Landschaft im Needles District. Der Weg führt über den blanken Sandstein, ist mit Steinmännchen und Wegweisern gut markiert und als Naturlehrpfad angelegt. Das heißt, es sind Haltepunkte durchnumeriert und eine zugehörige Informationsschrift, erhältlich im Visitor Center, erklärt, was es jeweils zu sehen gibt. Es sind nicht nur die weiten Landschaftsszenerien, die hier sehenswert sind, sondern oftmals gerade die Details am Wegesrand. Ein solches ist zum Beispiel *Cryptogamic soil*. In flachen Wannen sammelt sich aus dem Gestein gewaschener Sand. Darauf siedelt eine Lebensgemeinschaft aus Flechten, Pilzen und Bakterien und bildet eine schwärzliche Kruste. So unansehnlich sich diese präsentiert, so wichtig ist sie. Die kryptobiotische Lebensgemeinschaft speichert den wenigen Niederschlag, festigt den Boden und verhindert so die Erosion. Sie bildet Humus und somit Lebensraum für höhere Pflanzen. Vegetation kann sich allmählich ansiedeln und die Wüste eines Tages in

---

Wanderwege (Auswahl): *The Needles*: Slickrock Foot Trail: 4 km Rundweg. Chesler Park (vom Elephant Hill): 10 km Hin- und Rückweg, 200 Hm. Plus Chesler Park Loop: 18 km Rundweg. Squaw Canyon/Big Spring Canyon: 12 km Rundweg, 100 Hm. Druid Arch: 17,4 km Hin- und Rückweg, 300 Hm. Confluence Overlook: 17,6 km Hin- und Rückweg, 100 Hm. Peekaboo Trail: 17,7 km Hin- und Rückweg, 100 Hm. Lower Red Lake: 30 km Hin- und Rückweg, Mehrtageswanderung, 426 Hm. Upper Salt Creek: 38,4 km Hin- und Rückweg, Mehrtageswanderung, 500 Hm (Trailhead nur mit Jeep erreichbar). Darüber hinaus gibt es eine Menge Möglichkeiten, Wege zu individuellen Rundwanderungen zu kombinieren. *Island In The Sky*: Mesa Arch: 0,8 km Rundweg. Upheaval Dome Overlook: 3 km Hin- und Rückweg. Whale Rock: 4 km Hin- und Rückweg. White Rim Overlook: 4 km Hin- und Rückweg. Grand View Trail: 6 km Hin- und Rückweg. Syncline Trail (Upheaval Dome Loop): 13 km Rundweg, 396 Hm. Murphy Trail: 14 km Rundweg, 335 Hm. Gooseberry Canyon: 10 km Hin- und Rückweg, 427 Hm. Alcove Spring Trail: 16 km (einfache Distanz) zum Taylor Canyon, 396 Hm, 36 km (einfache Distanz) zur White Rim Road, 427 Hm. Mehrtageswanderung. Whilhite Trail: 16 km (einfache Distanz) zur White Rim Road, 488 Hm. Lathrop Trail: 16 km (einfache Distanz) zur White Rim Road, 488 Hm, 28 km (einfache Distanz) zum Colorado River, 610 Hm. Mehrtageswanderung. *The Maze*: Wie der Name schon sagt, ein Irrgarten, einsam und nur Karten- und Kompaßkundigen zu empfehlen. Letzter Außenposten der Zivilisation ist die Hans Flat Ranger Station, 74 km entfernt vom Highway 24 und von dort aus über eine Schotter- und Lehmpiste auch mit zweiradangetriebenen Fahrzeugen erreichbar. Man sollte sich unbedingt vorher nach dem Straßenzustand erkundigen (✆ (801) 259-2652). Von Hans Flat aus geht es noch bis Flint Flat zweiradgetrieben vorwärts, ein Fahrzeug mit genügend Bodenfreiheit vorausgesetzt, dann nur noch mit Allradantrieb oder natürlich zu Fuß. Von Hans Flat bis zum Maze Overlook sind es 55 km, bis zum Doll House Camp 64 km. Mögliche Ziele: Chocolate Drops, Harvest Scene Pictographs vom Maze Overlook aus. The Doll House, Spanish Bottom, Surprise Canyon vom Doll House Camp aus. *Horseshoe Canyon*: The Great Gallery: 10,5 km Hin- und Rückweg, 200 Hm.

Steinmännchen markieren viele Wanderwege im Südwesten so wie hier in den Needles.

fruchtbares Land zurückverwandeln. »Don't step on the cryptos«, diese Bitte wird einem allenthalben vorgetragen in den Nationalparks auf dem Colorado Plateau, wo sich diese Lebensgemeinschaft angesiedelt hat. Treten Sie nicht drauf! Bis sich diese ungemein empfindliche Pioniervegetation von einem achtlosen Fußtritt erholt (wenn überhaupt), können Jahrzehnte vergehen.

Vom Squaw Flat Campground zum Chesler Park

Die rot leuchtenden Felsnadeln und der Chesler Park, der sich dahinter verbirgt, sind unser Ziel für diesen Tag. Der Weg vom A-Loop des Campgrounds aus beginnt etwas gemächlicher als vom B-Loop. Von hier erklimmt man erst mal eine Felsbarriere, nur um auf der anderen Seite wieder abzusteigen. Diese Art Turnerei ist typisch für den gesamten Wegverlauf. Es geht auf und ab, von einem Mini-Canyon in den nächsten, von einer Felsrippe runter und rauf auf die nächste. Natürlich nicht auf geradem Wege, sondern den verschlungenen Läufen ehemaliger Bäche folgend, die nur noch selten und rinnsalartig hier fließen. Ab und zu wird man eines Tümpels in einer schattigen Biegung gewahr, und sofort regt sich Leben. Libellen surren durch die Luft, Eidechsen rascheln durch niedriges Buschwerk. Überhaupt zeigt sich erstaunlich viel Grün. Zwergwüchsiger Wacholder und Krüppelkiefern beleben das zerrissene Sandsteinplateau. Ansonsten ist man alleine unterwegs. Jedenfalls bis zu dem Punkt, wo sich die Wege vom Campground und vom Elephant Hill her vereinigen. Vom Elephant Hill aus ist es ein gutes Stück kürzer, und dementsprechend belagert ist der kleine, staubige Parkplatz dort. Immer näher kommen wir den Felsformationen, die dem Parkteil den Namen geben. Ganz so nadelspitz zeigen sie sich zwar nicht aus der Nähe, aber eindrucksvoll genug. Rosa, rostrot und cremeweiß gebändert ragen sie wie versteinerte Wälder in den makellos blauen Himmel. Es ist heiß, und obwohl kaum längere Steilstücke oder überhaupt ein größerer Höhenunterschied zu überwinden ist, ist die Tour reichlich anstrengend. Wie stark man schwitzt, merkt man in der trockenen Luft kaum, man sollte sich daher rein verstandesmäßig öfter eine Pause gönnen und verlorene Körperflüssigkeit nachtanken. Noch ein letzter, der größte, Anstieg, und zwischen turmhohen Zinnen wird von der Höhe der Blick frei auf den Chesler Park. Bis hierher ist man 8,5 Kilometer unterwegs. Eine weite, fast ebene Fläche, bewachsen mit Steppengräsern, erstreckt sich vor einem, im Zentrum eine Felsenburg mit noch mehr Türmen und Kapitellen. Man kann sie auf einem 8 Kilometer langen Weg umrunden und auf dem Joint Trail, einem engen Durchschlupf, durchqueren. Man kann von ihrem westlichen Ende aus zum Druid Arch weiterwandern (zusätzliche 6,5 Kilometer einfache Distanz), einer Felsformation, die ein wenig an Stonehenge erinnert, man kann auf gleichem Weg zurückgehen oder über den Elephant Hill (4,7 Kilometer). Irgendwer wird einen von dort aus schon zurück zum Campground mitnehmen. Man kann auch über den Big Spring- oder den Squaw Canyon (in beiden Fällen 12,9 Kilometer) zurückwandern zum Ausgangspunkt und die Tagestour, sofern früh genug begonnen, beliebig lang gestalten. Alle Wege sind gut markiert. Mit liebe- und kunstvoll aufgeschichteten Steinmännchen und mit Wegweisern an den diversen Weggabelungen. Man kann über Nacht in der Küche des Teufels, *Devils Kitchen*, sein Zeltlager aufschlagen, oder, ein Permit vorausgesetzt, auch sonst wo es einem gefällt. Es gefällt einem sicher in den Needles, gerade auch wegen der fast grenzenlosen Wandermöglichkeiten in einer wilden, ursprünglichen Natur, die man, wenn man will, ganz für sich alleine haben kann.

Vom Needles District zum Arches N.P.

Auf unserem Weg zum Arches N.P. kommen wir abermals am Newspaper Rock vorbei, den wir uns jetzt etwas näher anschauen können, denn die Plätze auf dem Campground im Arches N.P. sind längst vergeben. Einer neuen (1994), für meine Begriffe unsinnigen Regelung zufolge muß man sich spätestens um 7 Uhr morgens am Visitor Center anstellen, um dort die Genehmigung zu erhalten, sich im Laufe des Vormittags einen Platz auf dem Devils Garden Campground aussuchen zu dürfen. 5 Minuten nach dem offiziellen Beginn der Prozedur (7.30 Uhr) ist alles vorbei. Sehen wir uns also in Ruhe den »Zeitungsfelsen« an. Da entdecken wir zwischen uralten indianischen Petroglyphen leider auch die Spuren neuzeitlicher Vandalen: Gekritzel aller Art sowie die auf solchen Zeugnissen alter Kultur im Südwesten fast obligatorischen Spuren von Revolver- oder Gewehrkugeln. Nächster Punkt von Interesse auf dem Weg nach Moab ist der Wilson Arch, direkt am Highway 191, ein Vorgeschmack auf das, was uns im Nationalpark erwartet.

Dann erreichen wir Moab. Wer auf die KOA-Campgrounds schwört, checkt gleich hier, noch ein gutes Stück vom südlichen Ortsende entfernt, ein. Inzwischen gibt es jedoch eine Reihe anderer Plätze mitten in Moab, die demzufolge näher zum Nationalpark liegen. Auch neue Motels schießen wie Pilze aus dem Boden des Städtchens. Moab boomt. Am deutlichsten merkt das derjenige, der am abendlichen Campfire gerne mal einen guten Tropfen zu sich nimmt. Der staatliche »Liquor Store«, einst ein winziger Schuppen, versteckt in einer Seitenstraße, ist umgezogen an die Hauptstraße und zum Supermarkt für geistige Getränke aller Prozentklassen mutiert. Es tut sich was in Utah, dem Land der Mormonen, wo einst schon Kaffee als Droge galt. Auch sonst gibt es in Moab jede Art von Einkaufsmöglichkeit, diverse Restaurants, Tankstellen und Ölwechselstationen. Man kann Boots- und Jeeptouren machen in einer Umgebung, die von landschaftlichen Sehenswürdigkeiten nur so übersät ist. Die größte davon, vor den nördlichen Toren der Stadt, ist der Arches N.P.

Morgenstimmung in den Needles: Sixshooter Peak vom Squaw Flat Campground.

beiden nächsten können wir uns ansehen, nachdem wir zurück sind am Parkplatz bzw. am Campground Devils Garden, nach insgesamt, Abstecher mitberücksichtigt, rund 8 Kilometer Fußmarsch, der seine 3 bis 4 Stunden in Anspruch nimmt.

🚶 Broken Arch und Sand Dune Arch: Kleine Bogenbummelei

Hoch oben in einer Felswand über dem Campground öffnet sich der Skyline Arch. 1940 tat er das auf dramatische Art, indem er einen riesigen Felsbrocken ausspie und das ursprüngliche Loch auf doppelte Größe erweiterte. Der Broken Arch, zu dem unsere nächste kurze Wanderung führt, ist entgegen der Namensgebung noch ziemlich intakt. Er wirkt nur ein wenig eingeknickt, wird aber wohl noch geraume Zeit so stehenbleiben, obwohl man mit solchen Prognosen vorsichtig sein muß. Der Weg zum Broken Arch geht direkt vom Campground aus. Durch Wacholder und einer Menge anderen Strauchwerks windet sich der Pfad über den sandigen Boden, auf dem er gut zu verfolgen ist. Wo man felsigen Untergrund betritt, sind Steinmännchen zur Wegweisung aufgebaut. Schön gezeichnete, perfekt getarnte Eidechsen, nur in der Bewegung wahrnehmbar, huschen zwischen Grasbüscheln umher. Sonst ist man auf diesem Weg, trotz der Nähe zum Campground und der Parkstraße, meistens alleine unterwegs. Wer den Sand Dune Arch noch nicht besucht hat, kann das jetzt nachholen. Vom Broken Arch geht es ein Stück weiter über eine sandige, mit Grasbüscheln und Wildblumen spärlich bewachsene Ebene bis zu den nadelförmigen Ausläufern der Grate des Fiery Furnace. Zwischen denen versteckt sich der Bogen, eine kleine Sanddüne überspannend. Vielleicht versteckt er sich deshalb, weil seine zwei aufeinanderzustrebenden Felszungen sich zu küssen scheinen. Auf demselben Weg kehren wir zurück zum Campground. Ein Nachmittagsausflug von etwa 4 Kilometer Länge liegt hinter uns, die Dauer der aufgewendeten Zeit ist sehr variabel.

Ein kurzer Weg führt um den eindrucksvollen Balanced Rock.

Der Double Arch, ein riesiger Doppelbogen in der Windows Section.

Delicate Arch: Zum Bogen aller Bögen

Unten im Salt Valley zweigt von der Haupt- die Nebenstraße zur Wolfe Ranch ab. Ehedem ein staubiges Waschbrett mit tiefen Löchern, ist sie heute glattgebügelt und geteert, und der Parkplatz an ihrem Ende wurde auf dreifache Größe ausgebaut. Ob die Idee so gut war, sei dahingestellt. Der Andrang hier ist jetzt entsprechend noch größer. So aber funktioniert die Nationalparkidee. Einerseits wird die Natur vor dem Menschen weitgehend geschützt, andererseits wird der Mensch, immerhin ein Teil der Natur, von ihr nicht ausgeschlossen. Das Motto lautet: »*Take only pictures, leave nothing but footprints.*« – Angesichts der Parkstraßen und sonstigen Einrichtungen ist das natürlich ein Wunschtraum, und schon Fußabdrücke können, siehe Stichwort »cryptogamic soil«, im empfindlichen Ökosystem der Halbwüste verheerende Schäden anrichten.

Die winzige Blockhütte, die einst Vater und Sohn Wolfe »bewohnten«, erscheint in der Umgebung des Parkplatzes jetzt noch ein wenig fremder, exotischer. Kaum zu glauben, daß in dieser wüstenhaften Gegend jemals eine Ranch betrieben wurde. Aber der Salt Wash gleich neben der Wolfe Cabin führt Wasser, und das war die Lebensgrundlage der Ranch. Wir überqueren ihn auf einer kurzen, schwankenden Hängebrücke. Der ausgebaute Weg steigt an und erreicht auf halber Höhe felsiges Terrain, auf dem es weiter bergauf geht. Von unzähligen Füßen ist der rotbraune Sandstein ganz stumpf und grau getreten, ein paar Steinmännchen markieren die Route zusätzlich. Man kann den Weg zum berühmten Ziel kaum verfehlen. Aus einer kleinen Senke betritt man ein ausreichend breites Band in der Mitte einer Felswand. Links ein wenig Abgrund, rechts klafft ein großes Loch, das blauen Himmel einrahmt. Noch ein paar Schritte, wir biegen um eine Ecke und: Bingo! Da steht er am Rand einer

»Schweigend ins Gespräch vertieft«: die Drei Klatschtanten – Three Gossips.

tiefen, rundgeschliffenen Steinschüssel, der zierliche, der zerbrechliche, der Delicate Arch! Dahinter, am Fuß der Klippe, weitet sich farbenprächtig das Salt Valley, darüber erheben sich, vielleicht auch noch schneebedeckt, die Gipfelpyramiden der fast 4000 Meter hohen La Sal Mountains. Ein Bild, das an Pracht kaum zu übertreffen ist (s. Titel).

Das wollen natürlich viele Leute sehen, und so landen hier, nach einer ½ Stunde und knapp 2,5 Kilometer Fußmarsches, 150 Meter über dem Parkplatzlevel, oft genug ganze Busladungen auf einmal. Gut, daß diese höchstens 10 Minuten Zeit haben, bis der Rückmarsch anzutreten ist, man müßte sonst Platzkarten ausgeben. So zierlich wie er wirkt, ist der Bogen nicht. Die innere Öffnung spannt sich immerhin über 10 Meter hoch. Seine eigene Winzigkeit kann man ermessen, wenn man sich darunter stellt. Kein Problem, der Rand des Felskessels ist kaum geneigt und breit genug, um auf ihm bis direkt unter den Bogen zu gelangen. Tun Sie sich trotzdem einen Gefallen und ziehen Sie festes Schuhwerk mit griffiger Profilsohle an, denn der Kessel selbst ist sehr abschüssig. Noch zwei Dinge sollte man mitnehmen: ausreichend zu trinken und etwas möglichst Winddichtes zum überziehen, nicht nur, wenn man länger bleiben will. Es pfeift hier oben oft ein kräftiger Wind, der einen auskühlt, so schweißtreibend der Aufstieg gewesen sein mag und so sehr die Sonne auch herunterbrennt. Natürlich nimmt auch jeder seine Kamera mit herauf. Um einen Gefallen in diesem Zusammenhang möchte ich an dieser Stelle deshalb bitten. Verträumen Sie nicht Stunden unter dem Bogen. Alle, die oben am Rand warten, wollen ihn einmal ganz im Urzustand ohne jede Menschenseele auf ihren Urlaubsfilm bannen. Erst wenn die Sonne hinter dem Horizont verschwunden ist, leert sich der Platz endgültig. Nur noch wenige kommen in den Genuß einer eventuellen Zugabe. Wenn eine leichte Dunstschicht das Licht reflektiert, wird die Szenerie schattenfrei ausgeleuchtet. Für kurze Zeit glüht der Fels dann noch einmal auf. Danach setzt schnell die Dunkelheit ein, und dann sollte man eine Stirn- oder eine Taschenlampe mit im Gepäck haben, um den gut halbstündigen Abstieg heil zu bewältigen.

Vom Arches N.P. zum Canyonlands N.P. Island in the Sky

Wenn wir einen Platz auf dem Campground haben, können wir uns den Besuch der Windows für unsere morgendliche Fahrt aus dem Park heraus aufheben. Das Fotolicht ist dann am schönsten. Selbst wer einen Besuch im Island-In-The-Sky-Bezirk des Canyonland N.P. plant, das nächste Ziel auf unserer Rundfahrt, kann sich ein wenig Zeit lassen. Die Entfernung ist nicht groß, die Straße dorthin, entgegen so manchem Kartenbild, längst durchgehend geteert, und so kommt man relativ schnell zum nächsten Wander- bzw. Übernachtungsziel.

Nur wenige Meilen nachdem wir auf den Highway 191 in nördlicher Richtung eingebogen sind, verlassen wir ihn wieder nach links und fahren hinauf in den höchstgelegenen Teil des Canyonland N.P., Island In The Sky benannt (Info siehe S. 56). Hervorstechendstes Merkmal dieses Parkteils ist eben die hohe Lage und die dadurch bedingten weiten Aus- und Tiefblicke. Kurz vor der Parkgrenze bietet sich ein Abstecher zum **Dead Horse Point State Park** an. Auch von hier hat man einen phantastischen Ausblick auf das rostbraune Tafelland der Umgebung und die Flußschleifen des Colorado River in der Tiefe. Hier gibt es auch einen Campground. Der Willow Flat Campground im National Park ist nach dem Visitor Center unsere nächste Anlaufstelle. Die Parkstraße teilt sich, geradeaus geht es weiter zum Grandview Point, rechts zum Upheaval Dome, zum Green River Overlook und zum kleinen Campground in dessen Nähe. Um hier einen Platz zu bekommen, sollte man zeitig am Vormittag anreisen.

Wanderungen im Canyonlands N.P. Island In The Sky

Die langen Wanderungen von der Höhe der »Himmelsinsel« hinunter auf das White Rim sind allesamt anstrengende Unternehmungen in praller Sonne, und natürlich muß man die 400-500 Höhenmeter, die man absteigt, auch wieder hinaufkraxeln.

Ebenso anstrengend und schweißtreibend ist eine Umrundung des **Upheaval Dome**. Den können wir uns aber auch auf einem kurzen Ausflug zu einem Overlook anschauen. Wie dieser tiefe Krater, in den wir von dort oben hineinschauen, entstanden ist, darüber streiten sich die Gelehrten. Ob es nun ein Meteoreinschlag war oder ob ein Salzdom unter den überlagernden Sandsteinschichten eingebrochen ist, weiß niemand so genau. Auf jeden Fall kann man hier ein seltenes und farbenprächtiges geologisches Landschaftsphänomen bewundern.

Schön ist auch der kurze Spaziergang zum **Mesa Arch**. Zwar haben wir schon eine Menge Naturbögen im Arches N.P. gesehen, dieser besticht aber durch seine Lage am Rand des Island In The Sky. Durch ihn sehen wir ein paar 100 Meter in die Tiefe und hinüber zu den La Sal-Bergen, die der Bogen malerisch einrahmt. Ein Ausflug hierher lohnt sich besonders gegen Abend oder auch früh am Morgen, der besseren Beleuchtung wegen.

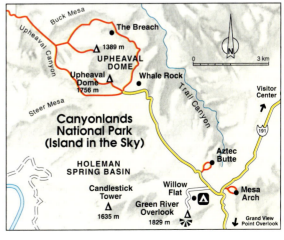

Island in the Sky: Die Himmelsinsel bietet zahlreiche Aussichtspunkte. Hier schneidet sich der Buck Canyon in den Fels.

Gleiches gilt auch für die Aussichtspunkte Grand View Point und Green River Overlook. Wer die Wahl hat, hat die Qual. Eine Entscheidungshilfe ist vielleicht die Tatsache, daß der Green River Overlook vom Campground aus in wenigen Minuten zu Fuß erreichbar ist.

Vom Canyonlands N.P. zum Capitol Reef N.P.: Goblin Valley State Park und Horseshoe Canyon

Nächstes Großziel wäre der Capitol Reef N.P. Vom Willow Flat Campground bis dorthin sind aber an die 200 Meilen Fahrstrecke zu bewältigen. Zu viel, um noch mit einiger Wahrscheinlichkeit einen Platz auf dem Fruita Campground zu bekommen. Außerdem wäre es schade, wenn wir nicht wenigstens einen Zwischenstop auf der Strecke einlegen würden. Dazu bieten sich sowohl das Goblin Valley als auch der Horseshoe Canyon an. Beide Ziele sind absolut sehenswert.

Zunächst fahren wir wieder hinaus aus dem Canyonlands N.P. und hinunter zum Highway 191. Durch eine weite, öde Ebene geht es den noch öderen Book Cliffs entgegen, Tafelberge aus blaurosa und graugelbem bröseligen Schutt. Parallel dazu verläuft die Interstate 70. Auf ihr fahren wir nach Westen. Der Wind, der hier so gut wie immer weht und uns bis jetzt nach vorne getrieben hat, mit Geschwindigkeiten jenseits des Erlaubten, trifft uns nun voll von der Seite. Green River, am Rande der Autobahn, ist auf lange Sicht die letzte Möglichkeit, sich anständig zu verpflegen, einzukehren, zu tanken, bei Bedarf im Motel zu übernachten. Wir verlassen die Interstate beim Exit 147 und wenden uns auf dem Highway 24 nach Süden. Es beginnt eine jener Fahrten, auf denen man die Straße und die Landschaft ganz für sich alleine hat;

so weit das Auge reicht – und es reicht weit. Zur Rechten begleitet uns die Verwerfung des San Rafael Reef, eine Wildnis, in der wahrscheinlich noch so mancher Canyon, so mancher Steinbogen und so manche Felszeichnung seiner Entdeckung harrt. Übersehen wir nicht vor lauter Einöde den Wegweiser ins Goblin Valley. Eine geteerte Spur führt zunächst nach rechts, dann zweigt links eine sogenannte *Graded Gravel Road* ab, ein Sieben-Meilen-Waschbrett. Ordentlich durchgeschüttelt erreichen wir, falls wir nicht in einer Sanddüne steckenbleiben, den kleinen Goblin Valley State Park.

Kurioserweise ist das kurze Stückchen Straße im **Goblin Valley State Park** wieder geteert. Zu Anfang kommen wir am Campground mit 18 Plätzen vorbei. Mit Hilfe der Sonnenenergie kann man hier sogar heiß duschen. Der Platz ist windig und sandig, aber als Stützpunkt, um das »Tal der Kobolde« am Ende der Straße ausgiebig zu erkunden, ist er ideal. Ideale Tageszeit dazu ist der frühe Vormittag oder der späte Nachmittag bis zum Sonnenuntergang. Man kann aber auch ohne weiteres einen halben Tag zwischen all den kuriosen Steinfiguren umherwandern. Langweilig wird es einem dabei nie. Zumindest nicht, wenn man mit ein bißchen Phantasie begabt ist. Dann kann man alles mögliche erkennen in diesen doppelt- bis dreifach mannshohen Naturplastiken aus weichem rotbraunen Tonschiefer, modelliert von wenig Wasser und reichlich Wind.

Noch krimineller als die Zufahrt ins Goblin Valley ist die Straße zum Horseshoe Canyon, einer Exklave des Canyonlands N.P. Vom Abzweiger ins Goblin Valley aus fährt man auf dem Highway 24 noch eine halbe Meile weiter nach Süden. Dann zweigt links eine Piste ab, die abwechselnd aus Lehm und Schotter besteht. Beide Unterlagen sind bestens ausgestattet mit prächtigen Spurrinnen und Waschbrettern. Hinter Kuppen und in unübersichtlichen Kurven stehen pechschwarze Kühe. In den Sanddünen am Straßenrand »grasen« andere und glotzen der Staubfahne nach, die man hinter seinem Fahrzeug herzieht. Nach 24 Meilen kommt eine größere Wegteilung. Rechts geht es nach Hans Flat und zur dortigen Ranger Station, die man als Ausgangspunkt für eine Fahrt in den **Maze District** des **Canyonlands N.P.** ansteuert. Wir fahren geradeaus. Die nächsten 5 Meilen bieten noch eine Steigerung des Fahrvergnügens. Wieder erreichen wir eine Abzweigung. Geradeaus geht es weiter nach Green River, rechts erwarten uns die letzten zwei Meilen zum Horseshoe Canyon. Und ein noch feineres Sträßchen. Ein Auto hat gerade mal Platz, und es geht über kurze, kurvige und steinige Steigungen mit Four-Wheel-Drive-Charakter. Nichts für tiefliegende PKW, nichts für lange Wohnmobile. Mit einem Pickup-Camper und bei trockener Straße habe ich es gerade mal so geschafft. Etwas echauffiert stehen Wagen und Lenker auf dem Parkplatz (kann auch als Campingplatz genützt werden) am Rande des **Horseshoe Canyon**.

Nächste Doppelseite: Goblin Valley, Tal für Stein-Kobolde (engl. goblin) und Fotografen.

Zwei von Tausenden Türmen im Goblin Valley.

👣 Wanderung in den Horseshoe Canyon zur Great Gallery: Ein Schmuckstück der Felsmalerei

Es geht mehr als 200 Meter hinab in den Canyon, mal über glatte Felsstufen, mal über tiefgründig sandige Pfade. Früher soll es erlaubt gewesen sein, hier hinunter zu fahren. Selbst mit einem Jeep ein ziemlich unmögliches Unterfangen, würde ich schätzen. Zu Fuß ist es kein Problem, und man hat dabei auch Muße, nie vorher gesehene Wildblumen zwischen den Steinen zu entdecken. In der gegenüberliegenden Canyonwand windet sich tatsächlich eine Art Straße hinunter zum Talboden, so waghalsig, daß einem schon vom Hinsehen schlecht wird. Auf dem Grund der Schlucht wachsen Cottonwood-Bäume und spenden etwas Schatten. Den kann man gut gebrauchen in diesem Glutofen. Bald tauchen die ersten Felsmalereien auf, derentwegen wir diese Tour unternehmen. Hoch oben in der Nordwand des Canyons prangen die Piktogramme der High Gallery. Ein Stück weiter an der Südwand finden wir die nächsten an einem Platz mit Namen Horseshoe Shelter.

Eine halbe Wegstunde weiter öffnet sich eine riesige Höhlung im Fels mit weiteren Darstellungen menschen- und tierähnlicher Wesen. Hier haben ein paar Vandalen ihre Namen über die Zeugnisse einer Kultur gekritzelt, die sich schon 2000 Jahre vor unserer zerstörerischen Zeit artikuliert hat. Eine Konservatorin bemüht sich, diese Spuren menschlicher Dummheit mit Farbe im Ton der Felsunterlage zu kaschieren. Ein Unterfangen, das, wie man sieht, leider nur wenig Erfolg zeitigt. 20 Minuten später treffe ich Wes, Ranger seines Zeichens und stationiert in Hans Flat. Er patrouilliert so vier bis fünf mal am Tag durch den Canyon, der Abschreckung halber. Wir reden ein bißchen über Yosemite und Las Vegas, Plätze, an denen man ein paar Leute mehr trifft als hier. »Nur noch um die nächste Ecke«, verspricht er, »dann bist du am Ziel.« Tatsächlich, schon aus einiger Entfernung kann man die überlebensgroßen Figuren sehen: The Great Gallery, das Schmuckstück der Felsmalereien im Horseshoe Canyon. Botschafter aus längst vergangenen, archaischen Tagen sehen uns stumm und seltsam unirdisch an. Hier wird man

The Great Gallery: stumme Zeugen einer längst vergangenen Zeit.

selber sprachlos und nachdenklich. Unerklärlich wie die Bedeutung der Figuren selbst ist die Tatsache, daß die Farben, mit denen sie gemalt wurden, die gnadenlose Sonneneinstrahlung auf der südseitigen Canyonwand über die Jahrtausende überstanden haben. Zwar wird die Farbe einst intensiver gewesen sein, aber man kann neben dem vorherrschenden rotbraun auch noch grüne, blaue und gelbe Töne entdecken, wenn man nur nahe genug herangeht. Die Menschen, die diese »Rock Art« hinterlassen haben, hatten schon allerhand drauf. Nicht nur, daß sie Plätze wie diesen schufen, sondern daß sie überhaupt hier, in dieser kargen Umgebung überleben konnten. Eine unglaubliche Leistung – wenigstens aus heutiger Sicht und gemessen an unseren künstlich geschaffenen Bedürfnissen. Gedanken wie diese begleiten den Rückweg. Abermals treffe ich Wes, und später tatsächlich noch ein paar andere Wanderer. Viele waren es nicht in den insgesamt 4 Stunden Wanderung in die Vergangenheit.

Ob sie manchmal von Oberbayern träumen?

Weiterfahrt zum Capitol Reef N.P.

Die Gegenwart holt einen spätestens auf der Rückfahrt über die vorher beschriebene Straße ein. Wie das aber oft so ist, wenn man etwas schon kennt, verliert es seinen Schrecken, und so ist man erstaunlich problemlos bald wieder auf dem glattgeteerten Highway angelangt. In der Zivilisation aber deswegen noch lange nicht. Die taucht erst in Hanksville und da auch nur schemenhaft auf. Zunächst heißt es den Straßenschildern Beachtung schenken: »Watch for sanddrifts.« Da braucht man nicht lange zu schauen, schon sieht man kaum noch was. Die Gegend ist ein rießiger Buddelkasten, über dem sich der Wind so richtig austobt. In Hanksville, wo zumindest nicht mehr ganz so viel Gelb in der Luft wirbelt, kann man seinem sandgestrahlten Auto einen Drink spendieren und sich selbst vielleicht einen Burger. Viel mehr allerdings nicht.

Der Highway 24 biegt rechts ab. Caineville ist noch winziger. Ganze neun Briefkästen zähle ich entlang der Straße. Neben deren grauem Band schlängelt sich grüngesäumt der schmale Fremont River, alles übrige an Landschaft trägt wieder Grau. Auch die grandios öden Tafelberge zu beiden Seiten des Highway. Allmählich erst und etwas zaghaft kommt mehr Farbe ins Spiel. Zum Grau gesellen sich lila Bänder, in der Ferne schimmert rosa eine Felsbarriere. Das Capitol Reef kommt in Sicht.

Der Highway 24 durchschneidet die Felsbarriere der Waterpocket Fold, wie die 160 Kilometer lange Verwerfung auch genannt wird, an einer ihrer mächtigsten, gleichzeitig aber auch schwächsten Stellen. Die Straße führt am Ufer des Fremont River entlang. Zwischen himmelhohen Felswänden zwängt sie sich bis zu dem Platz durch, den die Mormonen *Fruita* tauften. Hier steht heute das Visitor Center, und hier zweigt die Straße zum Fruita Campground ab, ein herrlich gelegenes Übernachtungsziel, das man wegen der entsprechenden Beliebtheit nach Möglichkeit schon am frühen Vormittag ansteuern sollte. Vom Campground aus führt der längst geteerte Scenic Drive noch ein Stück weiter in den südlichen Teil des Nationalparks.

Capitol Reef National Park

Die Farbenpracht des Capitol Reef National Park, gekrönt von »Fern's Nipple«.

Ein Riff gibt es im Capitol Reef National Park nicht, sondern eine Aufwölbung verschiedenartigster Gesteinsschichten, die einst in Meeren, Seen und in Wüsten schön waagerecht und der Reihe nach abgelagert wurden. Schräggestellt durch die Hebung des Colorado-Plateaus bieten sie nun der Verwitterung eine Angriffsfläche und dem Auge eine seltene Farbenpracht. Nicht zu Unrecht tauften die Ute-Indianer, die in der Umgebung immer noch in kleinen Gruppen leben, die Gegend das »Land des schlafenden Regenbogens«. Vor den Ute lebten an den Ufern des Fremont River andere Indianer. Ihre Spuren verloren sich genau wie diejenigen der Anasazi, die zur selben Zeit weiter südlich lebten. Nur ein paar Felsritzungen an den Canyonwänden, seltsam gewandete Figuren und Herden von Bighorn-Schafen, zeugen von der Anwesenheit des Fremont-Volkes. Nach den Ute kamen die weißen Siedler, in diesem Fall Mormonen. Wie in ganz Utah wurden sie auch im heutigen Nationalparkgebiet ansässig, krempelten die Ärmel hoch und machten aus der Wildnis blühende Gärten. Neben ein paar alten Stallungen und Scheunen mit landwirtschaftlichen Geräten steht noch ein putziges Schulhäuschen aus jenen Pioniertagen. Vor allem aber stehen noch die Obstbaumhaine, und zur jeweiligen Erntezeit kann man sich dann im Park den Bauch mit Kirschen, Pflaumen oder Äpfeln vollschlagen. Was man nicht gleich verzehren kann, pflückt man sich ebenfalls selbst und zahlt ein paar Dollar dafür. Wenn man Glück hat, findet während des Aufenthalts im Park gerade eine Veranstaltung statt, bei der immer noch gebräuchliche, alte Handwerkstechniken demonstriert werden. *Harvest Homecoming*, gefeiert im September, ist so ein Fest, das es anzuschauen lohnt. Empfehlenswert ist auch, ein geländegängiges Auto vorausgesetzt, eine Rundfahrt durch den nördlichen Parkteil ins traumhaft schöne, abgelegene Cathedral Valley.

Adresse/Information: Capitol Reef N.P., Torrey, Utah 84775, © (801) 425-3791. **Öffnungszeiten:** Ganzjährig geöffnet. **Größe:** 979 km². **Höhenlage:** 1647 m, Visitor Center. 2068 m, East Rim. **Wetter/Klima:** Warme Sommertage mit nächtlicher Abkühlung. Frühjahr und Herbst mild. Im Winter gelegentlich Schneefall, selten in tieferen Lagen. Hauptniederschlagsmenge während hochsommerlicher Gewitter. **Landschaftscharakter/Attraktionen:** Grüne, kultivierte Flußoase inmitten von Felswildnis und Halbwüste. Attraktionen sind die vielfarbige Felswildnis sowie die Zeugnisse amerikanischer Ureinwohner und mormonischer Besiedlung. **Unterkunft:** *Im Park:* Fruita Campground mit 71 Plätzen. First come, first served. Keine anderen Unterkünfte im Park. *Außerhalb:* Campgrounds und Motels am Highway 24 zwischen dem Visitor Center und Torrey, sowie in dem 18 km entfernten Ort selbst. **Verpflegung:** *Im Park:* Weder Lebensmittelgeschäfte noch Restaurants. *Außerhalb:* Kleine Lebensmittelgeschäfte in Torrey sowie im 64 km entfernten Hanksville. Motels in und an der Straße nach Torrey. **Wanderwege (Auswahl):** 🚶 Hickman Bridge: 3,2 km Hin- und Rückweg, 122 Hm. 🚶 Fremont River Trail: 4 km Hin- und Rückweg, 235 Hm. 🚶 Chimney Rock Canyon: 5,6 km Rundweg, 100 Hm. 🚶 Cassidy Arch: 5,6 km Hin- und Rückweg (vom Grand Wash), 400 Hm. 🚶 Golden Throne: 6,4 km Hin- und Rückweg, 400 Hm. 🚶 Rim Overlook/Navajo Knobs: 7,2 bzw. 14,4 km Hin- und Rückweg, 400 Hm. 🚶 Cohab Canyon/Frying Pan/Cassidy Arch: 7,2 km, 400 Hm. Bis Grand Wash Parking Lot zusätzlich 2,8 km (einfache Distanzen).

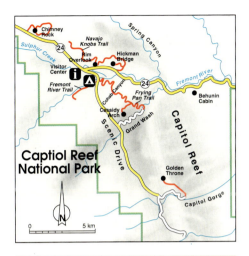

Wanderungen im Capitol Reef N.P.

Viele Besucher geben sich zufrieden mit den prächtigen Eindrücken, die schon entlang der Parkstraßen gesammelt werden können. Wesentlich vertiefen kann man das Erlebnis Capitol Reef auf den vielen wunderschönen Wanderungen im Gebiet.

Fremont River Trail: Kleiner Gipfelausflug

Der Fremont River Trail führt uns gleich vom Campground aus zu einem 2 Kilometer entfernten, leicht erreichbaren Overlook. Die Obstgärten zur Linken und den Fluß zur Rechten, zieht der Weg zunächst eben dahin. Wo wir das kultivierte Gelände verlassen, beginnt er mäßig anzusteigen und wird etwas schmal. Rechts fällt der Hang zum Fluß hin ab, links türmen sich bröselige braune Gesteinsschichten der Moenkopi-Formation zu einer wenig vertrauenerweckenden Felswand. Es dauert aber nicht lange, und das Gelände wird wieder weiter. Noch zwei kurze Serpentinen, und wir stehen auf dem »Gipfel« eines kleinen Hügels. »Trails End« verkündet ein Schild nach 235 überwundenen Höhenmetern und nach spätestens einer Stunde Gehzeit. Ringsum breitet sich eine Hochebene aus, bewachsen mit bonsaigroßen Ausgaben von Kiefern und Wacholder. Grasbüschel wiegen sich im Wind und, zur rechten

Jahreszeit, eine ganze Reihe von Wildblumenarten. Dazwischen liegen wie Kanonenkugeln Abertausende weiß und schwarz gefärbte, rundliche Steine. Der »Beschuß« liegt erdgeschichtlich schon eine gute Weile zurück und hat seine Ursache in Vulkanausbrüchen des nahen Boulder Mountain im Westen. Im Osten und Norden sieht man von hier oben auf die vielfarbig gebänderte Felsfront der Waterpocket Fold. Rostbraun und türkis, lila, weinrot und gelb, orange und schwarzblau präsentieren sich die Schichten, gekrönt von kegelförmig geschliffenen weißen Domen aus Navajo-Sandstein wie Fern's Nipple und – meistens – überwölbt von einem kobaltblauen Himmel. Im Abstieg ergibt sich ein Überblick über die grünen Gärten von Fruita, in denen der Campground liegt.

Über dem Fremont River thront ein wild zerklüftetes Sandsteinschloß, The Castle.

Das Capitol Reef vom Eingang zum Cohab Canyon.

Cohab Canyon, Frying Pan und Cassidy Arch: Bogen über dem Abgrund

Als anspruchsvolleres Ziel wartet der Cassidy Arch auf unseren Besuch. Um ihm auf relativ kurzem Wege zu Leibe zu rücken, müßte man ein Stück auf dem Scenic Drive fahren und dann auf einem Holperpfad in den Grand Wash. Die Landschaft auf der Höhe der Felsenklippe lernen wir aber ausgiebiger kennen, wenn wir gleich vom Campground aus zum Cassidy Arch emporsteigen. Gegenüber vom Eingang baut sich ein graulila Kegel ehemaliger Vulkanasche auf. Ein Schild warnt: »Stay off«. Genau links davon setzt jedoch der Weg zum Cohab Canyon an. Es geht ziemlich steil bergan. Wo das gelborange, massive Sandsteinpaket auf die weiche Bentonitschicht drückt, haben wir die erste Steigung hinter uns. Schon recht tief unter uns sehen wir im Rückblick den Campground. Dann sehen wir zu, durch die abgestürzen Blöcke zu kommen, bevor vielleicht der nächste herunterdonnert. Wir dringen ein in den Cohab Canyon, der sich, von unten unsichtbar, hier oben versteckt. Die tief orangeroten Wände der Schlucht sind übersät von kleinen Löchern – Spuren der schürfenden Kraft des Wassers, die den Canyon geschaffen hat. Ein sandiger Weg, nach heftigen Regenfällen ein Bachbett, gesäumt von allerlei Strauchwerk, zieht sich abwärts bis zum Fremont River. So weit gehen wir aber nicht. Kurz nach dem Abzweiger zum Fruita Overlook wenden wir uns nach rechts. Auch hier finden wir einen Wegweiser, und die Route ist markiert durch *rock cairns*, zu deutsch Steinmännchen. Nun geht es wieder bergauf. Die Sandunterlage wechselt zu festem Fels. Begleitet von reichlich Vegetation steigen wir der Frying Pan entgegen. Wer jetzt einen flach verlaufenden Höhenweg erwartet hat, sieht sich getäuscht. Die Geländebeschichtung in dieser »Bratpfanne« ist dermaßen rauh, daß jedes Spiegelei darin für immer festbrennen würde. Es geht auf und ab, runter in den Felskessel und am anderen Rand wieder rauf. Immer noch sind wir umgeben von allerlei Grünzeug. Von unten betrachtet vermutet man hier oben eigentlich nur nackten Fels. Der zeigt sich mal rötlich, mal cremeweiß, und je länger wir unterwegs sind, desto mehr Gelb gesellt sich zu Farbpalette. Bläuliche Flechten bedecken das Gestein, tarnfarbene Eidechsen, rötlichbraun mit blauem Bauch, wieseln zwischen den trockenen Salbeisträuchern umher. Der Himmel zeigt sich bayerisch weiß-blau. Wir erreichen den Abzweiger zum Cassidy Arch, steigen ein Stück ab und dann wieder hinauf zu einem orangeroten Buckel. Über dem abschüssigen Rand des Schlundes spannt sich überraschend plötzlich unser Wanderziel, der Cassidy Arch. Auch den Schwindelfreien zieht diese Röhre in ihren Bann, man hält also besser etwas Abstand. Benannt ist der Bogen nach Butch Cassidy, der, glaubt man der Legende, so etwas wie der Robin Hood dieser Gegend war. Noch heute steigert sich die Rangerin, die abends beim *campfire talk* einen Vortrag über diesen Volkshelden hält, in eine Euphorie, die ihrem Amte, ausgestattet mit Polizeigewalt, gänzlich zuwiderläuft. Leuchtenden Auges, wahrscheinlich Paul Newman und Robert Redford im Sinn, kriegt sie gerade noch rechtzeitig die Kurve, indem sie der Schilderung von etlichen Bank- und Zugüberfällen hinzufügt, daß dies natürlich alles kriminell gewesen sei. Doch kehren wir zurück zur Wegteilung, bei der wir uns vorher zum Kurztrip Richtung Bogen aufgemacht haben. Wir haben nun die Wahl, auf dem uns bekannten Weg zum Campground zurückzukehren oder, kürzer, zum Grand Wash hinunter abzusteigen. Ziemlich hurtig geht es da über Steinstufen eine Steilwand hinunter auf den Grund des Grand Wash, der einen weiteren Canyon in den Riegel des Capitol Reef gefräst hat. Fünf Stunden muß man für die Tour bis hierher schon ansetzen. Zwar wird nur eine Wegstrecke von 10 Kilometern bewältigt, aber durch das ständige Auf und Ab addieren sich doch etliche Höhenmeter zu den etwa 400 reinen Anstiegsmetern vom Talboden aus dazu. Jetzt kann man noch die gut 3 Kilometer durch die Narrows zum Highway 24 hinuntergehen oder aber nur ein paar hundert Meter zum Parkplatz am Ende der Straße, die vom Scenic Drive hereinführt. Kann man es nicht arrangieren, an einem der beiden Punkte abgeholt zu werden, vertraut man darauf, daß einen jemand per Anhalter mitnimmt. Mit einem Wanderrucksack als harmloser Zeitgenosse ausgewiesen, klappt das fast immer auf Anhieb.

Vom Capitol Reef zum Bryce Canyon: Calf Creek Recreation Area

Zwei Wege führen vom Capitol Reef zum Bryce Canyon: ein wilder über die Notom-Bullfrog-Road und den Burr Trail oder ein nervenschonender über den Boulder Mountain. Beide sind landschaftlich außerordentlich schön.

Östlich der Waterpocket Fold führt eine Schotterstraße vom Highway 24 abzweigend zur Bullfrog Marina am Lake Powell. Die ersten 5 Meilen bis Notom, einer Ranch

Der Walker Mountain vom Fremont River Trail.

Eine der vielen Schokoladenseiten des Capitol Reef N.P.

inmitten einer grünen Oase, sind seit neuestem geteert. Danach herrscht Wüste, durchzogen von einer wüsten Waschbrettpiste. Einige tief eingeschnittene »washes« sind zu durchqueren, manche achshoch mit Wasser gefüllt. Die Strecke erfordert bei trockenem Wetter zwar keinen Allradantrieb, ist aber nur etwas für Fahrzeuge mit genügend Bodenfreiheit. Voll beladene PKWs oder große Wohnmobile haben hier nichts verloren. Schon gar nicht auf dem kriminellen Steilstück des Burr Trail, der über die Felsbarriere des Capitol Reef hinaufführt. Ein Pickup Camper kann die Strecke und auch die holprigen Serpentinen des Burr Trail schaffen. Der Fahrer ist hinterher allerdings auch ganz schön geschafft. Zum Glück sind die anschließenden 35 Meilen von der Höhe der Waterpocket Fold bis hinunter nach Boulder seit einigen Jahren geteert. Das schlaglöchrige Asphaltband führt durch eine herrliche tiefrote Canyonlandschaft, es wird von Bächen begleitet, und diese wiederum begleitet grünes Gewucher. Kurz vor Boulder kommt man an gelbweißen Felsrücken vorbei, in die abfließendes Wasser die schönsten Muster gezogen hat. Diese versteinerten Ex-Sanddünen hier sind nicht ganz so hoch wie die bekannte Checkerboard Mesa im Zion N.P., aber nicht weniger schön.

Wesentlich gemütlicher präsentiert sich der westliche Weg nach Boulder. Zwar erklimmt die breit ausgebaute Teerstraße eine Höhe von mehr als 2800 Metern, und manches Fahrzeug kommt dabei ganz schön ins Schnaufen, aber ein wirkliches Problem hält die Strecke nicht bereit. Dafür wunderschöne Landschaftseindrücke. Das fängt an bei der Ausfahrt aus dem Capitol Reef N.P. Die schokoladenbraunen Cliffs, auf denen wild zerrissene Sandsteinformationen wie The Castle thronen, sind einfach eine Augenweide. Wer tanken oder seine Vorräte auffüllen muß, kann dies in Torrey tun. Vor der Ortschaft führt unser Weg über den Highway 12 weiter. Es geht in langer Steigung hoch über die Ostflanke des Boulder Mountain. Besonders im Herbst, wenn die Espen in Flammen zu stehen scheinen, eine herrlich Fahrt. Hier im **Dixie National Forest** gibt es auch drei schön gelegene Campgrounds. Was wir zunächst an Höhe gewonnen haben, verlieren wir wieder auf einer rasanten Abfahrt hinunter nach Boulder. Nach der kleinen Ortschaft führt der Highway über den schmalen Kamm einer hohen ehemaligen Sanddüne. Bei Seitenwind und einem empfindlichen Fahrzeug kommt auf diesem Streckenabschnitt etwas Nervenkitzel auf. Über Serpentinen geht es steil hinunter in den Canyon des Escalante River. Kurz bevor der Fluß erreicht wird, bietet sich ein Zwischenstop an einem seiner Zuflüsse, dem Calf Creek, an. Mit einer scharfen Rechtskurve biegt ein Sträßchen zur **Calf Creek Recreation Area** ab. Es gibt einen Campground mit 14 Plätzen und einen herrlichen Wanderweg (9 Kilometer Hin- und Rückweg) durch den baumbestandenen, mit Fremont-*Rock Art* verzierten Canyon zu den knapp 40 Meter hohen Lower Calf Creek Falls.

Auch den sehr schönen **Escalante Canyon** kann man durchwandern bis dort hinunter, wo der Lake Powell die ehemalige Mündung in den Colrado überschwemmt. Das wäre allerdings eine mehrtägige Unternehmung in der absoluten Wildnis.

Mit dem Erreichen der Ortschaft Escalante verliert sich der Reiz der Landschaft. Zwar gibt es hier den kleinen **Escalante Petrified Forest State Park**, er kann sich allerdings nicht mit seinem großen Bruder, dem gleichnamigen Nationalpark in Arizona, messen. Einladend ist aber der angeschlossene Campground (21 Plätze), vor allem wenn man – spät am Tag – befürchten muß, im Bryce Canyon N.P. keinen Platz mehr zu bekommen. In Escalante kann man sich auch in bescheidenem Maß verpflegen und sein Fahrzeug auftanken. Dasselbe gilt für die nächsten Ortschaften wie Cannonville und Tropic, die wir auf dem Weg zum Bryce Canyon durchfahren. Nach Tropic kündigen die ersten lachsroten Felssäulen zu beiden Seiten der Straße das Weltwunder an. Ein wenig werden wir noch hingehalten, es geht hinauf auf eine eher öde Hochebene. Links eingebogen auf die Straße ins gelobte Land, lassen wir Ruby's Inn erst mal rechts liegen und passieren erwartungsvoll den Eingang zum Bryce Canyon N.P.

Herbst am Boulder Mountain. Jetzt bieten die Espenhaine ein farbenprächtiges Schauspiel.

Folgen wir ab dem Scout Lookout dem West Rim Trail weiter bergauf. Die Zahl der Mitwanderer nimmt schlagartig ab, die Landschaft wird immer großartiger. Wildblumen, allen voran der allgegenwärtige Indian Paintbrush, säumen den Weg, der jetzt über blendend weißen Fels führt. Bald sind wir so hoch, daß wir im Rückblick über Angels Landing hinwegschauen auf den trapezförmigen Gipfel des Great White Throne. Rechts unten liegt der Tempel of Sinawava. Den sehen wir aber nur, wenn wir einen kleinen Abstecher vom Weg hin zur Kante des Rim machen. Den Einschnitt des Virgin River im Bereich der Narrows können wir auch vom Weg aus erkennen. Dann wendet sich der Trail nach links und teilt sich ein Stück weiter bergan. Nach links geht es nochmal eine Felsstufe hinauf, bis man endlich auf dem Dach des Zion N.P. steht. Entsprechend weit ist der Blick in die Runde. Wie mit dem Messer abgeschnitten zeigen sich die Kegelstümpfe weißer Sandsteinberge. Oben drauf tragen sie wie eine Frisur Wälder aus Kiefern und Fichten. Tiefe Canyons durchschneiden die einst kompakte Ablagerungsschicht. Hier oben kann man die Zeit vergessen. – Sollte man aber nicht. Zumindest dann nicht, wenn die Wanderung als Tagestour angelegt ist und nicht bis zum Lava Point fortgeführt wird. Bis zum »Höhepunkt« haben wir ca. 10 Kilometer Wegstrecke in ungefähr 3 Stunden zurückgelegt, den gut 1 Stunde erfordernden Abstecher zum Angels Landing nicht mitgerechnet. Wenn wir den gemacht haben oder noch machen wollen, ist es höchste Zeit, sich auf den Rückweg zu begeben.

Vielleicht kann man dann am Nachmittag sogar noch dem **Weeping Rock** einen Besuch abstatten. Ein kurzer Spaziergang führt von gleichnamigen Parkplatz am Scenic Drive ein Stück hoch unter die überhängende Felswand, aus deren Spalten Wasser tritt und üppiges Grün an und unter der Felswand mit lebensspendendem Naß versorgt. Man selbst wird zwangsläufig auch naß, wenn man den Tropfenvorhang durchquert. Vielleicht eine willkommene Erfrischung.

 Emerald Pools: Smaragdgrüne Teiche und ein hauchzarter Wasserfall

Wenn eine sanfte Brise den federleichten Wasserfall zwischen den Emerald Pools bewegt, kann man sich auch hier eine ordentliche Dusche holen. Der Weg zum mittleren und unteren der kleinen smaragdgrünen Teiche, zwischen denen das Wasser über eine etwa 20 Meter hohe Stufe hinunterfällt, ist etwas anspruchsvoller als der Kurztrip zum Weeping Rock und kann an einem heißen, faulen Tag als kleines Zeichen gelten, doch noch wandernderweise etwas vollbracht zu haben. Mehr als 2 Stunden braucht man sicher nicht, auch wenn man sich die nötige Zeit läßt, die üppige Vegetation am Weg zu studieren oder beispielsweise den Zug einer Tarantel durch ihr Revier zu verfolgen. Die Landschaft um die Emerald Pools ist ein Genuß: Über dem Wasserfall ragen im Gegenlicht die Felswände um den Heaps Canyon dunkelviolett auf. Die gegenüberliegenden Ostwände des Zion Canyon spiegeln sich orangerot in den Wassern der kleinen Pools. Wer hier an Swimmingpools denkt, irrt! Baden oder selbst ein Anfeuchten der Füße ist ausdrücklich verboten. Zu zerbrechlich ist das kleine Ökosystem und dem Ansturm der Besucher kaum noch gewachsen.

Vom Zion N.P. zurück nach Las Vegas: Durch den Valley of Fire State Park

Wir verlassen den Zion N.P. nach Westen. Die Straße ist in den letzten Jahren breit ausgebaut worden, die Autobahn reicht so schon fast bis an die Tore des Parks. Auch ehemalige Nester an der Strecke wie z.B. Hurricane wuchern ungehemmt in die hier wenig attraktive Landschaft. Auf der Interstate 15 passieren wir St. George, auch »Fallout City« genannt. Die Einwohner der Stadt leiden unter einer enorm hohen Krebsrate, denn westlich von hier liegen die Atombombentestgebiete in den Wüsten von Nevada – und bevorzugt bei Westwind wurde gebombt, um das südlich gelegene Las Vegas zu schonen.

Selbst im Tal des Feuers regnet es ab und zu. Dann färben sich die Felsen noch intensiver und das wenige Grün erhält eine neue Gnadenfrist.

Nach St. George zieht die Autobahn auf beeindruckender Trasse durch eine enge, grandiose Schlucht, gegraben abermals vom Virgin River. Nevada kündigt sich an mit dem ersten riesigen Spielcasino, gleich hinter der Staatsgrenze an der Autobahn. Noch exotischer wirkt der Golfplatz daneben. Eine gigantische Grünfläche, übersät mit Teichen und Wasserfontänen inmitten trister, grauer, hitzeflimmernder Wüste.

Vom Zion N.P. bis Las Vegas sind es 164 Meilen, und bis zur Vermietstation durch den dichten Stadtverkehr noch ein paar mehr. Fahrzeit also um die 4 Stunden. Wer knapp in der Zeit ist und sein Fahrzeug noch termingerecht am Vormittag abgeben will, vielleicht auch am selben Tag noch abfliegt, muß sich sputen. Besser ist es, einen Tag mehr einzuplanen und die Nacht vor der Fahrzeugabgabe nahe der Stadt oder in ihr zu verbringen, die Koffer müssen schließlich auch noch gepackt werden.

Als Camper kann man außerhalb der Stadt am Lake Mead übernachten. Als letzte Station unserer Rundreise bietet sich aber auch der **Valley of Fire State Park** an. Beide Ziele, etwa 3 Autostunden von Zion N.P. entfernt, erreicht man ab der Autobahnausfahrt 93 über Overton. Der Campground im Valley of Fire liegt ausgesprochen idyllisch und ruhig, und am Nachmittag kann man den Park und die großartige, vielfarbige Sandsteinlandschaft auf kurzen Wegen, wie sie in den Petroglyph- oder den Fire Canyon führen, erkunden.

Am nächsten Tag können wir es jetzt zum Ausklang unserer Rundfahrt etwas ruhiger angehen lassen. Las Vegas, und damit das Ende unserer Rundreise, ist nur noch eine Stunde entfernt. Leider.

> **Variante: Anfahrt über Los Angeles und Joshua Tree N.P., Rückfahrt mit einem Abstecher zum Death Valley N.P.**

Los Angeles wäre eine mögliche Alternative als Ausgangspunkt zu einer Rundfahrt wie der beschriebenen. Zu den ca. 1700 Meilen reiner Hauptroutenstrecke (ohne Abstecher oder mehrmaliger Befahrung von Straßen in den Nationalparks) kämen dann allerdings nochmal rund 650 Meilen hinzu. Auf dieser Strecke liegt mit dem Joshua Tree N.P. ein weiteres attraktives Wanderziel. Mehr nicht. Es sei denn, man macht auf der Rückfahrt nach Los Angeles noch einen »Schlenker« über den Death Valley N.P. Das sind dann nochmal rund 150 Meilen Fahrstrecke mehr. Das heißt, entweder man hat eine weitere Woche Zeit zur Verfügung, um auch noch diese beiden Wüstenparks zu erkunden, die 1994 von National Monuments zu National Parks aufgewertet wurden, oder man verzichtet auf die eine oder andere Wanderung in den anderen National Parks.

Der Joshua Tree N.P. wird ausführlich in der Rundtour III vorgestellt. Ab Los Angeles erreicht man ihn über die Interstate 10. Aus dem Verkehrsgewühl der Megastadt herauszukommen, erweist sich als erstaunlich problemlos. Nach Whitewater, wo Tausende von Windrädern in der Landschaft stehen, verlassen wir die Autobahn, fahren hinauf nach Yucca Valley und bei der Ortschaft Joshua Tree in den National Park. Bei Twentynine Palms verlassen wir ihn wieder nach einer Aufenthaltsdauer, die unserer Zeiteinteilung angemessen ist. Es geht weiter über den Highway 62 durch eine Wüstenlandschaft von grandioser Öde. Hellgraue Silhouetten von Bergketten verschmelzen in flimmernder Hitze am weiten Horizont mit dem gleißenden Hellblau des Himmels. Die schnurgerade Straße scheint ein paar Meilen voraus ständig in einen riesigen See zu münden, und tatsächlich kommen einem – und das ist keine Sinnestäuschung – jede Menge Boote entgegen. Die hängen allerdings an Geländewagen oder den üblichen Privatwohnmobilen in Reisebusgröße und werden nach einem Ausflug an den durchaus nicht luftgespiegelten Lake Havasu, zu dem der Colorado hier auf einer Länge von 74 Kilometern aufgestaut wurde, wieder in irgendeinem Vorgarten in Palm Springs vor Anker gehen. Die ganze Gegend hier ist im Sommer eine gewaltige Bratpfanne, und die Einheimischen denken verständlicherweise nur an irgendeine Form von Erfrischung. Wer sich's leisten kann, findet am Lake Havasu Abkühlung eben auf einem Speed Boat oder einem Wave Runner. Bei Parker überqueren wir den aufgestauten Colorado, und über Lake Havasu City erreichen wir bei Kingman die Interstate 40 und damit unsere Hauptroute über den *Grand Circle*.

Müssen wir auf der Rückreise von Las Vegas weiter nach Los Angeles, bedeutet das eine Autobahnfahrerei von 300 Meilen hauptsächlich durch die Mohave Wüste. Eigentlich eine langweilige Geschichte,

Joshua Tree National Park:
Seine Farben und Formen auf einen Blick.

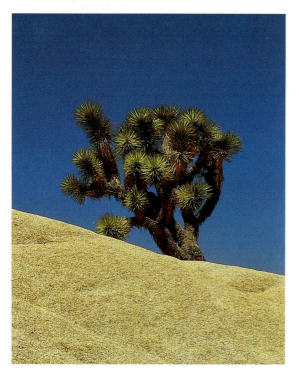

Bryce Canyon National Park

Wer nicht in der Bryce Canyon Lodge reserviert hat, sondern mit dem Zelt oder Wohnmobil unterwegs ist, tut gut daran, vor dem ersehnten ersten Blick auf den Canyon sein Nachtquartier klar zu machen. Am besten, man biegt gleich nach dem Visitor Center links ab zum North Campground. Sunset Campground hört sich zwar besser an, ist aber für größere Wohnmobile weniger geeignet, und die Lage zum Canyonrand ist auch nicht besser.

Und dann steht man zum ersten Mal am Rand dieser gewaltigen Schüssel, angefüllt mit den bizarrsten Felsfiguren in allen nur vorstellbaren Farbtönungen von Rosa und Orange, von Gelb und Weiß. Ein Amphitheater voller illustrer Darsteller wie der Queen Victoria und dem Papst, um nur die prominentesten Steinfiguren zu nennen. Der alte Thor hat hier seinen Hammer fallen lassen, und im Gewirr der Kulissen stehen die Chinesische Mauer und die Tower Bridge. »Rote Felsen stehen wie Männer in einer schalenförmigen Schlucht.« So haben die Paiute-Indianer diesen eigentlich unbeschreiblichen Platz durchaus zutreffend beschrieben. Ihre Legende kündet von ungehorsamen Menschen, die ein zorniger Gott zu Stein erstarren ließ. Wie sich doch die Bilder über Kontinente und Ozeane hinweg gleichen. Zahlreiche Sagen aus dem Alpenraum ranken sich in ähnlicher Form um kuriose Felsgebilde. »A hell of a place to loose a cow«, auch diese plastische, oft zitierte Beschreibung des Geländes darf an dieser Stelle natürlich nicht fehlen. Sie stammt von Mr. Bryce, mit dem schönen Vornamen Ebeneezer, der gegen Ende des vorigen Jahrhunderts ausgerechnet hier, am Fuße des Canyons, für kurze Zeit eine Farm betrieb und seinen verirrten Kühen im Labyrinth der Felswände nachjagen mußte: Nach ihm ist das Naturwunder benannt.

Thor's Hammer

Und ein Naturwunder ist dieser Bryce Canyon. Die Pink Cliffs, die heute die jüngste und oberste Stufe der sogenannten *Grand Staircase* darstellen – einer gewaltigen Treppe aus unterschiedlichen Gesteinsschichten –, wurden einst als Flußsedimente in einem See- und Sumpfgebiet abgelagert, durch das noch die Dinosaurier stapften. Vor etwa 13 Millionen Jahren begann sich das Colorado Plateau, dem auch die Pink Cliffs angehören, zu heben. Fortan

Adresse/Information: Bryce Canyon N.P., Bryce Canyon, UT 84717, © (801) 834-5322. *Öffnungszeiten:* Ganzjährig geöffnet. *Größe:* 145 km^2. *Höhenlage:* 2406 m, Visitor Center. 2748 m, Rainbow Point. 2073 m, tiefster Punkt des Wanderwegenetzes auf dem Under The Rim Trail. *Wetter/Klima:* Im Sommer dank der Höhenlage angenehme Tagestemperaturen. Nachts stark abkühlend, nicht selten bis an den Gefrierpunkt. Heftige Gewitter mit kräftigen Niederschlägen. Frühjahr und Herbst tagsüber entsprechend kühler. Der Winter knackig kalt mit Schnee. *Landschaftscharakter/Attraktion:* Wüstenhafte Erosionslandschaft am Rande eines bewaldeten Hochplateaus. *Die* Attraktion ist das Bryce Amphitheater, angefüllt mit den bizarrsten Steinskulpturen in unerschöpflicher Farbenvielfalt. *Unterkunft: Im Park:* 2 Campgrounds (North und Sunset) mit insgeamt ca 220 Plätzen. First come, first served. Im Winter (Mitte Oktober bis Mitte April) ist nur der North Campground geöffnet. Auch die Bryce Canyon Lodge ist dann geschlossen. Reservierungen für die Lodge: TW Recreational Services Inc., P.O. Box 400, Cedar City, UT 84720, © (801) 586-7686. *Außerhalb:* Diverse Campgrounds und Motels wenige Kilometer vom Parkeingang entfernt und an den Zufahrtsstraßen. *Verpflegung: Im Park:* Einkaufsmöglichkeit und Restaurant bei bzw. in der Bryce Canyon Lodge. *Außerhalb:* Lebensmittelladen sowie Restaurant in Ruby's Inn, ca. 3 km vor dem Parkeingang. *Weitere Einrichtungen:* Busverbindung mit Shuttle Bus in der »Main Park Area« zwischen Bryce- und Fayriland Point. *Wanderwege:* Queens Garden: 1,3 km (einfache Distanz), 100 Hm. Queens Garden/Navajo Loop: 4,7 km, 160 Hm. Rundweg von/bis Sunrise Point. Navajo Loop: 2,2 km Rundweg, 160 Hm. Peekaboo Loop: Vom Sunset Point 8,2 km Rundweg, 159 Hm. Vom Bryce Point 8,3 km Rundweg. Vom Sunrise Point 10,6 km Rundweg. Fairyland Loop: 13,2 km Rundweg (9,1 km bei Benützung des Shuttle Bus zwischen Sunrise- und Fairyland Point), 275 Hm. Rim Trail: 8,9 km (einfache Distanz), 168 Hm, zwischen Fairyland Point und Bryce Point (Shuttle Bus benützen). Under The Rim Trail: Mehrtageswanderung, 36,4 km (einfache Distanz) zwischen Bryce Point und Rainbow Point. Mehrere, die Strecke abkürzende Verbindungswege zum Rim bzw. zur Parkstraße. (Die Straßenverbindung zwischen beiden Punkten ist bis ca. 1996 wegen Neukonstruktion gesperrt.)

»The Sounds Of Silence«. Die »Stille Stadt« unter dem Inspiration Point.

beobachten, die so nahe am Rand des »Canyons« stehen, daß ihre Wurzeln immer mehr ausgespült werden und sie schließlich wie auf Stelzen dastehen, bevor sie endgültig entwurzelt den Bach bzw. den Abhang »runtergehen« (Bild Seite 87).

Bevor wir selbst in den Canyon hinuntergehen, versuchen wir, uns von oben einen Überblick zu verschaffen. Wenn man so will, besteht der Park aus zwei Teilen. Der eine ist das Halbrund des Amphitheaters, das wir als erstes sehen. Was folgt, ist – schon rein kartographisch – eine Art Wurmfortsatz entlang der weiter nach Süden ziehenden Kante der Pink Cliffs. Wurmfortsätze sind relativ überflüssig – und dieser hier auch. Zwar reihen sich entlang der Straße vom Abzweiger zum Bryce Point bis zu ihrem Ende am 23 Kilometer entfernten Rainbow Point noch etliche Aussichtspunkte mit klangvollen Namen aneinander, mit der Aussicht von irgendeinem Punkt am Rande des Amphitheaters können sie sich aber nicht messen. Zwar wird die ehemals enge und schlaglöchrige Straße bis vorraussichtlich 1996 hergerichtet und ausgebaut sein, man sollte die Fahrt bis zum Rainbow Point trotzdem nur bei sehr viel übriger Zeit und Muße unternehmen.

Fairyland Point, am nördlichsten in der sogenannten »Main Area« gelegen, und auch der Paria View, dem Bryce Point benachbart, hingegen lohnen die Anfahrt. Sunrise-, Sunset-, Inspiration- und Bryce Point sind über jeden Zweifel erhaben: Sie sind ein absolutes Muß auf jeder Reise durch den Südwesten. Entsprechend groß ist der Andrang. Beste Zeit für einen Besuch dieser exquisiten Aussichtskanzeln ist die Stunde des Sonnenaufgangs. Den sollte man nicht verpassen, von welchem Punkt auch immer, wobei mein Favorit der Inspiration Point ist. Warm anziehen nicht vergessen! Es ist selbst im Sommer morgens bitterkalt hier oben auf 2500 Meter Meereshöhe. Der Sonnenuntergang gestaltet sich im Gegensatz zum Sonnenaufgang ein wenig enttäuschend, denn der hohe Rand der Schüssel wirft zu dieser Zeit schon lange Schatten auf die Szenerie in der Tiefe.

hatte die Erosion das Sagen. Obwohl auch hier das Wasser bei der Abtragung der Gesteinsschichten die wichtigste Rolle spielt, ist diese Erosionsschüssel kein Canyon in strengem Sinne, denn es sägt sich hier kein Fluß durch die Gesteinspakete. Regen und Schmelzwasser vom winterlichen Schneefall leisten hier die Arbeit. Millimeter für Millimeter nagen sie den Rand der halboffenen Schüssel an und arbeiten so immer neue Säulen aus dem Gestein heraus, während die bestehenden Felsskulpturen auf dieselbe Art immer weiter zerfressen werden, bis schließlich nur noch ein Sandhaufen von ihnen übrigbleibt. Erst am Fuße des Bryce Canyon vereinen sich die zahllosen, periodisch fließenden Rinnsale und Bäche zum Paria River, der schließlich in den Colorado mündet. Man kann den Erosionsprozeß fast direkt an kleinen Kiefern

Bryce Canyon National Park

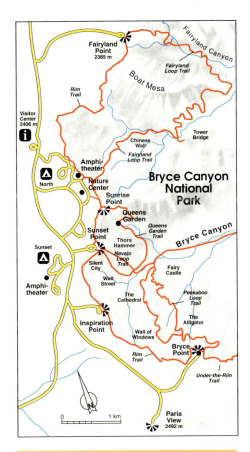

Wanderungen im Bryce Canyon N.P.

Nur mit einem Blick von oben auf das Naturwunder Bryce Canyon sollten wir uns auf keinen Fall begnügen. Das wäre nur das halbe Vergnügen. Eine Reihe von ausgetretenen, nicht zu verfehlenden und an Kreuzungspunkten mit Schildern versehenen Wegen führt in die Tiefe dieser labyrinthischen Schüssel, bringt uns den phantastischen Felsgestalten näher und vertieft so unsere Eindrücke.

Schwer zu sagen welches der schönste Wanderweg im Bryce Canyon N.P. ist. Der längste wäre jedenfalls der **Under-The-Rim-Trail** vom Bryce- zum Rainbow Point. Ein Unternehmen, das mehrere Tage in Anspruch nimmt und gemessen an den Eindrücken, die man im Amphitheater gewinnt, eine eher spröde Geschichte ist. Schon der Anfang dieses Weges, ein Ausflug zum **Hat Shop**, Erdpyramiden, die man am Ritten in Südtirol schöner findet, erweist sich als wenig aufregend. Wie gesagt, immer in Relation zu dem, was in der »Main Park Area« geboten ist.

Navajo Loop: Einer für alle

Der kürzeste Rundweg im Amphitheater ist der Navajo Loop Trail. Er ist deshalb auch einer der frequentiertesten. Nicht nur wegen der Kürze, sondern auch wegen des grandiosen Eindrucks, den er hinterläßt, pilgern ganze Busladungen auf einmal auf seinen Serpentinen in die Tiefe. Start und Ziel der Runde ist der Sunset Point, wobei es egal ist, in welche Richtung man beginnt. Wichtig ist nur ein früher Beginn, wegen besagter Massen, die den Trail spätestens ab Mittag bevölkern. Die Zeit im Anschluß an einen von hier erlebten Sonnenaufgang ist ideal für diese Runde. Das Sonnenlicht kommt dann direkt von vorne und vertreibt sehr schnell die Kälte eines sternenklaren Morgens. Es fällt flach auf die Wand des Amphitheaters, wird vom hellen Gestein reflektiert und beleuchtet die Felssäulen indirekt. Thor's Hammer scheint wie von innen heraus zu leuchten, sogar der steingewordene Papst strahlt ganz überirdisch. Wir tauchen hinunter in eine enge, dunkle Schlucht. Kiefern recken ihre kargen Kro-

»Grausame« Natur: Die Erosion entzieht einer Kiefer am Sunrise Point die Lebensgrundlage.

nen auf ellenlangen Stämmen gegen das spärlich einfallende Licht. Schnell sind wir unten und damit auch schon am Wendepunkt. Ein kurzes Stück geht es durch die dichteren Kiefernbestände am Grunde des Canyons, dann machen wir uns wieder auf den Weg zum Sunset Point. The Wall Street ist der passende und symbolhafte Name für den Weg durch eine Schlucht zwischen hochaufragenden, lotrechten Felswänden. Ein wenig beklommen arbeiten wir uns nach oben. Das brüchig erscheinende Gestein rahmt einen schmalen Spalt blauen Himmels. Dann weitet sich das Gelände, und nach ein paar ausladenden Serpentinen sind wir der Unterwelt in gleißendes Licht hinein entronnen. Man kann natürlich in der Wall Street auch absteigen. Dann trifft einen Thor's Hammer am Ende des Weges.

Queens Garden Trail: Ein königlicher Weg

Den Queens Garden Trail verbindet man am besten mit einem der beiden Abschnitte des Navajo Loop. Der so entstehende Rundweg verbindet den Sunrise- mit dem Sunset Point oder umgekehrt. Der Weg, beginnend am Sunrise Point, führt gemächlich abfallend zunächst in eine Landschaft aus blendendweißen und zartrosa Hügeln: Resten ehemaliger Felssäulen. Wo sich der Trail wieder dem Rand der Erosionsschüssel nähert, dringen wir ein in den »Garten der Königin«. In diesem Fall der englischen Queen Victoria, die auf einer Aussichtswarte über dem gewundenen Pfad durch ihr märchenhaftes Reich wacht. Wir passieren noch weitere phantasieanregende, steinerne Skulpturen und hohe Felswände. Durch kurze, von Menschenhand geschaffene Tunnel treten wir ein in immer neue Szenerien einer Landschaft, die nicht von dieser Welt scheint. Der Vielfalt kaum zu verarbeitender Eindrücke macht der Kiefernwald ein Ende, in den wir schon auf dem Navajo Loop abgestiegen sind. Nun müssen wir uns entscheiden: entweder auf demselben Weg zum Ausgangspunkt zurückkehren oder auf einem der beiden Wegteile des Navajo Loop zum Sunset Point aufzusteigen, um entlang des Rim Trails zum Sunrise Point unsere Runde zu vollenden. Auch diese Wanderung ist ein Fall für den ganz frühen Vormittag. Möglichst gleich anschließend an den Genuß eines Sonnenaufgangs vom Sunrise Point. Wenn man dieses Ereignis nicht unmittelbar mit den vielen anderen teilen will, die sich hier versammelt haben, steigt man am besten gleich ein Stück auf dem Weg ab. Dann ergeben sich Eindrücke und zeigen sich Bilder, die man ganz für sich alleine erleben kann.

Peekaboo Loop Trail: Zum glitzernden Waser

Bereits auf dem Queens Garden Trail ist deutlich weniger los als auf dem Navajo Loop. Je weiter man sich von den Aussichtspunkten und Trailheads am Rand des Bryce Canyon entfernt, desto ruhiger wird es. Den Peekaboo Loop Trail teilt man nur mit wenigen Mitwanderern, manchmal mit Gruppen zu Pferde, die an der Quelle Rast machen, die dem Weg den indianischen Namen (Peekaboo heißt »glitzerndes Wasser«) gibt. Der Weg ist vom Inspiration- und vom Bryce Point teilweise einzusehen und präsentiert sich von oben wie der Rundgang um ein vieltürmiges Märchenschloß. Die Runde kann am Bryce Point gestartet weden. Der Abstieg und Wiederaufstieg vollzieht sich hier jedoch in steilem Gelände, das nach Abgängen kleinerer Muren manchmal gesperrt ist. Beginnen wir also am Sunset Point und gehen an Thor's Hammer vorbei hinunter oder durch die Wall Street. Unten führt ein ausgeschilderter Verbindungsweg auf die Peekaboo-Runde. Links oder rechts herum, egal, der Weg ist in jeder Richtung der Mühe wert. Und ein wenig Mühe ist schon dabei, denn zu den 159 Metern des Abstieges und Wiederaufstieges bis zum Sunset Point gesellen sich etliche Höhenmeter an Auf und Ab auf der Runde selbst, so daß man schon 4 Stunden für sie einplanen sollte. Die Eindrücke auf diesem Loop lassen aber jede Anstrengung vergessen. Türme, Zinnen und hohe Wän-

Früher Morgen am Inspiration Point. Noch rührt sich nichts auf dem Peekaboo Loop Trail.

de, durchbrochen von großen Fenstern im Fels, begleiten uns ebenso wie malerisch in den kargen Boden gekrallte Kiefern.

 **Fairyland Loop Trail:
Weg durch ein Märchenland**

Den vielleicht schönsten Weg heben wir uns für den Schluß auf. Früher war der Fairyland Loop Trail geprägt von der Tatsache, daß einem herrlichen Auftakt im Amphitheater der eher langweilige Abschluß über den in diesem Bereich wenig interessanten Rim Trail folgte. Den können wir uns seit der Einrichtung eines Shuttle Bus-Systems im Jahre 1994 sparen. Wenn wir am North Campground unser Lager aufgeschlagen haben, gehen wir die paar Meter hinüber ins Visitor Center und lassen uns gegen eine geringe Gebühr eine Station zum Fairyland Point transportieren. Vom Sunset Campground oder von der Bryce Canyon Lodge aus funktioniert der Zubringerdienst übrigens auch.

Vom Fairyland Point geht es zunächst bergab. Zu den offiziellen 275 Metern bis zum tiefsten Punkt des Weges gesellen sich noch etliche Höhenmeter an Auf und Ab. Wir wandern durch ein Märchenland von bizarr geformten Felssäulen in allen Tönen von Rot. Im Gegensatz zu den anderen Trails tut sich entlang dieses Weges zwischen den Felsinseln die Landschaft in ihrer ganzen Weite auf. Dementsprechend weit geht der Blick. Und auch alle anderen Sinne öffnen sich dem Schauspiel Bryce Canyon auf dieser Wanderung noch mehr als auf den übrigen Wegen. Lassen wir uns Zeit, auch die Details am Wege wahrzunehmen. Aus der kargen Erde wachsen einsame, zarte Wildblumen, Kiefernstämme winden sich wie Korkenzieher, das satte Grün ihrer Nadeln kontrastiert mit dem orangeroten Fels und dem tiefen Himmelsblau. Was

Vom Sunset Point führt der Navajo Loop Trail an Thor's Hammer vorbei in die Tiefe der Bryce Canyon Schüssel.

besonders auffällt, sind die vielen verkohlten Baumleichen. Sie erinnern daran, daß man bei drohendem Gewitter die Bryce-Canyon-Schüssel so schnell wie möglich verlassen und auch ihrem Rand fernbleiben sollte, denn zum Blitzableiter sind auch wir nicht geschaffen. Meistens zeigt sich das Wetter aber von der heiteren Seite, und wir genießen den Aufenthalt im Wunderland des Bryce Canyon in vollen Zügen. Eigentlich möchte man nirgendwohin mehr zurück. Und wenn, dann höchstens hinauf zum Sunrise Point und von dort gerade mal noch bis in sein Quartier auf dem North Campground. Ich könnte mich hier einschneien lassen.

Vom Bryce Canyon N.P. zum Zion N.P.

Wer in normaleuropäischer Urlaubszeit unterwegs ist, für den ist es bis zum Winter in Utah aber schon noch ein Weilchen hin, und die Aufenthaltsdauer auf einem Campground im National Park ist auch hier auf die üblichen 14 Tage am Stück begrenzt. Wir fahren also weiter, und hieße unser nächstes Ziel nicht Zion N.P., dann täten wir das noch schwereren Herzens.

Auf dem Highway 12 geht es nun weiter nach Westen. Der Red Canyon, den wir passieren, macht seinem Namen alle Ehre. Auch er bietet einige Wanderwege in einem Gebiet ähnlich wie dem Bryce Canyon. Zwar ist er nicht ganz so zahlreich mit Felssäulen bestückt, aber dafür sind diese hier von noch intensiverem Rot. Vom Paunsaugunt Plateau, der Hochebene der Biber, die es hier zu Zeiten rein indianischer Besiedlung in einiger Fülle gegeben haben muß (aus dieser Zeit stammt der Name), geht es hinunter in das Tal des Sevier River. Der mäandert malerisch durch die Wiesen entlang des Highway 89, dem wir in südlicher Richtung folgen.

Wir könnten auch nach Norden, nach Panguitch fahren und von dort aus dem Highway 143 folgen. Über den Panguitch Lake führt dieser durch eine alpin anmutende, im Hochsommer blumengeschmückte Wald- und Wiesenlandschaft hinauf zum Cedar Breaks N.M., einer ähnlichen Erosionslandschaft wie der des Bryce Canyon. Heben wir uns diesen Abstecher aber für den Routenvorschlag Nummer zwei dieses Buches auf, vielleicht auch für eine zweite Runde, die wir, »süchtig« geworden, in Zukunft unternehmen werden.

Über die kleine Ortschaft Hatch (ein weit verbreiteter mormonischer Familienname) geht es weiter im Hochtal des Sevier. Long Valley Junction bietet einen weiteren Zugang zu den Cedar Breaks über den Highway 14. Wir fahren durch grünes Farmland und durch weitere kleine Orte wie Orderville, wo uns geschmackvollerweise eine an einem Galgen aufgehängte Puppe zum Stop in einem Souvenierladen animieren soll. Kurz darauf sind wir in Mount Carmel, und ein paar Kilometer weiter in Mount Carmel Junction.

Von hier aus könnten wir über Kanab und Jacob Lake dem Nordrand des Grand Canyon einen Besuch abstatten. Auch diese Variante heben wir uns jedoch für eine mögliche zweite Runde bzw. den Routenvorschlag Nummer zwei auf.

Wenden wir uns nach Westen. In Mount Carmel Junction können wir tanken, einkehren oder auch über Nacht bleiben. Vom Bryce Canyon bis in den Zion N.P. ist es allerdings nicht weit, und so haben wir beste Chancen, einen Platz auf einem der beiden dortigen Campgrounds belegen zu können. Die Lodge sollte man allerdings im voraus gebucht haben. Der Highway 9 führt uns zu unserem nächsten Ziel. Als Wohnmobilist könnten uns jetzt Schilder erschrecken, die von »Tunnel restrictions« künden. Keine Panik, der Tunnel, den wir hinunter zum Zion Canyon, zum Visitor Center, zur Lodge und zum Campground durchfahren müssen, stammt zwar aus dem Jahre 1930 und ist dementsprechend und buchstäblich nicht ganz auf der Höhe, aber die Parkverwaltung ist uns bei der Durchfahrt behilflich. Zunächst geht es aber erst mal in langer Steigung bergauf zum East Entrance des Parks. Kurz davor hat ein neuer Campground seine Pforten geöffnet. Dem Dauerschild »Zion Campgrounds Full« braucht man keine Beachtung zu schenken, es sagt lediglich etwas über die »Geschäftstüchtigkeit« seiner Betreiber aus. Am Kassenhäuschen des Osteingangs zum Nationalpark entrichten wir wie üblich unsere Eintrittsgebühr oder zücken unseren *Golden Eagle Passport.* Wenn Sie jetzt in einem größeren Wohnmobil (höher als 11'4'' und breiter als 7'10'' feet) sitzen, wird nochmal eine Gebühr fällig, nämlich die für eine (zweimalige) Durchfahrung besagten Tunnels. Sie werden dann durch den Tunnel »eskortiert«, d.h. der Gegenverkehr wird von den Rangern angehalten, so daß man in der Straßenmitte, wo der Tunnel am höchsten ist, durchfahren kann. Vor dieser Prozedur liegt aber noch einer der landschaftlich schönsten Straßenabschnitte der gesamten Tour vor uns.

Sie hat Wind und Wetter ausgetrickst. »Korkenzieher«-Kiefer am Fairyland Trail.

Zion National Park

Der Zion National Park kündigt sich mit einem wuchtigen Schild und einem ins Rostrote wechselnden Straßenbelag an. Nach der östlichen Eingangsstation erwartet uns gleich der erste Höhepunkt, die Chekkerboard Mesa. Tief zerfurcht präsentiert sich diese riesenhafte, ehemalige und jetzt versteinerte Sanddüne am Straßenrand. Das Schachbrettmuster, das ihr den Namen gibt, resultiert aus der Kreuzschichtung der Sandablagerungen und der erodierenden Arbeit des Regenwassers.

Das gesamte Gebiet des hochgelegenen östlichen Parkteils zeigt sich als ein Wunderland der Erosion. Man mache sich das Vergnügen, hier nicht nur durchzufahren, sondern wenigstens einmal auszusteigen, um näher zu begutachten, was zwar schon von weitem phantastisch genug erscheint, sich aber im Nahblick noch eindrucksvoller zeigt. Die Sandsteinschichten sind hier Millimeter für Millimeter aufeinander gelagert, und das ist mit bloßem Auge erkennbar. Die Sinne erfassen so nicht nur die üblichen Jahrmillionenzeiträume der Sedimentation, sondern können – stark übertrieben – fast schon Tagesabläufe erkennen. Gleichzeitig bemerkt man sehr schön, wie der Fels, aus Sand zusammengebacken, wieder zu Sand zerfällt. Der Kreislauf der Gesteine läßt sich so geradezu handgreiflich erfahren.

Nach dem erwähnten großen Tunnel geht es über weite Serpentinen hinunter in das Tal des Virgin River. Wir kommen zur Abzweigung des Zion Canyon Scenic Drive, an dem auch die Zion Lodge liegt. Weiter geradeaus, vorbei am Visitor Center, erreichen wir den South- oder den Watchman Campground. Der Scenic Drive führt über 13 Kilometer bis zum Felsrondell des Tempel of Sinawava. Die Straße folgt dem Lauf des Virgin River durch den Zion Canyon, eine Schlucht, die der schmächtige Fluß im Laufe von Jahrmillionen aus einem massiven Sandsteinpaket gefräst hat. Mehr als 600 Meter hoch erheben sich die glatten, roten Felswände über dem üppig grünen Talboden. Darüber liegen nochmal mehr als 400 Meter weiße und gelbe Schichten. Entlang der Straße reihen sich die Ausgangspunkte zu unseren Wanderungen. Auch nahe der Zion Lodge, traumhaft mitten im Canyon gelegen, beginnen Wege, die aus dem Trubel des Tals herausführen. Überall kann man allerdings nicht parken, zumindest nicht mit allen Wohnmobilen. Um von der Weeping Rock Parking Area zum East Rim aufzusteigen oder vom Tempel of Sinawava zu einer Wanderung durch die Narrows des Virgin River aufzubrechen, muß man, wenn das eigene Gefährt mehr als 21 feet mißt, den Shuttle-Service von der Zion Lodge aus in Anspruch nehmen.

Checkerboard Mesa im Detail.

Zion National Park

Der östliche Teil des Zion N.P. ist ein leicht zugängliches Wunderland der Erosion. Schon nahe der Straße zeigen sich Bilder wie dieses.

Adresse/Information: Zion N.P., Springdale, UT 84767, ✆ (801) 772-3256. **Öffnungszeiten:** Ganzjährig geöffnet. **Größe:** 593 km². **Höhenlage:** 1219 m, Zion Canyon Visitor Center. 1546 m, Kolob Canyon Visitor Center. 1737 m, East Entrance. 1765 m, Angels Landing. 2033 m, Checkerboard Mesa. 2380 m, West Temple. 2405 m, Lava Point. **Wetter/Klima:** Zwischen Juni und September heiße bis sehr heiße Tage, nachts kühler. In den höher gelegenen Parkteilen tagsüber angenehmer. Milde Tagestemperaturen im Frühjahr und Herbst (die Laubfärbung setzt kaum vor Mitte Oktober ein). Schnee fällt im Winter eher in den höheren Lagen. Im Canyon können dann die Tage mit Temperaturen um die 15 °C aufwarten, die Nächte mit Frost. **Landschaftscharakter/Attraktionen:** Sandsteingebirge mit herrlichen Verwitterungsformen. Durch den Westteil des Parks hat sich der schmale Virgin River einen grandiosen Canyon gefräst. Vielfarbige, kreuz und quer geschichtete, rundgeschliffene Sandsteinberge, entstanden aus ehemaligen Sanddünen; der steilwandige, enge Canyon des Virgin River mit reicher Vegetation; hängende Gärten; »weinende« Felsen; der Kolob Arch, neben dem Landscape Arch der größte bekannte Naturbogen: Dies sind nur einige der Attraktionen im Park. **Unterkunft:** *Im Park:* 2 Campgrounds mit insgesamt ca. 400 Plätzen. First come, first served. Zion Lodge. Reservierungen durch TW Recreational Services, 451 North Main, Cedar City, UT 84720, ✆ (801) 586-7686. *Außerhalb:* Direkt am Westeingang liegt Springdale mit einem privaten Campingplatz (Anschlüsse für Wohnmobile) und einer Reihe von Motels. **Verpflegung:** *Im Park:* Restaurant in der Zion Lodge. *Außerhalb:* Restaurants sowie Lebensmittelläden in Springdale. **Wanderwege (Auswahl):** *Zion Canyon:* ✹✹ Weeping Rock: 800 m Hin- und Rückweg. ✹✹ Canyon Overlook: 1,6 km Hin- und Rückweg. ✹✹ Gateway to the Narrows: 3,2 km Hin- und Rückweg. In die Narrows kann man dann noch meilenweit hineingehen, d.h. durch den Fluß hineinwaten. Der 26 km lange Weg im holprigen Flußbett erfordert mindestens einen Tag. ✹✹ Hidden Canyon: 3,2 km Hin- und Rückweg, 300 Hm. Weitere 1,6 km bis zu einem kleinen Felsbogen und zurück. ✹✹ Emerald Pools: 3,3 km Rundweg, 100 Hm. ✹✹ Angels Landing: 8 km Hin- und Rückweg, 457 Hm. Schwindelfreiheit erforderlich. ✹✹ Observation Point: 12 km Hin- und Rückweg, 670 Hm. ✹✹ West Rim Trail: 23 km einfache Distanz zwischen Grotto Picnic Area und Lava Point, 950 Hm; Empfohlen als Zweitagestour. *Kolob Canyon:* ✹✹ Taylor Creek: 8,6 km Hin- und Rückweg, 122 Hm. ✹✹ Kolob Arch: 22 km Hin- und Rückweg, 244 Hm.

Wanderungen im Zion N.P.

Es gibt eine Menge davon in den drei Parkteilen und sie sind von unterschiedlichstem Charakter. Da kann man auf kurzen, zum Teil geteerten Wegen gemütlich im Tal spazieren, auf mehrtägigen, anstrengenden Wanderungen in die hochgelegene Sandsteinwildnis vordringen oder sich beim Durchwaten der Narrows des Virgin River die nassesten Füße seines Lebens holen.

🥾 The Narrows: Canyoning pur

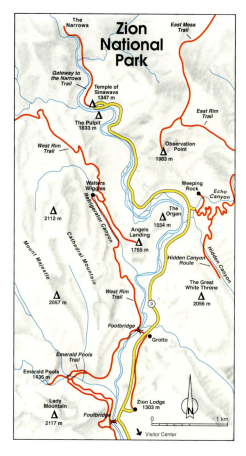

Zum Startpunkt dieses Trips durch die Narrows führt der **Gateway to the Narrows-** bzw. **Riverside Trail**. Das ist einer jener geteerten bzw. plattenbelegten Spazierwege im Park. Er beginnt am Ende der Parkstraße in einem Felskessel, dem Tempel of Sinawava, und ist der am meisten frequentierte Wanderweg im ganzen Zion N.P. Das heißt, daß auch der Parkplatz von entsprechend vielen Autofahrern angesteuert wird. Will man der Strecke nicht noch ein paar hundert Straßenmeter hinzufügen, sollte man entweder früh an Ort und Stelle sein oder ab der Zion Lodge das Park-Nahverkehrssystem benützen. Für Fahrzeuge, die mehr als 21 Fuß messen, ist der Parkplatz bis 17 Uhr gesperrt, die Benützung der Shuttle Tramway ist somit ohnehin obligatorisch. Der Riverside Trail, wie dieser Wegabschnitt auch heißt, führt vom Parkplatz am Ufer des Virgin River entlang. Schon hier spazieren wir zwischen hochaufragenden, roten Felswänden in der bereits ziemlich engen Schlucht. Morgens und nachmittags liegt der Weg im Schatten. Bei nicht seltenen Tagestemperaturen um die 35 °C eine feine Sache. In der relativen Kühle gedeiht eine vielfältige Vegetation. Cottonwoods säumen das Ufer und Eichen und Ahorn den Weg. Ähnlich wie am Weeping Rock tritt Wasser aus horizontalen Spalten im massiven Sandstein. Irgendwo weit oben ist es in den Fels gedrungen, auf langem Wege durchgesickert und drängt nun wieder ans Tageslicht. Hängende Gärten aus Farnen und Wildblumen klammern sich an solchen Stellen an den Fels und werden unermüdlich tropfenweise bewässert. Alles fließt, der Virgin River, das Regenwasser und auch der Strom der Wanderer. Letzterer allerdings als einziger sanft bergauf bis zu dem Punkt, wo es nur noch im Flußbett des Virgin weitergeht.

Wer das feuchte Vergnügen eines Ausflugs in die eigentlichen **Narrows** wagen will, sollte sich zuallererst im Visitor Center nach dem aktuellen *Danger Level* des Virgin River in seinem Canyon erkundigen. Bei Gefahr von plötzlich einsetzenden Überflutungen (*flash floods*) wird der »Weg« gesperrt. Selbst bei einem aufgrund täglicher Gebietswettervorhersagen als *Low* oder *Moderate* angesetzten Gefahrenpegel bewegt man sich in Wasserständen, die von knöchel- bis hüfthoch reichen. In einzelnen Löchern könnten selbst Erwachsene schon mal bis zu den Schultern versinken. Die

Gleich hinter dem Visitor Center: The West Temple und The Towers of the Virgin.

Ausrüstung ist deshalb wasserdicht zu verpacken. Außerdem sind die Steine im Flußbett oft glitschig, und das Wasser ist stellenweise reißend. Sehr empfehlenswert ist deshalb die Mitnahme eines ausreichend langen Wanderstocks, mit dem man nicht nur das Gleichgewicht besser halten, sondern auch die Tiefe des Wassers prüfen kann, und unbedingt sind feste Schuhe zu tragen. Vielleicht nicht die allerneuesten und schönsten, denn die Treter (samt Inhalt) werden naß bis zur Auflösung.

Zu der einen Meile auf dem trockenen Weg des Riverside Trail kommen noch fast zwei nasse Meilen, wenn man den Halbtagesausflug in die Schlucht des Virgin bis zur Einmündung des Orderville Canyon unternimmt. Auch auf dieser Strecke ist man noch immer in Gesellschaft von zahlreichen Mitwanderern. Die Schlucht verengt sich immer mehr, an den engsten Stellen kann man beide Wände gleichzeitig mit ausgestreckten Händen berühren, und die Felsen zu beiden Seiten des Flusses scheinen direkt in den Himmel zu wachsen. Wer dieses einmalige Naturerlebnis noch intensiver erleben möchte, geht einfach so weit wie er will, allerdings ohne dabei die Zeit zu vergessen, die man für den Rückweg benötigt, denn bei Eintritt der Dämmerung sollte man in jedem Fall wieder festen Boden unter den Füßen haben.

Man kann die Reise durch den urgewaltigen Spalt, den der Canyon im Markagunt Plateau bildet, auch zu einer Mehrtageswanderung ausdehnen, braucht dann allerdings neben entsprechender Ausrüstung auch ein Permit. Zu so einer Unternehmung startet man am besten von der Chamberlain Ranch aus, die über eine unbefestigte Straße, abzweigend vor dem East Entrance des Zion N.P., zu erreichen ist. Über die Zion Lodge kann man (auch schriftlich bis zu 6 Monate im voraus unter der Adresse im Info Block) einen nicht ganz billigen Shuttle-Service dorthin vereinbaren.

👣 West Rim Trail und Angels Landing: Vogelperspektive für Schwindelfreie

Denselben Shuttle-Service kann man in Anspruch nehmen, wenn man den West Rim Trail in voller Länge begehen will. Man kann sich über die Straße zum Kolob Reservoir zum Lava Point bringen lassen und dort starten. Dann geht man, hauptsächlich bergab, zurück in den Zion Canyon. Der Weg nimmt mindestens zwei Tage in Anspruch und ist in dieser Gehrichtung in jeder Hinsicht einfacher als umgekehrt: Erstens wandert man den Höhenunterschied von 1100 Metern wenig schweißtreibend bergab und zweitens ist man unabhängig von irgendeinem Abholservice. Weil aber Abschnitte des Weges lohnende Halb- bis Ganztagestouren bilden, sei er hier vom Canyon aus beschrieben.

Von der Grotto Picnic Area geht es über den Virgin River hinüber, und gleich wird der Blick frei auf die Felswand, die es zu erklimmen gilt. Mittendrin bewegen sich ein paar winzige Pünktchen. Du liebe Zeit, da soll ein Weg sein? Ganz genau! Sogar geteert und gepflastert ist der Steig durch die rote Flanke, und je weiter wir auf ihm emporschnaufen, desto mehr verliert sich der erste Schrecken. Ein kurzes Stück führt haarscharf am Abgrund entlang, der Pfad ist aber breit genug, um auch ängstlichen Naturen den Weiterweg zu ermöglichen. Danach führt der Weg in einen schattigen Canyon. Die Kühle dort kann man gut gebrauchen, denn vormittags liegt der bereits zurückgelegte Wegabschnitt in praller Sonne. Es geht nun ein Stückchen recht gemütlich dahin, dann folgt die nächste Steilstufe. Sie wird auf einer kurzweiligen Serpentinenorgie mit Namen Walter's Wiggles überwunden. Wenig später stehen wir am **Scout Lookout** und blicken 300 Meter senkrecht hinunter auf die Flußschleifen des Virgin und die rote Straße mit ihren Spielzeugautos.

Schwindelfrei sollte man schon sein hier oben, erst recht, wenn man als Abstecher oder auch als Tagesziel zum Angels Landing weitere 150 Höhenmeter aufsteigen will. Viele tun das, und so herrscht auf dem schmalen Grat einiges Gedränge. Der Weg ist ausgesetzt, links und rechts geht es senkrecht hinunter ins Nirwana. Schwere Eisenketten geben ein wenig Unterstützung, die bei dem glatten Bodenbelag, Sand auf Sandstein, nötig ist. Das erste Stück ist noch nicht so wild. Dann erreicht man einen kleinen Absatz, und jetzt wird es abenteuerlich. Erst mal geht es wieder ein Stückchen hinunter. Linker Hand nur gähnende Leere. Dann wird der Grat fast zur Messerschneide, und auch rechts zeigt sich nur noch blauer Himmel. Hoffentlich jedenfalls, denn bei aufziehendem Gewitter sollte man keinen Schritt über Scout Lookout hinaus weiter gehen. Augen zu und durch darf auf diesem Gratabschnitt auch nicht gelten, man muß schon genau sehen, wo man hintritt. Nach einer kleinen Ewigkeit steht man dann auf dem langen, schmalen Gipfelplateau und genießt einen Tiefblick wie von einem Adlerhorst. Schön, wenn man jetzt fliegen könnte, so aber ist erst mal der haarige Abstieg zurück zum Scout Lookout zu bewältigen.

Überlebenskünstler: Ein einsames Exemplar von Indian Paintbrush krallt sich in den Fels.

Angels Landing. Vom White Rim Trail gesehen ohne Nervenkitzel.

Death Valley N.P. Der Golden Canyon unterhalb des Zabriskie Point.

wenn einem nicht ein wütender böiger Seitenwind, der hier auf der Interstate 15 praktisch immer in Orkanstärke bläst, alles an Konzentration abverlangen würde. Durchaus nicht langweilig ist die Fahrt durch das Death Valley. Schon dehalb, weil die meisten Wohnmobilvermieter eine solche im Sommer verbieten. Ich will hier niemanden zu unerlaubten Handlungen verführen, aber bei vernünftiger Fahrweise und einem Fahrzeug, das technisch in Ordnung ist, bietet die Strecke eigentlich kein Problem. Man kann also durchaus erwägen, der *Grand Circle*-Hauptroute die Schleife durch das Tal des Todes anzuhängen.

Wir verlassen Las Vegas auf dem Highway 95. Die Landschaft um die Spielermetropole ist dermaßen trostlos, daß man sich immer wieder fragt, wer hier verrückterweise das erste Haus hingebaut hat. Verwitterte Schilder an hohen, stacheldrahtgeschmückten Zäunen entlang der Straße erklären, zu was die Gegend nützt: Zu nichts weniger als der Erprobung dessen, wie durch Atombomben aus blühenden Landschaften eine einzige wüste Gegend (wie es diese hier von Natur aus ist) werden kann. Es weht genau der Westwind, der in St. George die Kehlkopfkrebsrate in die Höhe treibt. Gespenstisch. Die Stimmung wird zusätzlich verdüstert von einem verschleierten Himmel, der alles in Dunkelgrau taucht. Lathrop Wells, wo man auf den Highway 373 einbiegt, bietet mit seinen einer alten Westernstadt mehr schlecht als recht nachempfundenen Häuschen wenig Trost. Death Valley Junction mit dem Amargosa Opera House ist die niederschmetterndste Ortschaft, die ich je gesehen habe. Kein Mensch ist zu sehen, und schon seit Amargosa Valley ist mir kein Auto mehr begegnet. So bin ich froh, daß am Eingang zum Nationalpark endlich mal wieder jemand die Straße mit mir teilt.

Death Valley National Park

Am Zabriskie Point, bereits im Death Valley National Park, tummeln sich dann schon ein paar Leute mehr. Auch die Furnace Creek Ranch inmitten einer grünen Dattelpalmenoase ist recht gut besucht. Hier kann man es auch mit einem Wohnmobil aushalten, denn die wenigen nicht von Dauergästen besetzten Plätze auf dem Campground verfügen über einen Stromanschluß. Ohne Klimaanlage würde man glatt im eigenen Saft verkochen. Man steigt hier,

Adresse/Information: Death Valley N.P., Death Valley, CA 92328, © (619) 786-2331. *Öffnungszeiten:* Ganzjährig geöffnet. *Größe:* 13 760 km^2. *Höhenlage:* 86 m unter N.N., Badwater, tiefster Punkt der westlichen Hemisphäre. 30 m unter N.N., Visitor Center. 3386 m, Telescope Peak. *Wetter/Klima:* Von April bis Oktober extrem heiße Tagestemperaturen (bis 50 °C und darüber). Auch nachts kaum spürbare Abkühlung. Im sogenannten Winter, bei Tagesdurchschnittstemperaturen um 25 °C, erträglich. *Landschaftscharakter/Attraktionen:* Riesiges Wüstental, eingefaßt von hohen Bergketten. Vegetation beschränkt auf Oasen bzw. höhere Berglagen. Die grandiose Wüstenlandschaft mit Sanddünen, Salzpfannen und vielfarbigen Gesteinsformationen ist eine einzige Gesamtattraktion. *Unterkunft: Im Park:* 9 Campgrounds mit insgesamt 1516 Plätzen. First come, first served. Von den Campgrounds auf Talhöhe ist nur der Furnace Creek Campground auch im Sommer geöffnet. Keine Anschlüsse für Wohnmobile! Anschlüsse (Klimaanlage!) bietet der private Campingplatz auf der Furnace Creek Ranch. Die Furnace Creek Ranch ist ganzjährig geöffnet und bietet auch eine Lodge nebst einem Golfplatz(!). Unterkunft bietet ferner das Stovepipe Wells Village sowie das Furnace Creek Inn, letzteres nur zwischen Ende Oktober und Anfang Mai. *Außerhalb:* Nächstgelegener Ort, der Motelbetten bietet, ist Beatty, vom Visitor Center bei Furnace Creek 67 km entfernt. *Verpflegung: Im Park:* Lebensmittelläden auf der Furnace Creek Ranch und im Stovepipe Wells Village. Restaurants ebenfalls dort sowie im Furnace Creek Inn. Snack Bar bei Scotty's Castle. *Außerhalb:* Läden und Restaurants mehr oder weniger bescheidener Art in Shoshone, Lathrop Wells, Beatty und Lone Pine. *Sonstige Einrichtungen:* Autoreparatur (Schleppdienst), Benzin und Propangas in Furnace Creek. Tankstellen auch in Stovepipe Wells und bei Scotty's Castle. *Wanderwege (Auswahl):* ⚹⚹ Natural Bridge Canyon: 3,2 km Hin- und Rückweg. ⚹⚹ Sand Dunes, 25 m hoch: 6,5 km Hin- und Rückweg. ⚹⚹ Mosaic Canyon: 6,5 km Hin- und Rückweg. ⚹⚹ Golden Canyon/Gower Gulch Loop: 9 km Rundweg, 250 Hm. ⚹⚹ Wildrose Peak: 13,5 km Hin- und Rückweg, 670 Hm. ⚹⚹ Telescope Peak: 22,5 km Hin- und Rückweg, 914 Hm. Die beiden letztgenannten Wege erklimmen hohe Berge und sind daher als Sommerunternehmungen geeignet. Im Winter liegt dort oben Schnee und Eis. Während dieser Zeit kann man sich auf den Wanderwegen im Valley austoben, wovon wiederum im Sommer, der Wahnsinnshitze wegen,

bereits auf einer Höhe unterhalb des Meeresspiegels, nur kurz aus dem Fahrzeug und nur, um sich gleich wieder in einen klimatisierten Raum zu begeben. Eine solche Überlebensinsel bildet auch das Visitor Center, wo eine digitale Leuchtschrift 45 °C im Schatten anzeigt! Noch gar nichts gegen die Rekordtemperatur von 56 °C im Jahre 1913. Vier Wochen später, Ende Juni '94, hat es diese 45 °C auch in Las Vegas, im Death Valley an die 50 °C.

Um den tiefsten Punkt auf der westlichen Hälfte der Erdkugel klettern die Temperaturen also steil nach oben. Knapp über dem Boden nähern sie sich dem Siedepunkt. Wandern ist da nicht mehr angesagt, obwohl es einige lohnende Ziele gäbe. Auch auf den Dreitausendern, die das Tal im Westen begrenzen, ist es noch heiß genug. Der Boden dieser Bratpfanne war noch vor 10 000 Jahren von einem flachen See bedeckt. Von dem zeugt heute stellenweise nur noch eine bizarre Salzkruste, Devils Golf Course.

Bei Stovepipe Wells hat der Wind hohe Sanddünen abgelagert, auch der übrige Talboden erscheint wüst und leer. Sieht man genauer hin, entdeckt man eine erstaunlich vielfältige, wenn auch zwergwüchsige Vegetation, deren Wurzelwerk sich bis zu 20 Meter tief in den Boden gräbt oder sich flach über weite Distanzen unter der Oberfläche dahinstreckt. Entlang der Straße sieht man Coyoten, die darauf zu warten scheinen, daß ein Autolenker in sengender Sonne neben seinem Pannenfahrzeug verendet. Keine Angst, ich habe niemanden gesehen, der mit seinem Fahrzeug in Schwierigkeiten gewesen wäre. Selbst wenn, am Rand der Straße findet man Behälter mit Wasser für den Kühler und es patrouilliert ein Schleppdienst. Ein kriminelles Seitensträßchen führt im Einbahnverkehr durch eine farbenprächtige Landschaft, die nicht zu Unrecht den Namen Artists Palette trägt. Einer von vielen Höhepunkten im Park. Den tiefsten Punkt

Death Valley National Park

Zabriskie Point: Ablagerungen eines längst verschwundenen Sees.

sehen wir uns auch noch an. Bei Badwater stehen wir 86 Meter unter dem Meeresspiegel.

Vom Death Valley N.P. nach Los Angeles bzw. Las Vegas

Zuerst allmählich, dann ganz beträchtlich geht es ab Badwater wieder an die Oberwelt. Am Salsberry Pass, kurz nach Verlassen des Death Valley N.P., sind wir bereits wieder auf mehr als 1000 Meter Höhe über dem Meeresspiegel. Über Shoshone geht es nach Baker und von dort auf der Interstate 15 weiter nach Los Angeles. Oder aber über Pahrump zurück ins Spielerparadies nach Las Vegas, um unsere letzten Dollar loszuwerden.

Kakteen, Kivas, Canyons
Rundtour II

106 Kakteen, Kivas, Canyons – Rundtour II

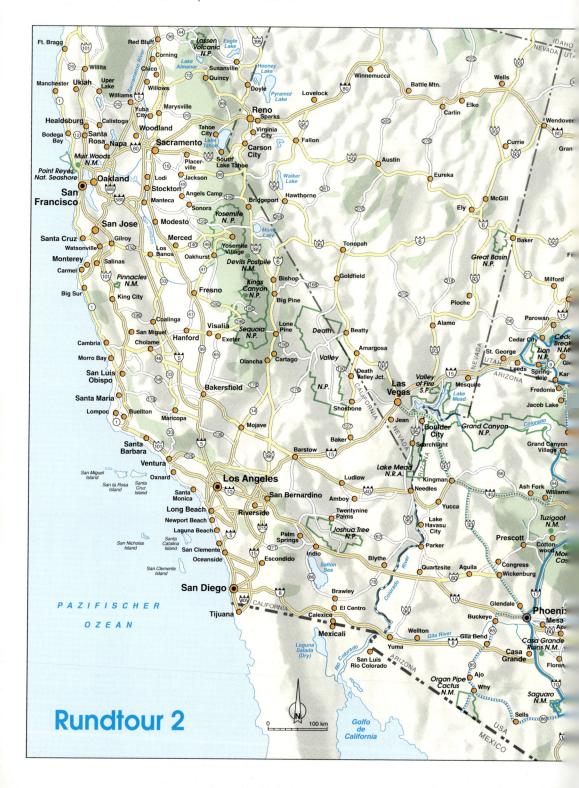

Rundtour 2

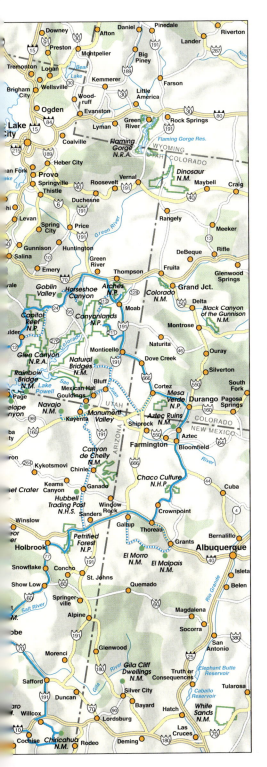

Was eingangs zur Rundtour I über Kriterien persönlicher Routenwahl und -einteilung bemerkt wurde, gilt natürlich auch für die Runde II. Den nördlichen Teil dieses Routenvorschlages haben wir bereits kennengelernt. Zumindest in diesem Buch. Wer den Spuren der Route I auch schon in natura gefolgt ist, weiß, wie schön diese Landschaft ist und wird seine Eindrücke vielleicht vertiefen und ergänzen wollen. Auf dem südlichen und östlichen Teil der Rundfahrt können neue und andersartige Landschaften kennengelernt werden. Für den, der zum ersten Mal diesen Teil der USA bereist, ist die Route II einfach eine andere, im Gegensatz zur Route I etwas weiter gefaßte Möglichkeit, den Südwesten zu erkunden.

Wir können auch zu dieser Rundreise von Las Vegas aus starten, das hieße jedoch, den rund 2100 Meilen der Hauptroute (eine Menge mehr kommen auf möglichen Varianten noch dazu) knapp 500 weitere Meilen hinzuzufügen. Noch dazu recht ereignislose. Wir würden in diesem Falle über Kingman nach Phoenix anfahren, vom Südrand des Grand Canyon über Williams und Kingman nach Las Vegas zurückfahren. Auf dem Highway 93 dazwischen bietet nur Wickenburg Verpflegungs- und Unterkunftsmöglichkeiten.

Starten wir diesmal in Phoenix, und zwar zuerst in Richtung Süden, weil die meisten von uns wohl doch im Sommer unterwegs sein werden und weil dieser Sommer hier, je weiter er fortschreitet, immer heißer und unerträglicher wird, was die Wanderlust erheblich senkt. Bereits ab Anfang Mai wird das Central Valley zwischen Phoenix und Tucson zum Glutofen. Die erste Frage ist also, wieviel Hitze ertragen wir, und die nächste lautet: Wie viele Kakteen müssen wir unbedingt sehen. Die Freunde dieser artenreichen Pflanzenfamilie werden kaum genug kriegen können und machen sich gleich auf zur ersten Routenvariante zum Organ Pipe Cactus N.M.

Organ Pipe Cactus National Monument

Um in das Oragan Pipe Cactus National Monument zu kommen, fährt man von Phoenix aus am besten auf der Interstate 10 nach Westen und nimmt dann den Highway 85 nach Süden. Bereits in der Stadt auf den Highway zu fahren wäre zwar kürzer, aber nicht so leicht zu finden wie die Autobahn. Unterwegs gibt es wenig zu sehen, und wenn man frühzeitig startet, erreicht man das Organ Pipe Cactus N.M. noch vor Einbruch der Dunkelheit. Einen Platz auf dem Campground mit 208 Plätzen (first come, first served) wird man im Sommer so gut wie sicher finden.

In der Sonora-Wüste, zu der das Organ Pipe Cactus N.M. gehört, gibt es eine erstaunliche Vielfalt pflanzlichen und tierischen Lebens. Dessen Anpassung an das Klima ist perfekt. Die 29 Kakteenarten, die hier vertreten sind, können gar nicht genug Sonne und Hitze abbekommen. Die Reptilien, die es eigentlich gut warm mögen, verziehen sich aber tagsüber doch lieber in den Schatten. Neben der ultragiftigen *Sonoran Coral Snake* und allerlei sonstigem unangenehmen Getier gibt es hier allein sechs Arten von Klapperschlangen. Es empfiehlt sich also, genau zu schauen, bevor man irgendwo hintritt und hingreift. Auch den Kakteen, speziell den Cholla-Arten, sollte man nicht zu nahe treten, die Stacheln haken sich schon bei der leichtesten Berührung fest und sind nur schwer und schmerzhaft, am besten mit einem Kamm, zu entfernen. Kakteenblüte ist ab Mai, viele öffnen ihre Blüten allerdings nur nachts. So auch der Orgelpfeifen-Kaktus, der außer in Mexico nur hier vorkommt und dem Park den Namen gibt. Häufiger anzutreffen ist der Saguaro, der auch tagsüber seine cremeweißen Blüten der Sonne entgegen-streckt. Im Frühjahr kann man nach feuchten Wintern erleben, wie weite Felder von goldgelbem Mohn, von blauvioletten Lupinen oder von rosa Klee die Ebenen bedecken. Botanisch Interessierte brauchen nicht weit zu wandern, in der Umgebung des Visitor Center und des Campgrounds bieten sich kurze Wege zum Studium der Natur. Wer etwas anspruchsvoller zu Fuß unterwegs sein will, begibt sich zunächst mit dem Wagen auf eine der beiden Rundstrecken durch das Gebiet. Der Ajo Mountain- und der Puerto Blanco Drive, von denen einige Wanderwege ausgehen, sind jedoch wilde, sandige Pisten. Mit einem Wohnmobil sollte man diese »Straßen« meiden. Nähere Informationen unter der Parkadresse: Organ Pipe N.M., Route 1, P.O. Box 100, Ajo, AZ 85321, ✆ (520) 387-6849.

Vom Organ Pipe Cactus N.M. zum Saguaro N.M.

Auf unserem Weiterweg in den nächsten Kakteenpark kommen wir zunächst wieder nach Why. Vorbei an hohen Bergketten und der Kitt Peak Sternwarte fahren wir auf dem Highway 86 in Richtung Tucson. Kurz vor der Stadt geht es links ab nach Old Tucson, einer nachgebauten Western-Kulissenstadt. Durch den Tucson Mountain County Park mit dem Gilbert Ray Campground erreichen wir den westlichen Teil des Saguaro N.M.

Hauptroute ab Phoenix

Das **Saguaro N.M.** können wir ohne Umweg auch direkt über die Interstate 10 ab Phoenix ansteuern. Die Fahrt durch das Autobahngewirr heraus aus der Stadt erweist sich wieder mal als problemlos. Auf der Interstate 10 geht es nach Süden. Landschaftlich ist am Weg nicht viel geboten, fahren wir also durch bis kurz vor Tucson und folgen ab dem Exit 242 den Schildern zum Saguaro N.M.

Ein Organ Pipe Cactus im gleichnamigen National Monument.
Im Hintergrund die Ajo Mountains, ein wildes Wandergebiet.

Saguaro National Monument

Das Saguaro National Monument ist ein zweigeteilter Naturschutzpark. Der westliche Teil, die Tucson Mountain Section, in der wir uns nun befinden, beherbergt das Redhills Information Center. Informieren wir uns dort ruhig erst mal, bevor wir den Gilbert Ray Campground im südlich anschließenden **Tucson Mountain County Park** ansteuern. Im Sommer werden wir hier sehr wahrscheinlich einen Platz bekommen.

Die Gegend um die Red Hills ist voll von hohen Saguaro-Kakteen. Hier, mitten in der Sonora-Wüste, kann man da schon von Wäldern sprechen, für mitteleuropäische Begriffe sieht ein Wald natürlich etwas anders aus. Hier kontrastiert das Grün der Kakteen mit dem Gelb der blühenden Palo-Verde-Bäume und dem Rot der Granithügel. All das (meistens) unter einem tiefblauen Himmel.

Zum Schutz der Saguaros wurde das National Monument gegründet. Und diesen Schutz haben die »Kandelaberkakteen« auch bitter nötig. Sie sind nämlich oft genug bei der Planierung von Bauland und Golfplätzen im Wege und werden einfach umgepflügt. Um irgendwelche Vorgärten zu schmücken, werden außerdem so viele gestohlen, daß sich manche Polizisten, die sogenannten *Cactus Cops*, mit nichts anderem als der Verhütung und Verfolgung solcher Art von Vandalismus beschäftigen.

So ein Kaktus produziert zwar im Laufe seines bis zu 200 Jahre langen Lebens an die 40 Millionen Samenkörner, von denen wächst aber höchstens eines wieder zu einem bis zu 16 Meter hohen und über 7 Tonnen schweren Prunkstück heran. Dazu bedarf es günstiger Umstände, eines Palo-Verde- oder Mesquite-Baumes etwa, der dem empfindlichen Sämling Schatten spendet und ihn vor Winterfrost, Nagetieren und Vögeln schützt. So ein Samenkorn ist kleiner als ein Stecknadelkopf, und der einjährige Sämling ist gerade mal einen Zentimeter groß. In 50 Jahren ist der Kaktus etwa 2 Meter gewachsen. Der erste Arm wächst ihm nach ungefähr 75 Jahren, in diesem Alter treibt er auch zum ersten Mal seine weißen Blüten. Die feigenartigen, roten Früchte werden auch heute noch von den Papago-Indianern geerntet und zu Marmelade und Sirup verarbeitet. Und wenn der Kaktus nicht stirbt, an Blitzschlag oder Frost, und nicht von starken Winden gefällt wird, lebt er noch mehr als 100 Jahre, ernährt von einem Wurzelsystem, das sich über 30 Meter im Umkreis flach unter der Erdoberfläche ausbreitet, und gestützt von einem Gerüst zylinderförmig angeordneter hölzerner Rippen.

Das Monument teilt sich in zwei Sektionen: *Tucson Mountain (Saguaro West)* und *Rincon Mountain (Saguaro East)*. **Adresse/Information:** Saguaro N.M., 3693 Old Spanish Trail, Tucson, AZ 85730, ☎ (520) 296-8567. **Öffnungszeiten:** Ganzjährig geöffnet. **Größe:** 338 km² (beide Teile zusammen). **Höhenlage:** 854 m, Visitor Center Saguaro West. 939 m, Visitor Center Saguaro East. 1428 m, Wasson Peak/Saguaro West. 2641 m, Mica Mountain/Saguaro East. **Wetter/Klima:** Sehr heiß im Sommer. Nächte immer noch sehr warm. Niederschläge während Gewittern. Von Oktober bis April herrscht »Winter« mit Tagestemperaturen um 25 °C. Nachts kann es dann gelegentlich bis an den Gefrierpunkt abkühlen, besonders in den höher gelegenen Regionen. Regen fällt gelegentlich auch im Winter zwischen Januar und März. **Landschaftscharakter/Attraktionen:** Saguaro West: Halbwüstenhaftes Bergland mit reicher Kakteenvegetation. Saguaro East: Halbwüste mit Kakteenvegetation in den tiefer gelegenen Teilen. Mit zunehmender Höhe bewaldetes Bergland (Eichen- und Kiefernarten). Hauptattraktion in beiden Parkteilen sind die bis zu 200 Jahre alten, bis zu 16 m hohen Saguaro Kakteen. **Unterkunft:** *Im Park:* Keinerlei Unterkünfte in beiden Parkteilen. *Außerhalb:* Gilbert Ray Campground im südlich an Saguaro West anschließenden Tucson Mountain County Park. 160 Plätze. Anschlüsse für Wohnmobile. First come, first served. In der nahen Großstadt Tucson bzw. in deren Umgebung gibt es zahlreiche weitere Campgrounds sowie Unterkünfte aller Preisklassen. **Verpflegung:** *Im Park:* Keinerlei Einrichtungen. *Außerhalb:* Jegliche Einkaufsmöglichkeiten und eine Vielzahl der unterschiedlichsten Restaurants in Tucson. Das Stadtzentrum ist jeweils etwa 20 km von den Visitor Centern entfernt. **Wanderwege (Auswahl):** *Saguaro West:* ※ Wasson Peak, 1428 m: 12,4 km Rundweg (über King Canyon/Hugh Norris Trail/Sendero Esperanza), 500 Hm. *Saguaro East:* ※ Cactus Forest Trail: 4 bzw. 7 km (einfache Distanz). ※ Loma Verde-/Wildhorse Trail: 6,3 km (einfache Distanz)., 100 Hm ※ Tanque Verde Trail/Mica Mountain, 2641 m: 26 km (einfache Distanz), 1696 Hm. ※ Douglas Spring Trail – Mica Mountain, 2641 m: 21 km,1803 Hm.

Wanderungen im Saguaro N.M. Tucson Mountain District (Saguaro West)

Wasson Peak: Begegnung der unheimlichen Art

Zu einer ausgedehnten Wanderung von etwa 5 Stunden Dauer verbindet man am besten ein paar der Trails in den Tucson Mountains und besteigt den etwa 500 Höhenmeter über dem Ausgangspunkt gelegenen Wasson Peak. Der Weg beginnt in der Nähe des Arizona Sonora Desert Museums, an der Grenze zwischen dem Saguaro N.M. und dem Tucson Mountain County Park. Als Parkplatz benützt man am besten den des Museums, das eine überaus sehenswerten Schau lebendiger Pflanzen und Tiere der Sonora-Wüste bietet. Man kehrt zurück zur Parkstraße, überquert sie und geht ein kurzes Stück nach links, dann rechts auf einen staubigen Pfad zu einem ebenso staubigen, kleinen Parkplatz. Hier beginnt der eigentliche Trail. Eine iserne Tafel zeigt das Wegesystem, daneben kann man sich in ein Register einschreiben. Für den Fall, daß man abhanden kommen sollte, so wie es mir fast ergangen ist, keine schlechte Idee. Die ersten eineinhalb Kilometer über den **King Canyon Trail** bis zur Mam-a-Gah Picnic Area geht es mäßig steigend auf breitem, steinigen Weg aufwärts. Man muß nicht hinaufsteigen bis zum schattigen Brotzeitplatz, sondern geht rechts weiter. Kurz darauf teilt sich der Weg abermals. Quer über dem linken *wash* liegt eine Reihe von Steinen, im rechten, ebenso trockenen Bachbett liegt ein kleiner Steinhaufen und viele Fußspuren deuten obendrein darauf hin, daß dies der rechte Weg sei. Ist er aber nicht, was mir allerdings erst nach insgesamt 1 Stunde Irrweges einschließlich der zweimaligen Begegnung mit einem Gila-Monster klar wird. Hätte sich die hochgiftige, perfekt getarnte Krustenechse nicht bewegt, wäre sie mir kaum aufgefallen, und vielleicht wäre dann der nötige Abstand nicht gewahrt geblieben. So aber verlief die unheimliche Begegnung genauso harmlos

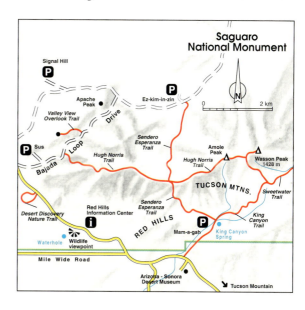

Etwa hundertjährige Saguaro-Kakteen und gelbblühende Palo Verde-Bäume in den Red Hills.

wie diejenige, die ich im Zion N.P. auf dem Weg zum White Rim mit einer Western Rattlesnake hatte. Man muß schon viel Pech haben oder extrem unvorsichtig handeln, damit sich so ein Reptil bedroht fühlt und zum Gegenangriff ansetzt.

Zurück an der vermeintlichen Wegteilung, nehme ich die Besteigung des Wasson Peak endgültig in Angriff. Der Pfad präsentiert sich gut gangbar und, hat man ihn erst mal gefunden, als kaum noch verfehlbar. Mäßig steil geht es hinauf zwischen Saguaros, Ocotillos und Chollas. An der nächsten Wegteilung findet sich auch eine Hinweistafel. Der Trail wird jetzt steiler und windet sich in Serpentinen hinauf. Jetzt sieht man das Ziel, die abgerundete Granitkuppe des Wasson Peak, der sich von unten gesehen hinter einem etwas kleineren Gipfel versteckt. Man passiert mehrere einsturzgefährdete und deshalb stacheldrahtumzäunte Grubenschächte zu Minen, die längst nicht mehr in Betrieb sind, dann ist man am Ziel. Ich halte mich nicht lange auf. Der Himmel verschleiert sich, Tucson zeigt sich nur undeutlich im Dunst. Zudem weht ein kräftiger Wind, und es ist wesentlich kühler hier oben als unten in der Kakteenwüste. Die Saguaros wachsen denn auch nicht bis auf die Gipfelhöhe, sondern haben ihre spärliche »Waldgrenze« nach weiter unten verlegt.

Um einen 12,4 Kilometer langen Rundweg aus der Tour zu machen, kann man jetzt über den sandigen **Hugh Norris Trail** absteigen. Die nächste Hinweistafel zeigt den Weg zur Mam-a-Gah Picnic Area. Jetzt auf dem **Sendero Esperanza** erreiche ich sie schließlich wieder. Erst auf dem allerletzten Wegstück begegnet mir der erste Mensch auf dieser Wanderung in gottverlassener Einöde. Schön.

Nach Saguaro East: Rincon Mountain District

Den östlichen Teil des Saguaro N.M. erreichen wir, indem wir über den Gates Pass nach Tucson hinunterfahren. Die Paßstraße ist zwar schmal und kurvenreich, aber auch für Wohnmobile zu befahren. Über den Speedway Boulevard reiten wir in der alten Westernstadt ein. Der Speed ist limitiert auf 35 Meilen pro Stunde, und auch sonst hält die Wirklichkeit der Legende schon längst nicht mehr stand. Wir unterqueren die Autobahn und biegen rechts ab, direkt auf das Stadtzentrum zu. Kein Schlamm oder Staub mehr in den Straßen, nur noch Asphalt. Seinen Gaul könnte man höchstens noch an den Ampelmasten festzurren, und statt einfacher Holzfassaden erblickt das Auge schimmernde Türme aus Stahl und Glas.

Im Zentrum dieses Tucson von heute biegen wir links in den Broadway ein. Zunächst ist der recht schmal, erweitert sich dann aber und wird zu einer ellenlangen Shoppingmeile. Neben einer Anzahl verschiedenster Geschäfte und Malls kommen wir direkt an einem Büro der American Automobile Association (AAA) vorbei. Eine gute Gelegenheit, sich ohne Umwege mit ausgezeichnetem Kartenmaterial zu versorgen. Kurz danach biegt rechts der Old Spanish Trail ab und führt direkt zum Visitor Center im Rincon Mountain District des Saguaro N.M.

Hier im östlichen Teil des Monuments steht ein Saguaro-Wald, der sich nicht mehr verjüngt. Es sterben mehr alte Kakteen als junge nachwachsen. Biologen machen dafür hauptsächlich Kälte und Frost verantwortlich, was man angesichts sommerlicher Außentemperaturen von 40 $^{\circ}$C und mehr kaum für möglich halten sollte. Im Winter sind Frost und Schnee aber keine Seltenheit, zumal dieser Teil des Parks ein wenig höher liegt als die westliche Sektion. Witterungseinflüsse dürften aber nicht allein Ursache dieses Waldsterbens sein. Bis Ende der sechziger Jahre durften Kühe noch ungehindert im gesamten National Monument weiden. Viele Sämlinge wurden dadurch einfach zertrampelt oder konnten auf dem festgetretenen Boden keine Wurzeln schlagen. Noch stehen hier aber einige der ältesten und höchsten Saguaros. Auf einem 8 Meilen langen Scenic Drive kann man durch diesen Saguaro-Wald kurven. Man

Ein Prickly Pear Cactus: Ihn findet man fast überall im Südwesten.

kann von dieser Straße aus den Riesenkakteen aber auch zu Fuß auf den stacheligen Leib rücken.

Wanderungen im Saguaro N.M. Rincon Mountain District (Saguaro East)

Ausflüge in die Lebensgemeinschaft des Kakteenwaldes

Zwischen dem Broadway Boulevard und dem Old Spanish Trail zieht sich auf rund 7 Kilometern Länge der **Cactus Forest Trail** durch das hügelige Gelände an der westlichen Parkgrenze. Im Bereich des Scenic Drive ist der Weg etwa 4 Kilometer lang und bietet herrliche Einblicke in die Lebensgemeinschaft des Kakteenwaldes, der außer den majestätischen Saguaros noch eine Vielzahl anderer Arten beherbergt.

Etwa die gleiche Szenerie bietet sich, wenn wir auf einem der zahllosen miteinander verbundenen Pfade zwischen dem nördlichen Teil des Scenic Drive und dem Speedway Boulevard an der Nordgrenze des Parks unterwegs sind. Zwischen beiden Straßen bzw. zwischen dem Loma Verde Trailhead und dem Douglas Spring Trailhead kann man beispielsweise auf 6,3 Kilometer Länge nacheinander den Spuren der **Loma Verde-, Pink Hills-, Squeeze Pen-, Wentworth-, Freight Wagon- und Wildhorse Trails** folgen.

Saguaro-Blüten: Werden sie Nachwuchs in die Welt setzen?

🚶 Mica Mountain: Zweitagestour durch mehrere Klimazonen

Anspruchsvolle Mehrtageswanderungen führen in das Gebiet um den 2641 Meter hohen Mica Mountain, den höchsten Berg im Saguaro N.M. Über den **Douglas Spring Trail** (Trailhead am Ende des Speedway Boulevard) bis auf den Mica Mountain sind es 21 Kilometer, über den **Tanque Verde Trail** (Ausgangspunkt ist die Javelina Picnic Area am Scenic Drive) bis zum höchsten Punkt sind es 26 Kilometer. Dabei durchquert man beim Anstieg über 1800 bzw. 1700 Höhenmeter mehrere Klimazonen von der heißen Kakteenwüste bis zum kühlen und feuchten Kiefern- und Fichtenwald. Eine anstrengende Sache also, bei der entsprechende Vorbereitung und Ausrüstung nötig ist. Karten sind im Visitor Center erhältlich. Unterwegs gibt es einige kleine Zeltplätze, die bis zu 6 Personen aufnehmen, sowie eine Rangerstation am Manning Camp, wo es auch das ganze Jahr über (zu entkeimendes) Wasser gibt.

Vom Saguaro N.M. zum Chiricahua N.M.

Um eine angenehm temperierte Klimainsel inmitten umgebender heißer Wüstenlandschaften zu erleben, müssen wir nicht unbedingt eine Dreitagestour in die Rincon Mountains machen. Es genügt eine dreistündige Fahrt zu unserem nächsten Wanderziel, dem Chiricahua N.M. Die 15 Meilen vom Saguaro N.M. bis zur Interstate 10 gleichen einer Achterbahnfahrt. Hügel rauf, Hügel runter, von einer Kuppe in die nächste Senke, von einer Kurve in die nächste. Auf der Autobahn erholt sich der Magen wieder, es geht erst mal wieder ein Stück eben und ziemlich geradeaus nach Osten. Dann durchqueren wir die Dragoon Mountains, ein Gebirge aus bizarr verwittertem Granit mit Felsformationen, wie sie ähnlich auch im Joshua Tree N.P. zu finden sind.

Vor Willcox wenden wir uns nach Süden. Der Exit 331 führt nach Cochise, benannt nach einem großen Häuptling der Apachen. Außer solchen Namen erinnert in der Gegend nicht mehr allzuviel daran, daß das hier einst Indianerland war, in dem nach den fast spurlos verschwundenen Mogollon die Chiricahua-Apachen alleinige Herren waren. Eine ihrer natürlichen Festungen im Kampf gegen die anglo-amerikanische Landnahme, Cochise Stronghold, ist heute zur Recreation Area verkommen, aber auch von Fort Bowie, einem Stützpunkt der Armee am heißumkämpften Apache Pass, ist nicht mehr viel übriggeblieben.

1886 mußte sich auch der legendäre Geronimo, Krieger noch unter Cochise und nach dessen Tod einer seiner Nachfolger, einer Übermacht ergeben, die sich im Kampf nicht nur ganzer Einheiten schwarzer Soldaten, den »Buffalo Soldiers«, als potentiellem »Kanonenfutter« bediente, sondern sich auch andere Apachen willfährig machte und als *Scouts* gegen ihre »Roten Brüder« einsetzte. Natürlich waren auch die Apachen nicht so zart besaitet, wie uns das die Dichtung nahebringen will. Von einer Romantik à la Karl May ist in dieser ganzen traurigen Geschichte jedenfalls keine Spur.

Wir fahren über den sandigen Grund eines längst ausgetrockneten Sees. Heute ist hier Weideland, auf dem ob des spärlichen Futterangebots jede oberbayerische Kuh sofort in den Milchstreik treten würde, und nähern uns schließlich den Chiricahua Mountains.

Chiricahua N.M.: Im Mai blühen hier Claret Cup-Kakteen in allen Größen.

Chiricahua National Monument

Die Fläche des Chiricahua National Monument bedeckt nur einen Teil der Gesamtfläche des Chiricahua-Gebirges, das durch Hebung vulkanischer Ascheschichten entstanden ist. Diese Asche wurde vor etwa 25 Millionen Jahren nach gewaltigen Eruptionen der nahen Turkey Creek Caldera in einer Mächtigkeit von 600 Metern abgelagert. In den bei der Hebung entstandenen Spalten und Rissen setzte und setzt die Erosion ihre Werkzeuge an. Frost und Wasser ließen ein Felswunderland entstehen, das in seiner Formenvielfalt demjenigen des Bryce Canyon kaum nachsteht. Nur ganz so farbenprächtig wie der rote Sandstein dort präsentiert sich der graubraune bis braunviolette Rhyolith hier nicht. Von nahem besehen gleichen diesen Mangel aber die leuchtend gelben, orangen und grünen Flechten aus, die auf dem vulkanischen Gestein siedeln und dort anscheinend eine ideale Lebensgrundlage finden. In einer Höhe zwischen 1600 und fast 3000 Metern finden auch zahllose Pflanzen- und Tierarten optimale Bedingungen vor. Nicht weniger als 169 verschiedene Vogelarten, vom Kolibri bis zum Truthahngeier, finden eine Heimat in Wäldern von Eichen, Pappeln, Zypressen und Kiefern, die durchmischt sind von bizarrem Strauchwerk wie beispielsweise den Manzanitas mit ihrem Gewirr intensiv rotbraunen Geästes. Viele Wildblumen-, Kakteen- und Yucca-Arten gedeihen in einem Klima, das geprägt ist von aufeinanderfolgenden Regen- und Trockenzeiten und sich völlig von dem der tiefer gelegenen Wüsten unterscheidet, welche diese »Himmelsinsel« umgeben.

Das Gewirr der Felsnadeln vom Massai Point.

Wanderungen im Chiricahua N.M.

Vom Massai Point durch das Wonderland of Rocks: Wandern bergab

Machen wir es uns heute mal bequem und beginnen die Bergwanderung an ihrem (vermeintlich) höchsten Punkt. Wir lassen uns frühmorgens von einem Ranger mit dem Shuttle Bus über die 10 Kilometer lange Parkstraße bis zum Massai Point hochfahren, um dann durch das Wonderland of Rocks wieder zum Visitor Center bzw. zum Campground abzusteigen.

Zunächst genießt man den Ausblick von hier oben, wo sich der Legende nach ein Apache-Krieger namens Massai vor seinen Verfolgern buchstäblich in Luft aufgelöst haben soll. Über ein Labyrinth steinerner Säulen geht der Blick in die hell leuchtende Ebene von Willcox, über der sich am westlichen Horizont die Dragoon Mountains erheben. Dort soll Cochise, der Apachen-Häuptling, seine letzte Ruhestätte gefunden haben. Nach ihm hat man auch den Berg benannt, den man im Norden sieht. Da liegt es nun, das Haupt von Cochise, versteinert und die Augen himmelwärts gerichtet. Tauchen wir ein in das Felsgewirr zu unseren Füßen. Erst mal geht es also bergab. Der Weg ist gut ausgeschildert und, hat man erst mal den Beginn gefunden, nicht mehr zu verfehlen. Dort wo nach rechts der **Hailstone Trail** abzweigt, beginnt unser Weg wieder anzusteigen. Bald haben wir den tatsächlich höchsten Punkt des Trails erreicht. Wir bewegen uns in dichtem Mischwald, für Botaniker, die 13 Arten von im Park vorkommenden Eichen unterscheiden können, eine Fundgrube. Mit der Aussicht ist es erst mal vorbei. Deshalb sollten wir den Abstecher vom Weg hin zum **Inspiration Point** in keinem Fall auslassen. Von diesem Punkt aus bietet sich ein sehr schöner Blick auf das Gewimmel der Türme und Zinnen um den Echo Canyon und hinüber zum Cochise Head. Der Weg verläuft so gut wie eben, und wenn wir den Platz nicht für eine Rast nützen, sind wir gleich wieder zurück auf der Hauptroute. Bis zum Big Balanced Rock geht es ein wenig auf und ab. Dort angekommen sind wir mittendrin in einer der 18 Lagen versteinerter Vulkanasche und zwischen all den bizarren Felsgebilden, die von weitem gesehen alle von einheitlich graubrauner Farbe zu sein scheinen. Von nahem gesehen mischen sich jedoch noch

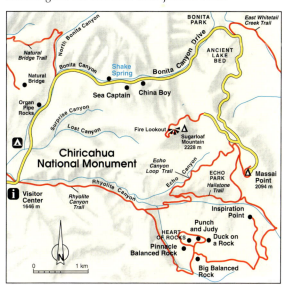

Adresse/Information: Chiricahua N.M., Dos Cabezas Route, Box 6500, Willcox, AZ 85643, ✆ (520) 824-3560. **Öffnungszeiten:** Ganzjährig geöffnet. **Größe:** 48 km². **Höhenlage:** 1646 m, Visitor Center. 2094 m, Massai Point. **Wetter/Klima:** Eine Klimainsel mit jeweils zwei Regen- sowie zwei Trockenzeiten. Die Jahreszeiten stimmen hier nicht unbedingt mit dem Kalender überein. Im April verlieren die Laubbäume ihre Blätter, es ist Herbst. 55% der jährlichen Niederschlagsmenge fallen im warmen Sommer von Juli bis September. Verantwortlich dafür sind Tiefdruckgebiete, die um diese Zeit vom nahen Golf von Mexico heraufziehen. Von Dezember bis März bringen pazifische Stürme Regen und Schnee. **Landschaftscharakter/Attraktionen:** Bewaldete, schroffe Gebirgsinsel inmitten der Sonora- und Chihuahua-Wüste. Bizarre Felslandschaft, reiche Pflanzen- und Tierwelt. **Unterkunft: Im Park:** Campground mit 26 Plätzen. Wohnmobile ab 26 feet sind zu sperrig für die engen Wege und Stellplätze. First come, first served. Keine Dump Station. Keine sonstigen Unterkünfte im Park. **Außerhalb:** Campground und Motels im 55 km entfernten Willcox. **Verpflegung: Im Park:** Keine Einkaufsmöglichkeit, keine Restaurants. **Außerhalb:** Läden und Restaurants in Willcox. **Wanderwege (Auswahl):** Faraway Meadow: 2,4 km (einfache Distanz). Echo Canyon/Hailstone Trail: 6,4 km Rundweg, 165 Hm. Natural Bridge: 7,8 km Hin- und Rückweg. Heart Of Rocks/Rhyolite Canyon: 10 km (einfache Distanz), 457 Hm. Abstecher: Inspiration Point: 1,6 km Rundweg. Heart Of Rocks Loop: 1,6 km Rundweg.

Der Big Balanced Rock. Ein Koloß von 1000 Tonnen Gewicht.

andere Töne in die Palette. Die rotbraun angewitterte Oberfläche der eigentlich grauen Felsen variiert von hellen zu dunklen Nuancen, zuweilen schimmert sie auch bläulich. Zudem ist sie meist über und über mit Flechten bedeckt und leuchtet in diesem geliehenen Kleid in Grün, Gelb und Orange. Anfang Mai fangen die Kakteen zu blühen an. Unzählige Claret Cups strahlen in tiefem Rot und ergänzen das Farbenspiel. Die größeren Exemplare sind dicht mit Blüten bedeckt, und selbst die winzigsten Jungkakteen, gekrallt an den nackten Fels, lassen es sich nicht nehmen, wenigstens eine Signalflagge zu hissen, versehen mit der für Insekten unmißverständlichen Botschaft: Bestäube mich!

Auch den nächsten Abstecher vom Weg sollte man sich nicht entgehen lassen, die Runde durch das **Heart of Rocks**. Hier steht der kleinere Verwandte des massigen Big Balanced Rock, der schmale Pinnacle Balanced Rock. Eine steinerne Ente hockt auf einem Felssockel, zwei Felssäulen küssen sich seit Tausenden von Jahren. Es geht ein wenig auf und ab auf dieser Runde, und es gibt noch eine Menge anderer, außergewöhnlicher Felsskulpturen zu sehen. Zurück am großen Felsen, der auf wirklich unglaublich dünner Basis balanciert, geht es weiter. Wir steigen nochmals kurz bergan, bis sich der Weg endgültig entschließt, jetzt nur noch bergab zu führen. Durch den Sarah Denning- und den Rhyolite Canyon, beide »vollgestellt« mit Steinsäulen, erreichen wir das Visitor Center. Zu den nominell 457 Metern Höhenunterschied zwischen hier und dem Massai Point haben sich noch etliche im Auf und Ab dazugesellt. Für den insgesamt 13 Kilometer langen Trail darf man schon an die 6 Stunden einplanen. Eine Angelegenheit für Gehfaule, wie zu Beginn vermutet werden konnte, ist dieser herrliche Weg also nicht.

Vom Chiricahua N.M. zum Petrified Forest N.P.

Die nächste Etappe ist eine der etwas weiteren. 300 Meilen Asphalt sind bis Holbrook zu bewältigen. Durch das staubige Sulphur Valley, das vor 8000 Jahren noch vom riesigen Lake Cochise bedeckt wurde, fahren wir nach Willcox. Ein kurzes Stück geht es auf der Interstate 10 nach Osten, dann biegen wir von der Autobahn ab auf den Highway 191 nach Norden. Safford ist nach Willcox der nächste größere Ort, an dem man logieren, tanken und sich verpflegen könnte. Nach einem trostlosen Kaff namens Geronimo beginnt die San Carlos Apache Reservation. Die ganze Gegend ist absolut trostlos. Sie scheint so uninteressant zu sein, daß die Radiostationen aus Tucson nicht mal mehr ihre Werbesprüche zum Mother's Day bis hierher versenden. Aus dem Äther dringt nur noch Gerausche. Vor den Toren von Globe, auch eine größere Siedlung, endet das Reservat. Wir biegen rechts ab in den State Highway 77 bzw. US-Highway 60. Die Gegend präsentiert sich jetzt zunehmend schöner. Die Straße steigt auf die Höhen des Mogollon Rim. In die Hochebene hat der Salt River einen tiefen Canyon gegraben. Die gut ausgebaute Straße zieht in weiten Serpentinen hinunter zum Fluß und klettert auf der anderen Seite steil wieder hinauf. Wir fahren durch Blumenwiesen und den typischen Kiefern- und Wacholderwald nach Show Low. Die Highways teilen sich hier, und wir folgen der Nummer 77 nach Snowflake. Die Landschaft verliert ihren Reiz, die Wüste und der Wind, der darüberfegt, übernehmen das Regiment, wir nähern uns Holbrook. 300 Meilen Fahrerei plus Pausen macht etwa 7 bis 8 Stunden Fahrzeit, dem Petrified Forest N.P. könnten wir an diesem Tag also nur noch eine Stippvisite widmen, was wirklich zu wenig wäre. Etwa 2 Stunden vor Sonnenuntergang schließt der Park seine Pforten, im Park gibt es keine Übernachtungsmöglichkeiten. Quartieren wir uns also in Holbrook ein und heben uns den Besuch des Nationalparks für den nächsten Tag auf.

Auf unserer Route fahren wir am besten von Süden her über den Highway 180 in den Park. Also, eventuell vom KOA-Campground aus, nochmal in umgekehrter Richtung durch Holbrook hindurch, vorbei am Einkaufszentrum, an Motels, jeder Menge Tankstellen und noch mehr *Rock Shops*, wo man versteinertes Holz kaufen kann, das von Privatland in der Umgebung des Nationalparks stammt. Sollten Sie tatsächlich ein wirklich schönes Stück *Petrified Wood* finden, was eher unwahrscheinlich ist, vergessen Sie in keinem Fall, sich eine Quittung geben zu lassen und deklarieren Sie Ihre mitgeführten Souvenirs an der Entrance Station, wenn Sie nach dem Kauf durch den Nationalpark fahren und bei eventuellen Kontrollen keine Schwierigkeiten bekommen wollen.

Yucca an der Straße über das Mogollon Rim.

Petrified Forest National Park

Die Landschaft im Petrified Forest National Park ist wüstenhaft leer. Einen Wald gab es hier mal, aber das ist schon lange her. »Genauer« gesagt: so um die 200 Millionen Jahre. Damals, im Trias-Zeitalter, standen am Südrand eines großen, von Flüssen durchzogenen Sumpfgebietes dichte Bestände von Nadelbäumen, die den heutigen Tannen ähnelten, und es wucherten riesige Farne. Große Reptilien, Vorgänger unserer heutigen Krokodile, lebten in den Gewässern, und durch die üppige Vegetation an deren Ufern wieselten kleine Dinosaurier.

Abgestorbene, unterspülte oder vom Wind umgerissene Bäume wurden von den Flüssen in den Sumpf geschwemmt und dort, ebenso wie verendete Tiere, unter immer neuen Schlammassen begraben. Weitgehend abgeschnitten von Sauerstoff vermoderten die Organismen nur sehr langsam. Tierskelette wurden konserviert, und in das tote Holz drang nach und nach silikathaltiges Grundwasser. Die Mineralien ersetzten das Zellgewebe, die Bäume versteinerten.

Vulkanausbrüche erschütterten die Landschaft, und Lagen von heißer Asche erstickten schließlich alles Leben. Im Zuge der Kontinentalverschiebung senkte sich das Land in dieser Weltgegend ab und wurde von großen Binnenseen bedeckt, die weitere Sedimentfrachten über den begrabenen Wäldern ablagerten. Als sich das Land später wieder hob, brachen die Schichten und mit ihnen die eingelagerten, steinernen Bäume. Wind und Wasser erodierten die Deckschichten und legten frei, was wir heute als versteinerten Wald bewundern können.

Das allerdings nur, weil auf einem schmalen Stückchen Wüste der Nationalpark eingerichtet wurde. Wäre das nicht der Fall gewesen, würde wohl kaum noch ein größeres Stück versteinerten Holzes hier liegen und vielfarbig matt an den Bruchflächen glänzen. Und auch heute noch und trotz aller Kontrollen und Strafandrohungen verschwindet pro Jahr die unvorstellbare Menge von knapp einer Tonne versteinerten Holzes in den Taschen und Kofferräumen von Souvenirjägern. Wahnsinn!

Vom Süd- bis zum Nordeingang zieht sich der 27 Meilen lange Scenic Drive durch den Nationalpark. Entlang dieser Parkstraße reihen sich Aussichtspunkte aneinander, die in vielen Fällen zugleich die Startpunkte zu mehr oder weniger langen Wanderungen bilden. Kurz nach dem südlichen Eingang lädt zunächst das Rainbow Forest Museum zum Besuch ein. Wer dort

---

Adresse/Information: Petrified Forest N.P., P.O. Box 217, Petrified Forest, AZ 86028, © (520) 524-6228. **Öffnungszeiten:** Ganzjährig geöffnet. Bei gelegentlichem Schneefall im Winter kann die Parkstraße gesperrt sein. Abends, zu angeschriebenen Zeiten, schließt der Park. Zu dieser Zeit hat jeder wieder in seinem Fahrzeug zu sitzen und sich in Richtung eines der beiden Parkausgänge zu bewegen. **Größe:** 279 km². **Höhenlage:** 1556 m, Südeingang. 1902 m, Painted Desert Visitor Center/Nordeingang. **Wetter/Klima:** Nicht zu heiß, auch im Sommer nicht. Im Frühjahr und Herbst mild. In den Nächten kühlt es jeweils stark ab. Kalte Winter mit gelegentlichem Schneefall. Niederschläge über das ganze Jahr verteilt, hauptsächlich jedoch während sommerlicher Gewitter. **Landschaftscharakter/Attraktionen:** Wüstenhaft leere Hochebene, teilweise prächtig gefärbte und geschichtete Hügelketten. Vielfarbiges, versteinertes Holz (vom kleinen Splitter bis zur vollen Baumgröße). **Unterkunft:** *Im Park:* Weder Campground noch sonstige Unterkünfte. *Außerhalb:* Die nächstgelegene Möglichkeit, sein Wohnmobil über Nacht abzustellen, bietet der Souvenirladen unmittelbar am südlichen Parkeingang. Campground mit Anschlüssen für Wohnmobile sowie Motels finden sich in Holbrook (31 km vom südlichen Parkeingang, 42 km vom Visitor Center am nördlichen Parkeingang). **Verpflegung:** *Im Park:* Restaurant im Painted Desert Visitor Center. *Außerhalb:* Supermärkte und Restaurants in Holbrook. **Weitere Einrichtungen:** Tankstelle beim Painted Desert Visitor Center. **Achtung:** Es darf auch nicht das kleinste Stückchen versteinerten Holzes mitgenommen werden! Im Rahmen der Möglichkeiten wird streng kontrolliert und bei Zuwiderhandlung bestraft. **Wanderwege (Auswahl):** 🚶 Crystal Forest: 1,3 km Rundweg. 🚶 Blue Mesa: 1,6 km Rundweg. 🚶 Long Logs/Agate House: 2,6 km Rundweg. In den beiden ausgewiesenen Wilderness Areas (Painted Desert bzw. Rainbow Forest) kann man weglos wandern, so lange man will und dort auch sein Zelt aufschlagen, vorausgesetzt man hat sich vorher ein Permit in einem der beiden Vistor Center besorgt. Ziel kann z.B. die Onyx Bridge im sogenannten Black Forest der Painted Desert sein. Orientierungsvermögen, Karte, Kompaß, entsprechende Ausrüstung und Vorbereitung sehr zu empfehlen.

Nicht arrangiert: kleine Stücke versteinerten Holzes auf einem großen Stamm.

die polierten, prächtig gefärbten Stücke versteinerten Holzes gesehen hat, kann alles, was sonst so im Handel angeboten wird, vergessen.

Wanderungen im Petrified Forest N.P.

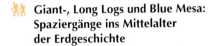

Giant-, Long Logs und Blue Mesa: Spaziergänge ins Mittelalter der Erdgeschichte

Hinter dem Rainbow Forest Museum, zugleich eine Filiale des großen Visitor Center am Nordeingang, bietet sich der erste 700 Meter kurze Spaziergang durch die Giant Logs Area an. Hier finden sich, wie der Name schon sagt, einige der größten versteinerten Stämme im Park.

Nächste Station ist, nach einem kurzen Abzweiger von der Hauptstraße, die Long Logs Area, und von dort kann man noch weitergehen zum **Agate House**, einer rekonstruierten Behausung prähistorischer Indianer, gemauert aus Brocken versteinerten Holzes. Beide Wege addieren sich zu einer Strecke von 2,6 Kilometer Länge.

Der **Crystal Forest** bietet den nächsten Spaziergang von 1,3 Kilometer Länge. Hier wurden früher im Achat des versteinerten Holzes viele Quarzkristalle sowie Amethyst gefunden. Davon sieht man kaum noch etwas, denn vor der Gründung des Nationalparks wurden solche Schätze tonnenweise abtransportiert. Trotzdem lohnt sich ein Gang über die blendend helle Ebene mit den wild darauf verstreuten Baumtrümmern noch immer.

Den Abstecher zum Overlook über den Jasper Forest hingegen kann man sich sparen, desgleichen die Besichtigung der betongestützten Agate Bridge.

Keinesfalls auslassen sollte man den Besuch der Blue Mesa. Schon von oben ist der Blick auf die grau, blau und violett gebän-

El Morro National Monument

Zu Füßen des Felsens, der heute das Kernstück des El Morro National Monument ausmacht, bot ein natürliches Bassin eine verläßliche Wasserstelle. Noch heute wird der Pool von Regenwasser gespeist, das sich oben auf dem Felsen sammelt und durch Spalten und Hohlräume in das schattseitig gelegene Auffangbecken fließt. Das wußten schon die Anasazi zu schätzen und erbauten auf dem Gipfelplateau kleine Pueblos. Diese Siedlungen waren längst wieder verlassen, als Ende des 16. Jahrhunderts die ersten Spanier auf der Suche nach den sagenhaften Goldenen Städten von Cibola hier eintrafen. Vielleicht wurden die letzten Konquistadoren um Juan de Oñate von den vielen Petroglyphen inspiriert, welche die Indianer auf dem Felsen hinterlassen hatten – Oñate jedenfalls war der erste nach ihnen, der seinerseits ein Zeichen seiner Anwesenheit in den Sandstein ritzte. Seine Inschrift datiert vom 16. April 1605. Ihr sollten noch viele folgen, und heute ist der Fels übersät davon. Seit der Gründung des National Monument im Jahre 1906 ist es allerdings verboten, den geduldigen Stein mit noch mehr *Grafitti* zu überziehen. So schön und schwungvoll, wie Mr. Long aus Baltimore seine Signatur im vorigen Jahrhundert in den Fels geschnitten hat, werden wir es sowieso nicht hinkriegen, und so muß man sich schon etwas anderes einfallen lassen, um seinen Namen auf »ewig« in die Annalen der Menschheit zu schreiben.

Gleich hinter dem Visitor Center beginnt der kurze **Inscription Rock-** und **Mesa Top Trail**. Vorbei an der Wasserstelle der einstigen Oase und entlang der Inschriftengalerie führt er über 60 Höhenmeter hinauf auf den Felsen und zum Anasazi-Pueblo A'ts'ina mit prächtigem Rundblick. Ein gut markierter, lohnender Weg über rund 3 Kilometer, der kaum länger als 1 Stunde »aufhält«.

Informationen unter: El Morro N.M., Route 2, P.O. Box 43, Ramah, NM 87321-9603, ✆ (505) 783-4226. Im National Monument befindet sich auch ein kleiner Campground mit 9 Plätzen.

25. Juni 1709. Paso por aquy, hier vorbeigekommen, Ramon Garcia Jurado.

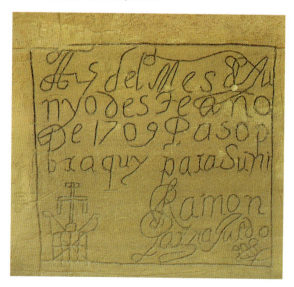

Vom El Morro N.M. nach El Malpais N.M.

Vom El Morro N.M. geht es weiter über den Highway 53 in östlicher Richtung nach Grants. Mal fährt man rein ins El Malpais N.M., mal wieder raus und dann wieder rein. Mit der El Malpais Conservation Area ist es das gleiche Spiel. Man merkt, daß dieses erst 1989 gegründete Naturschutzgebiet, was die Gebietsgrenzen angeht, noch in der Entstehungsphase ist. Zwischen den einzelnen Teilen liegt privates Farmland, rote Erde, auf der gelbes Gras und grünes Kieferngebüsch wächst. Dazwischen stehen schwarze Kühe.

285 Jahre später. Mesa Top Trail.
Nichts hinterlassen. Nur Bilder und
Eindrücke mitgenommen.
Werner Neumayer.

El Malpais National Monument

Das El Malpais National Monument schützt eine rauhe Landschaft, die von großen Lavaströmen durchzogen wird und von den Kratern umstanden ist, aus denen die jetzt erkaltete, einst glutflüssige Schmelze durch eine weite Ebene floß. Über privates Land führen wilde Straßen in abgelegene Teile des Parks. Hier ist Wandergebiet für Spezialisten. In Gebieten wie der Big Tubes Area können, entsprechende Ausrüstung vorausgesetzt, eisgefüllte Lavahöhlensysteme erkundet werden. Der **Zuni-Acoma Trail**, Teilstück eines alten Verbindungsweges zwischen den beiden Pueblos, führt über das extrem rauhe Gelände von vier verschiedenen alten Lavaströmen mit entsprechend abwechslungsreicher Vegetation. Ausgangspunkt ist ein Parkplatz am Highway 53, ca. 25 Meilen nach El Morro. Endpunkt des 12 Kilometer langen, beschwerlichen und Orientierungssinn verlangenden Weges ist am Highway 117, ca. 7 Meilen südlich der El Malpais Ranger Station. Zeitbedarf für die einfache Distanz ca. 6 Stunden.

Informationen unter: El Malpais N.M., P.O. Box 939, Grants, NM 87020, © (505) 285-5406. Kein Campground.

Vom El Malpais N.M. zum Chaco Canyon

In Grants, wo es auch Läden, Tankstellen, Campgrounds und Motels gibt, kann Station gemacht werden, bevor es weitergeht in den Chaco Canyon. Wer immer das Schild

Sandstone Bluffs Overlook. Zu Füßen die Lavaströme des El Malpais N.M.

Chaco Canyon National Historical Park: Pueblo Bonito.

an der Interstate 40 kurz nach Grants (Ausfahrt 79) mit dem Wegweiser nach Chaco aufgestellt hat, müsse nicht ganz richtig im Kopf gewesen sein, meinte der Ranger im El Malpais Information Center. Halten wir uns an seinen Rat und fahren weiter nach Westen bis zur Ausfahrt Thoreau.

Hauptroute ab Gallup

Nach Thoreau kommen wir auch von Gallup her, wenn wir den Abstecher zum El Morro- und El Malpais N.M. nicht gemacht haben. In Thoreau bietet sich nochmal eine Gelegenheit zum Tanken, in Crownpoint ist dann, zumindest an der Hauptstraße, keine Zapfsäule zu sehen, und ob die Seven Lakes Trading Post geöffnet hat, ist ungewiß. Bis hierher sind die Straßen, der Highway 371 und die Indian Road 9, astrein geteert, dann geht es über eine 20 Meilen lange Lehmpiste nach Norden in den Chaco Canyon. Sollte es regnen oder geregnet haben, erkundige man sich vor der Abfahrt telefonisch im Visitor Center des Chaco Canyon nach dem Straßenzustand. Bei trockenem Wetter bietet die Route keine Probleme, wenn man einigermaßen mit Bedacht fährt und die *Cattle Guards* (Viehgitter) nicht gerade im gestreckten Galopp nimmt. Mit einem großen Wohnmobil würde ich die Strecke allerdings lieber meiden. Im Park selbst ist die Straße wieder geteert, die Zivilisation läßt grüßen.

Chaco Culture National Historical Park

Die Landschaft im Chaco Culture National Historical Park präsentiert sich so öde, daß es einen deswegen bestimmt nicht in diese Wildnis verschlagen würde. Man kommt hierher, um die Zeugnisse alter Anasazi-Kultur zu bewundern. Was da an, freilich verfallener, Architektur in der Gegend steht, ist schon eindrucksvoll. Hier waren Baumeister am Werk, die mit aus heutiger Sicht primitiven Hilfsmitteln Wohnanlagen von grandiosen Ausmaßen geschaffen haben. Allein Pueblo Bonito, die größte Siedlung, erstreckt sich über eine Grundfläche von 12 000 Quadratmetern. Das Dorf wurde zwischen den Jahren 900 und 1100 n.Chr. in mehreren Phasen erbaut und erweitert, was man unter anderem an den unterschiedlichen Mauertechniken mit verschieden großen Steinen feststellen kann. Wenn man es weiß, sieht man das auch als Laie. Pueblo Bonito, das schöne Dorf, umfaßt mehr als 650 Räume, die sich über vier Stockwerke hoch türmten.

Adresse/Information: Chaco Culture N.H.P., Star Route 4, Box 6500, Bloomfield, NM 87413, ✆ (505) 786-5384, ✆ (505) 786-7060 (Visitor Center/wg. Straßenzustand!). *Öffnungszeiten:* Ganzjährig geöffnet. *Größe:* 138 km². *Höhenlage:* 1891 m, Visitor Center. 2062 m, South Mesa. *Wetter/Klima:* Warme bis heiße Sommertage, Nächte relativ kühl. Frühjahr und Herbst relativ warm und ausgeglichen. Kalte Winter mit gelegentlichem Schneefall. Regen, hauptsächlich während sommerlicher Gewitter, kann die Zufahrtsstraßen unpassierbar machen. *Landschaftscharakter/Attraktionen:* Eine weite, halbwüstenhafte Hochebene, durchzogen von breiten, flachen Canyons. Attraktion sind die architektonischen Hinterlassenschaften der amerikanischen Ureinwohner. *Unterkunft: Im Park:* Gallo Campground mit 64 Plätzen (19 davon nur für Zelte). First come, first served. *Außerhalb:* Campgrounds und Motels im 154 km entfernten Gallup, im 149 km entfernten Grants oder im rund 100 km entfernten Bloomfield. *Verpflegung: Im Park:* Keine Einkaufsmöglichkeiten oder Restaurants. *Außerhalb:* Geschäfte und Restaurants in Gallup, Grants und Bloomfield. *Wanderwege:* ⚘ Wijiji Trail: 4,8 km Hin- und Rückweg. ⚘ Tsin Kletzin/South Mesa: 4,8 km bzw. 6,6 km Hin- und Rückweg, 137 Hm. ⚘ Pueblo Alto Trail: 7,7 km Rundweg (1,6 km Rundweg nur bis zum Pueblo Bonito Overlook), 107 Hm. ⚘ Peñasco Blanco Trail: 7 km Hin- und Rückweg. Plus 1 km Hin- und Rückweg zum Super Nova-Pictogramm. Für alle Trails im Park ist ein Permit erforderlich.

Die Wissenschaft ist sich, wie so oft, uneins. In diesem Fall darüber, ob dieses Tal und diese Dörfer ständig von einer mehrere tausend Köpfe zählenden Gemeinschaft besiedelt war oder ob sich hier ein Verwaltungs-, Handels- und Religionszentrum befand, das nur zu bestimmten Zeiten, neben einer kleinen Stammbevölkerung, einer Menge von Besuchern Unterkunft bot. Für letztere These spricht einiges, wie z.B. die Größe, der wahrscheinliche Gebrauch und die Anordnung von Räumen. Auch Analysen der Abfallhalden lassen darauf schließen. Es gibt viele astronomische Beobachtungsstationen, die der Bestimmung der richtigen Zeiten im agrarischen Jahreszyklus und der damit verbundenen religiösen Zeremonien dienten. Ein Straßennetz verband weit abgelegene Dörfer mit dem Zentrum in Chaco, und das in einem Gebiet, das größer als die alte Bundesrepublik ist. Zu ergründen, welche Bestimmung und Bedeutung dieses Zentrum wirklich hatte, ermöglicht noch eine Menge an Forschung und regt zu immer neuen Theorien und Spekulationen an.

Man dachte früher, das Gebiet sei schon zu Zeiten der Anasazi so vegetationsarm gewesen wie heute. Diese Annahme ist seit kurzem widerlegt. Uralte Rattennester, wohl konserviert in Felsspalten, enthielten Reste von Pflanzen, Samen und Pollen, die Aufschluß darüber gaben, daß die Gegend einst bewaldet und fruchtbar war. Zum Bau und Ausbau der Siedlungen, für Decken- und Stützkonstruktionen benötigten die Anasazi eine Menge Holz, geschätzte 215 000 Bäume. Zwar wurden die großen Stämme von weither geholt, wahrscheinlich aus der Gegend um das heutige Flagstaff, die kleineren Stämme und das Feuerholz schlug man aber in unmittelbarer Umgebung. Zu einer allgemeinen Dürreperiode im San-Juan-Becken zwischen 1130 und 1180 n.Chr. kam eine hausgemachte lokale Trockenheit durch den Verlust der wasser-

Ausblick vom Pueblo Alto Trail auf den Pueblo del Arroyo (in der Bildmitte).

speichernden Wälder. Der Grundwasserspiegel sank und die wachsende Bevölkerung konnte sich nicht mehr vom Feldbau ernähren. Der fortschreitende Raubbau an den Wäldern führte letztlich zum Niedergang einer Sozial- und Religionsgemeinschaft, die uns außer ihren verfallenen Bauwerken, Millionen von Tonscherben und rätselhaften, in Stein gemeißelten Zeichen wenig hinterlassen hat, was Aufschluß über ihre tatsächliche Lebensweise geben kann. Jedenfalls verließen die Bewohner des Chaco Canyon ihre Heimat.

Wohin sie gingen, ist eines der weiteren Rätsel, das sie uns aufgegeben haben, wenn wir nicht den Erklärungen folgen wollen, welche die Hopi, die sich als Nachfahren der Anasazi verstehen, dafür parat haben: Die Schöpfungsmythen und Wanderungslegenden der Hopi berichten – hier ganz kurz gefaßt – davon, daß ihren Ahnen aufgetragen war, über den gesamten amerikanischen Doppelkontinent zu ziehen, während der Seßhaftigkeit erworbenen »Reichtum« und Überfluß immer wieder aufzugeben, ihre blühenden Siedlungen zu verlassen und zum einfachen, gottgefälligen Leben zurückzukehren. Erst nach derartigem, reinigendem Verhalten war es ihnen erlaubt, sich am geweissagten, vorbestimmten Ort endgültig (jedenfalls in dieser, ihrer nunmehr vierten Welt) niederzulassen. Und dieses »Gelobte Land« sind die öden Tafelberge nordöstlich von Flagstaff, auf denen sie seit etwa 900 Jahren leben. Soviel zum Thema Religion. Ethnologen und Anthropologen sehen das natürlich etwas anders. Klar ist, daß die Anasazi keineswegs so im Einklang mit der Natur gelebt haben, wie sich das manch zivilisationsmüder Europäer gerne vorstellt. Und daraus könnten wir, die wir unsere Regenwälder zu Furnierholz und Eßstäbchen verarbeiten, sehr wohl etwas lernen.

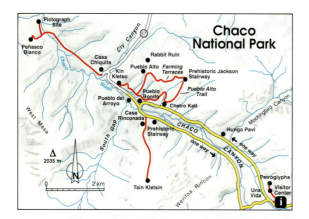

Wanderungen im Chaco Culture National Historical Park

🚶 Pueblo Alto Trail: Aussichtsreicher Weg zu Anasazi-Ruinen

Kurze, permitfreie Spazierwege führen von der Parkstraße aus zu Ruinen wie Pueblo Bonito, Chetro Ketl oder der Casa Rinconada. Hat man eine Ruine gesehen, hat man alle gesehen. Zu diesem Schluß könnte man bei oberflächlicher Betrachtung durchaus kommen. Eine Ruine aber, Pueblo Bonito nämlich, sollte man sich auf alle Fälle näher ansehen. Dazu gehört es auch, dieses größte Dorf im Chaco Canyon von oben, aus der Vogelperspektive zu inspizieren. Der Weg zum Pueblo Bonito Overlook bzw. der Pueblo Alto Trail beginnt gleich hinter der Kin Kletso-Ruine an der Parkstraße. Kleine weiße Männchen auf den Steinen, Petroglyphen nachempfunden, weisen den Weg. Der legt gleich mächtig los, erklimmt mit großen Stufen die ockergelbe Wand der Mesa, die im Norden den Chaco Wash begrenzt. Weiter geht es, einen engen Spalt hinauf. Wenn man da durch ist, hat man schon das Gröbste überstanden. Oben auf dem Mesa Top geht es ohne große Höhenunterschiede (Gesamthöhenunterschied etwas mehr als 100 Meter) weiter, Steinmännchen weisen den Weg. Erste Station ist der Pueblo Bonito Overlook. Von hier oben, etwa 30 Meter über dem Talboden, überblickt man die mehrstöckige Großsiedlung und erkennt erst richtig deren Ausmaße, besonders dann, wenn sich unten auf der Plaza ein paar winzige Zweibeiner verlieren. Überlaufen ist der Park wirklich nicht, und meistens herrscht andächtige Ruhe zwischen den alten Gemäuern. Nächster Aussichtspunkt ist der auf Chetro Ketl hinunter, ein ähnlich großer Gebäudekomplex wie Pueblo Bonito. Über das Hochplateau geht es weiter, Yuccas sowie eine ganze Reihe von zarten Wildblumen sind im Aufblühen begriffen. Potholes, Vertiefungen im Sandstein, sind noch gefüllt mit dem Regenwasser der letzten Nacht. Hier oben wurde früher Ackerbau betrieben. Spärliche Reste von Terrassenanlagen sind noch zu erkennen, bevor man Pueblo Alto, das hochgelegene Dorf, erreicht. Von diesem ehemaligen Vorposten hat man eine phantastische Aussicht über das gesamte San-Juan-Becken. Vom Pueblo selbst sieht man nicht mehr viel. Nach Teilausgrabungen wurde es wieder zugeschüttet, um es eventuellen späteren Studien zu erhalten. Werden sie die vielen offenen Fragen zur Chaco Kultur beantworten, damit wir diese besser verstehen? Wahrscheinlich nicht, und vielleicht ist das auch gut so, denn so kann man auf einem herrlich einsamen Weg wie diesem seine eigene Geschichte erfinden und erträumen. Die Geschichte von einem Leben, wie es hier vor 900 Jahren aufblühte, um bald darauf wieder zu erlöschen. Lange währen die Träumereien allerdings nicht, denn unser Ausflug in eine ferne, geheimnisvolle Vergangenheit dauert gerade mal einen kurzen Vormittag.

Vom Chaco Canyon zum Mesa Verde N.P. über das Aztec Ruins N.M.

Die Route aus dem Chaco Canyon hinaus nach Norden bis zur Nageezi Trading Post ist auch nicht entscheidend besser befahrbar als die südliche Zufahrt. Hat man sich, bei aller gebotenen Vorsicht, erst mal entschlossen, ein gewisses Tempo einzuschlagen, fliegt man mehr oder weniger über die Rippel dieser *washboard road*. Nach 14,5 Meilen ab dem Visitor Center verzweigt sich die Straße. Rechts geht es nach Nageezi. Nach 3,5 Meilen gabelt sich die Piste erneut. Das Schild weist in beide Richtungen (!) nach Nageezi. Ich wähle die rechte Variante und bereits nach 25,5 Meilen ab dem Visitor Center (dort ist von 29 Meilen die Rede) bin ich auf dem Highway 44 und endlich wieder auf Teer. Eine Stunde Fahrzeit hat mich die Strecke gekostet, kein schlechter Schnitt fürchte ich. Auf der 44 geht es nach Norden in Richtung Farmington. Bei der Blanco Trading Post weist, wie vorher bei Nageezi, auch ein Schild zurück in Richtung Chaco. Hier wäre wohl die vorherige linke Wegvariante auf den Highway gestoßen. Vielleicht die bessere Route, denn auf dem rechten Weg nach Nageezi muß man schon höllisch aufpassen. Die Piste ist eng und lehmig, Schlammlöcher sind zu durchfahren und es geht über zahlreiche unübersichtliche Kuppen. Erledigt. Auf dem Highway erreicht man Bloomfield, eine größere Ortschaft, die Unterkünfte, Tankstellen, Läden und Restaurants bietet.

Weiter geht es nach Aztec zum dortigen **Aztec Ruins N.M.**, einem Pueblo-Komplex ziemlich gleicher Bauart wie Chetro Ketl im Chaco Canyon und mit diesem über das Straßensystem von Chaco verbunden. In Aztec ist eine große Kiva restauriert, ein halb unterirdisch angelegter Raum, in dem religiöse Zeremonien abgehalten wurden.

Ab Aztec kann man über Durango zum Mesa Verde N.P. fahren. Etwas kürzer ist der Weg über La Plata. Der Highway 574 macht der Ankündigung »Rough Road« alle Ehre. Glücklicherweise ist so wenig Verkehr, daß man den paar hundert Schlaglöchern immer irgendwie ausweichen kann. In La Plata geht es rechts auf die 140 und nach Hespererus links in den Highway 160. Die Gegend ist jetzt wieder schön grün. Wälder und Wiesen werden überragt von den schneebedeckten San-Juan-Bergen. Wir sind in Colorado und in einem Teil der Rocky Mountains. Mancos liegt in einem weiten, alpin anmutenden Hochtal, durch das wir den Eingang zum Mesa Verde N.P. erreichen.

Hat mit den Azteken nichts zu tun: die rekonstruierte Große Kiva im Aztec N.M.

Mesa Verde National Park

Cliff Palace. Wohnturm von innen.

Adresse/Information: Mesa Verde N. P., Mesa Verde, CO 81330, ✆ (970) 529-4461/4475. **Öffnungszeiten:** Ganzjährig geöffnet sind nur Teile des Parks. Die Straße zur Wetherill Mesa, das Farview Visitor Center, die Farview Lodge sowie der Morefield Campground sind nur von Mitte April bzw. Mitte Mai bis Mitte Oktober geöffnet. **Größe:** 207 km². **Höhenlage:** 2135 m, Parkeingang. 2452 m, Farview Visitor Center. 2621 m, Park Point. **Wetter/Klima:** Angenehme Sommertagestemperaturen, nachts stark abkühlend. Kühl im Frühjahr und Herbst. Kalt im Winter mit häufigen Schneefällen. **Landschaftscharakter/Attraktionen:** Bewaldetes Hochplateau mit tief eingeschnittenen Canyons. Die Pueblo-Ruinen der amerikanischen Ureinwohner, gebaut in Nischen steiler Felswände, sind die Attraktionen des Nationalparks. **Unterkunft: Im Park:** Morefield Campground mit 477 Plätzen (15 mit Anschlüssen für Wohnmobile). First come, first served. Geöffnet von Mitte April bis Mitte Oktober. Farview Lodge, geöffnet 15. April bis 21. Oktober (Reservierungen unter: ARA Mesa Verde, P.O. Box 277, Mancos, CO 81328. ✆ (970) 529-4421). **Außerhalb:** Campgrounds und Motels im (vom Parkeingang) ca. 10 km entfernten Mancos und im 20 km entfernten Cortez. Privater Campground am Highway 160 gegenüber des Parkeingangs. **Verpflegung: Im Park:** Lebensmittel und Snack Bar im Morefield Village (beim Campground). Restaurant in der Farview Lodge. Snack Bar beim Park Headquarter auf der Chapin Mesa sowie am Ende der Straße zur Wethrill Mesa. **Außerhalb:** Lebensmittelgeschäfte sowie Restaurants in Mancos und im (größeren) Cortez. **Weitere Einrichtungen:** Duschen, Münzwäsche, Tankstelle im Morefield Village. Tankstelle bei der Farview Lodge. **Wanderwege (Auswahl):** ※ Cliff Palace: 500 m Rundweg. Nur mit Führung. ※ Spruce Tree House: 800 m Hin- und Rückweg. ※ Spruce Canyon: 3,4 km Hin- und Rückweg, 200 Hm. Registrierung erforderlich. ※ Petroglyph Point: 4,5 km Rundweg. Registrierung erforderlich. ※ Point Lookout: 3,7 km Hin- und Rückweg. ※ Prater Ridge: 12,6 km Rundweg.

Wo heute der Mesa Verde National Park liegt, wechselten sich über Millionen von Jahren Festland und Meer in ihrer Gebietsherrschaft ab. Als sich das Land zum vorläufig letzten Mal hob, hinterließen die Elemente einen vielfach geschichteten graugelben Gesteinsstapel, der heute mehr als 2500 Meter als sanft nach Süden geneigter Tafelberg über dem fernen pazifischen Meeresspiegel aufragt. Die oberste Schicht entstand, als Flüsse ihre Sandfracht auf einem flachen Meeresstrand ablagerten. Während der Hebung des Landes setzte sogleich auch die Erosion ihre Werkzeuge ein. Flüsse, aus den entstehenden Rocky Mountains kommend, schnitten Canyons in den zu Fels verfestigten Sand, Sickerwasser, im Winter zu Eis gefroren, sprengte Nischen aus den Wänden der Schluchten. Wind trug anderen Sand heran, der sich auf den Plateaus zu einer Lößschicht verdichtete, Vegetation begann sich anzusiedeln, und es entstand das, was die Spanier als »Mesa Verde« bezeichneten, ein grüner Tisch bzw. grün bewachsener Tafelberg.

Als vor etwa 1500 Jahren die ersten Indianer hier eintrafen, war dieser Tisch sozusagen für sie gedeckt. Sie bebauten den Boden noch nicht, sondern ernährten sich von der Jagd und sammelten, was ihnen die Natur von selbst an Früchten bot, und sie fanden bereits die geschützten Plätze unter der »Tischplatte« und bauten ihre Erdgrubenhäuser in die Felsnischen. Von ihrer Kunst des Flechtens haben sie ihren heutigen Namen: *Basketmaker*. Im Laufe von etwa 700 Jahren, in denen diese Steinzeitmenschen und ihre Nachkommen Mesa Verde besiedelten, entwickelten sie weitere Fertigkeiten. In einem dafür günstigen Klima begannen sie Ackerbau zu betreiben und domestizierten wilde Truthähne. Aus der Korbflechterei entwickelte sich eine immer kunstfertigere Töpferei. Die wachsende Bevölkerung siedelte zunehmend auch auf der Hochfläche selbst. Oberirdisch gebaute Häuser mit Wänden aus Adobe (einer Mischung aus Lehm und Stroh) lösten die *Pithouses* ab, aus denen sich wiederum die *Kiva* entwickelt hatte, ein halb- oder ganz unterirdisch angelegter Rundbau, der hauptsächlich religiösen Zeremonien diente und noch heute, etwa bei den Hopi, dient. Die Hauswände aus Adobe wurden schließlich ersetzt durch Mauerwerk aus Stein, das der Witterung besser standhielt. Erste kleine Pueblos entstanden.

Um das Jahr 1200 n.Chr. begannen die Anasazi, sich wieder in die Felsnischen zurückzuziehen. Ob aus Furcht vor eventuellen Feinden oder aus welchen anderen Gründen, ist nicht bekannt. Ebensowenig wissen wir, warum sie ihre Heimat und die grandiosen Klippensiedlungen schon etwa 100 Jahre nach deren Bau wieder verließen und wohin sie zogen. Erst um das Jahr 1870 erblickten die ersten Weißen diese Ruinen der für sie »Neuen Welt«. Wer genau sie als Erster sah, ist auch nicht bekannt. 1888 jedenfalls entdeckten die Wetherill-Brüder den Cliff Palace, und nach Jahren, während denen in den ohnehin erbärmlich verfallenen »Klippenpalästen« das Unterste zuoberst gekehrt und verkauft wurde, was immer man an Hinterlassenschaft der ehemaligen Bewohner gefunden hat, wurde das Gebiet 1906 endlich zum Nationalpark erklärt und, so gut es ging, vor weiterer Zerstörung geschützt. Was wir heute, oft nur aus der Ferne, bewundern können, ist konserviert und teilweise restauriert und legt trotz aller Verluste ein eindrucksvolles Zeugnis ab vom Schaffen eines Volkes, für das heute gerne das Beiwort »primitiv« benützt wird. Inzwischen wurden die *Cliff Dwellings* von Mesa Verde von den Vereinten Nationen zum Kulturerbe der Menschheit erklärt, und viele Besucher kommen, um diese Erbschaft anzutreten; so viele und zum Teil so primitive, daß mittlerweile auch der freie Zugang zum Cliff Palace nicht mehr möglich ist.

Fest gemauert in den Felsen steht der »Klippenpalast« noch heute.

Fahrt durch den Park

Sicherlich gilt das Hauptinteresse in diesem einzigen Nationalpark, der eingerichtet wurde, um Menschenwerk zu schützen, nicht einer erwanderbaren Landschaft, sondern der Hinterlassenschaft der amerikanischen Ureinwohner. Man muß aber auch ein wenig zu Fuß gehen, um die architektonischen Reste einer alten Kultur zu besichtigen. Um zu den Cliff Dwellings zu gelangen, gilt es zunächst jedoch, lange, steile und kurvenreiche Sraßen mit dem Auto zurückzulegen.

Erste Station für den Camper ist das Morefield Village mit dem dortigen Campground, 5 Meilen vom Highway 160 entfernt. Hier befinden sich die Ausgangspunkte für etwas längere Wanderungen wie für den **Prater Ridge Trail** oder den Weg zum **Point Lookout**. Das sind Wege, die die Geologie und Botanik des Parks nahebringen wollen und die zu Aussichtspunkten auf die umliegenden Täler und Berge führen. Im Hinblick auf die eigentlichen Attraktionen des Parks sind diese Trails eher zu vernachlässigen. Nächste Station, weitere 11 Meilen entfernt, ist das Farview Visitor Center, wo sich auch die Farview Lodge befindet.

Dem Visitor Center sollte man auf jeden Fall und möglichst früh einen Besuch abstatten. Erstens, um sich einen Platz für eine geführte Tour zum Cliff Palace zu sichern und zweitens, um sich die Ausstellung wunderschönen indianischen Kunsthandwerkes anzusehen. Das spart eine Menge Geld, denn danach wird man wahrscheinlich nichts Käufliches mehr finden, was einem Vergleich standhielte.

Nach dem Visitor Center gabelt sich die Parkstraße, nach rechts biegt die enge, steile und kurvenreiche, nur im Sommer befahrbare Nebenstraße zur Wetherill Mesa ab. Nach 12 Meilen mit dem Auto geht es zunächst noch mit einer Mini-Bahn weiter und dann nur zu Fuß unter Rangerführung zu Ruinen wie dem Long House.

Die Hauptstraße führt hinunter auf die Chapin Mesa. Vorbei an den Mesa Top Pueblos von Far View erreicht man nach 6 Meilen das Park-Hauptquartier und den Museumskomplex, der im Winter auch als Visitor Center dient. Im Park-Hauptquartier muß man sich einschreiben, wenn man die von dort ausgehenden Trails zum Petroglyph Point oder in den Spruce Canyon machen will.

Wo die Straße zum Park-Hauptquartier rechts abzweigt, geht es nach links weiter auf den im Winter nicht befahrbaren Ruins Road Drive, der in zwei jeweils 6 Meilen langen Schleifen zu einer großen Anzahl sehenswerter Ruinen führt. Auf einem kurzen Pfad gelangt man beispielsweise zu einer Aussicht auf das Square Tower House, ein anderer Spaziergang führt durch die Anlage des sogenannten Sun Temple.

Wanderungen im Mesa Verde N.P.

Cliff Palace und Spruce Tree House: Kleine Runden in eine große Vergangenheit

Die zweite Schleife führt zum Cliff Palace, unserem ersten Wanderziel. Dem Ansturm von bis zu 6000 Besuchern täglich war der Cliff Palace nicht mehr gewachsen. Seit 1994 ist der Zugang daher nur noch innerhalb geführter Touren möglich. Alle halbe Stunde macht sich 18mal am Tag eine 60köpfige Gruppe, begleitet von Parkrangern, auf den Weg zum Klippenpalast. Die Tickets kann man sich nur am selben Tag im Visitor Center besorgen. Denken Sie

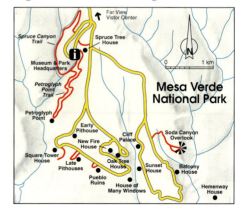

Das Spruce Tree House nach einem der hier häufigen Gewitterregen.

rechtzeitig daran. Von einer Wanderung kann man bei diesem Unternehmen eigentlich nicht sprechen, dafür ist die Wegstrecke zu kurz, aber ein reiner Spaziergang ist die etwa einstündige Tour auch nicht. Es gilt hohe Stufen in steiler Felswand zu überwinden, sich durch Engstellen zu zwängen und ein paar Holzleitern zu überklettern. Nach all diesen Hindernissen steht man unter der überhängenden Wand einer gewaltigen Felsnische und mittendrin im größten Gebäudekomplex des Parks. 217 Räume, aufgetürmt über vier Stockwerke, sowie 23 Kivas umfaßt die Siedlung. Um die 200 Personen hatten vor 700 Jahren in dieser imposanten Anlage ihre weitgehend wettergeschützte Heimstatt. Die Anasazi blieben nur etwa 100 Jahre hier. Uns bleibt noch viel weniger Zeit zum Verweilen. Die nächste Gruppe wartet bereits.

Unbeschränkte Zeit dagegen kann man für den Besuch im Spruce Tree House aufwenden, obwohl die Angelegenheit auch in einer halben Stunde »abgehakt« werden kann. Vom Gelände des Park-Hauptquartiers aus geht es zwischen Museum und Headquarter über einen geteerten Spazierweg hinunter in die Klippensiedlung. Das Pueblo ist etwa halb so groß wie der Cliff Palace, aber dank der engen Felsnische, in die es gebaut wurde, besser erhalten als die meisten anderen Cliff Dwellings. Noch ist das Spruce Tree House frei zugänglich, und entsprechend ist der Andrang. Benannt ist der Gebäudekomplex nach einer uralten »Fichte«, die hier seit Hunderten von Jahren steht. Um sie rankt sich eine indianische Legende von einem Häuptling, der in diesen Baum verwandelt worden sein soll. Der Baum, den vier alte Hopi in den vierziger Jahren als zur Legende gehörend identifiziert hatten, der höchste in der Umgebung, ist aber »erst« ca. 300 Jahre alt. Ein höherer, älterer Baum wurde, wie mir der beim Spruce Tree House stationierte Ranger sagte, schon viel früher gefällt, und auch der war keine Fichte sondern eine Douglastanne. Nun ja.

👣 Petroglyph Point Trail: Naturlehrpfad zu indianischen Felszeichen

Auf dem Rundweg Richtung Park-Hauptquartier kann man auf halbem Weg links auf den **Petroglyph Point Trail** abbiegen. Der Weg führt durch Wald und ist als Naturlehrpfad angelegt. Eine immerhin 16seitige Broschüre, die man für 25 Cent im Visitor Center erwerben kann, gibt Auskunft darüber, was es an den 34 markierten und numerierten Stationen Bemerkenswertes zu sehen gibt. Zuweilen geben Baumlücken den Blick in die Umgebung frei, und man wird gewahr, daß man sich auf einem schmalen Band in der Felswand hoch über dem Boden des Spruce Canyon bewegt. Mal geht es durch einen engen Durchschlupf zwischen Felsen, mal über sandige, in den Fels geschlagene Treppenstufen. Man steigt ab und dann wieder auf und überwindet insgesamt vielleicht 100 Höhenmeter. Ein »Turnschuhpfad« ist das nicht unbedingt und auch kein Spaziergang. Alles in allem aber nicht anstrengend, besonders dann, wenn man sich Zeit nimmt für die Erklärungen des Trail Guide. So kann man aus der ganzen Angelegenheit schon eine Wanderung von 2 bis 3 Stunden Dauer machen.

Die interessanteste Wegstelle ist zweifellos der Punkt, welcher dem Trail den Namen gab: der Petroglyph Point. Hier ist ein paar Meter über dem Weg in die ockergelbe Felswand eine ganze Reihe sehr interessanter Zeichen in den Stein geritzt. Hopi-Indianer haben einen Teil davon als Clanzeichen identifiziert, unter denen ihre eigenen Familienverbände noch heute »firmieren«. Das Felsbild zeigt auch *Kachinas*, Geistwesen, die den Hopi verbunden sind, und es stellt, beginnend mit dem Zeichen für das *Sipapu*, jenem Loch in der Erde, aus dem die Hopi ihrem Glauben nach in die Welt kamen, symbolhaft einen Teil ihrer Wanderungslegenden dar. Auch wir wandern weiter. Wenn auch nicht – wie die Hopis laut ihren Mythen – aus dem Erdinneren, so doch wenigstens zurück aus dem Schlund des Spruce Canyon und hinauf auf das Mesa Top. Ein paar Meter geht es recht steil hoch, dann verläuft der Weg fast eben auf dem Plateau. Durch den Wald aus niedrigen Kiefern und Wacholder kommt man über das Felsdach des Spruce Tree House zurück zum Park-Hauptquartier.

Weiterfahrt vom Mesa Verde N.P.

Unsere Hauptroute führt uns von Cortez, einer etwas größeren Siedlung mit Unterkunfts-, Tank-, und Verpflegungsmöglichkeiten sowie einer Klinik, die man hoffentlich nicht braucht, über den Highway 666 nach Monticello.

Petroglyphen: Für uns rätselhaft, für die Hopi Zeichen für den Eagle Clan, das Sipapu (»Spirale« rechts oben) und die Pueblo-Bewohner.

Routenvariante Mesa Verde N.P. – Natural Bridges N.M. – Canyonlands N.P.

Wer gut in der Zeit ist und sich das Natural Bridges N.M. noch anschauen will, begibt sich südwärts auf den Highway 160 in Richtung auf die Four Corners. An der Stelle, wo die vier US-Staaten Colorado, New Mexico, Arizona und Utah im rechten Winkel aneinandergrenzen, befindet sich eine Betonplattform mit eingelassener Metallplatte, welche diese in den USA einmalige Stelle markiert. Den Besuch dieses Monuments kann man sich wirklich schenken, und die ganze Sache wäre nun eigentlich überhaupt nicht erwähnenswert, wenn sich nicht an den Begriff »Four Corners« noch eine absolut unerfreuliche Geschichte knüpfen würde. Im Vier-Ecken-Gebiet grassiert der *Hanta Virus*, und die Krankheit, die er auslöst, nennt man auch die *Four Corners Illness*. Werden erste grippeähnliche Symptome sofort richtig erkannt und behandelt, bestehen Chancen auf schnelle Heilung. Wenn nicht, kann die Krankheit zum Tode führen. Als Tourist hat man normalerweise wenig »Chancen«, sich zu infizieren. Die Viren werden von Mäusen bzw. durch deren Exkremente übertragen, und so ist hauptsächlich die einheimische, indianische Bevölkerung betroffen, die bei der Feldarbeit oder über unsachgemäß gelagerte Vorräte mit den Erregern in Berührung kommt. Da man nicht sicher ist, ob noch andere Nagetiere den Virus übertragen, ist in jedem Fall größte Vorsicht im Umgang bzw. überhaupt kein Umgang mit den allgegenwärtigen Erdhörnchen und ähnlichem possierlichen Getier anzuraten. Bleiben Sie ihnen und ihren Nestern so fern wie möglich.

Wer anfällig für Seekrankheit ist, meide auch die Achterbahn-Strecke über den Highway 41. Landschaftlich ist hier auch nicht viel geboten, erst ab Aneth im Tal des San Juan River wird es ein wenig grün. Ab der Indianersiedlung könnte man noch einen weiteren Abstecher ins **Hovenweep N.M.** machen, interessant vor allem wegen seiner Vielzahl von Wachtürmen, die einst dem Schutz von weit verstreuten Pueblos und bewässerten Feldern einer kulturell hochstehenden Gruppe von Anasazi dienten. Die Kies- und Sandpisten dorthin sind allerdings in abenteuerlichem Zustand und die 38 Meilen lange Runde eine ziemliche Tortur für Mensch und Wagen. Ab Montezuma Creek geht es auf dem Highway 262 durch ein Ölfördergebiet, und nördlich von Bluff erreicht man den Highway 191, der nach Monticello führt, wo wir auch auf der Hauptroute vom Mesa Verde N.P. her landen.

Weiter auf der Hauptroute

Den Weg ins **Natural Bridges N.M.** und das Monument selbst kennen wir bereits von der Beschreibung der Runde I (Seite 52). Auch der folgende Teil der Runde II ab Monticello ist bereits im Verlauf der Runde I beschrieben. Wie dort kommen wir im weiteren Streckenverlauf zunächst in den **Needles District** des **Canyonlands N.P.** (beschrieben ab Seite 56) und danach in den **Arches N.P.** (beschrieben ab Seite 64). Nachdem das Programm der Runde II sowieso schon reichlich voll ist, sparen wir uns diesmal vielleicht die Abstecher in den **Island In The Sky District** des **Canyonlands N.P.** (beschrieben auf Seite 71f.), ins **Goblin Valley** (beschrieben auf Seite 73) und in den **Horseshoe Canyon** (beschrieben auf Seite 73-76) und fahren vom **Arches N.P.** gleich weiter in den **Capitol Reef N.P.** (beschrieben ab Seite 78). Von dort geht es in den **Bryce Canyon N.P.** (beschrieben ab Seite 85).

Ab dem Bryce Canyon N.P. verläuft die Strecke der Runde II ein wenig anders als bei der Runde I. Im Tal des Sevier River fahren wir diesmal nicht nach Süden, sondern wenden uns auf dem Highway 89 nach Norden und erreichen das Städtchen Panguitch. Von dort aus führt der recht ordentlich ausgebaute Highway 143 stetig steigend und landschaftlich sehr schön durch den Dixie National Forest zum Panguitch Lake und schließlich in das Cedar Breaks N.M.

Cedar Breaks National Monument

Die Cedar Breaks, ein versteinerter Regenbogen am Rande des Colorado-Plateaus.

Adresse/Information: Cedar Breaks N.M., P.O. Box 749, Cedar City, UT 84720, ✆ (801) 586-9451. **Öffnungszeiten:** Geschlossen von Mitte Oktober bis Ende Mai. **Größe:** 25 km². **Höhenlage:** 3155 m, Point Supreme/Visitor Center. 2469 m, tiefster, nicht zugänglicher Punkt. **Wetter/Klima:** Im Sommer tagsüber mild, abends stark abkühlend bis frostig. Frühjahr und Herbst kühl. Eiskalte Winter mit einer Menge Schnee (benachbart ist das Skigebiet von Brian Head). **Landschaftscharakter/Attraktionen:** Tiefer, vielgestaltiger und vielfarbiger Erosionskessel. An dessen Rand alpines Hochplateau mit faszinierenden Tiefblicken und Aussichten sowie blühenden Wiesen im Sommer (ab Anfang Juli) und flammenden Espenwäldern im Herbst. **Unterkunft:** *Im Park:* Campground mit 30 Plätzen. First come, first served. Keine Dump Station. Geschlossen von Mitte September bis Ende Mai. Keine sonstigen Unterkünfte im Park. *Außerhalb:* Hotels/Motels im 3 km entfernten Brian Head bzw. im 35 km entfernten Cedar City. **Verpflegung:** *Im Park:* Keine Einkaufsmöglichkeiten oder Restaurants. *Außerhalb:* Große Supermärkte sowie eine Vielzahl von Restaurants in Cedar City. **Wanderwege:** ☆☆ Alpine Pond Trail: 3,2 km Rundweg. ☆☆ Spectra Point/Rampart Trail: 6,4 km Hin- und Rückweg, 122 Hm.

Im Cedar Breaks National Monument finden wir die gleiche geologische Formation vor wie im Bryce Canyon. Als die Nordamerikanische Kontinentalplatte vor ca. 65 Millionen Jahren mit der Pazifischen Platte kollidierte, begann die Hebung der Landmasse. Der Teil des heutigen Colorado Plateaus, zu dem die Pink Cliffs und somit das Gebiet der Cedar Breaks gehören, war zu diesen Zeiten eine flache Senke. Diese war von Seen bedeckt, auf deren Grund die Kalkbehausungen abgestorbener Schalentiere sanken, und die Flüsse aus den umliegenden Bergen lagerten darin ihre unterschiedliche Sedimentfracht ab. Bedingt durch mehrere Klimaänderungen verschwanden die Gewässer, und nach Trokkenperioden, in denen Sand abgelagert wurde, bildeten sich neue. Schicht um

Cedar Breaks National Monument

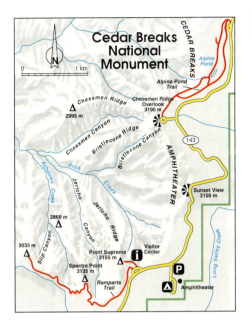

Wanderungen im Cedar Breaks N.M.

Rampart Trail: Einsichten von den Rängen des Amphitheaters

In die Erosionslandschaft der Cedar Breaks selbst kann man nicht eindringen. Zu steil fallen die Wände des nach Westen offenen Amphitheaters über mehr als 600 Meter ab. Auf dem Rampart Trail aber, der ab dem Visitor Center dem Südrand des Felszirkus folgt, kann man die von den Aussichtspunkten entlang der Parkstraße gewonnenen Eindrücke noch erweitern und vertiefen. Bis zum Spectra Point auf halber Strecke fällt der Weg nur ganz wenig ab. Hier steht eine wettergegerbte Borstenzapfenkiefer wohl schon um die 2000 Jahre lang auf ihrem gefährlichem Posten am Rand der Schlucht, in der bizarr verwitterte, von Eisen rostrot gefärbte Sandsteintürme aufragen. Zwischen Waldrand und Abbruchkante geht es noch ein Stück weiter, bis man nach etwa 1 Stunde und einem Höhenverlust von 122 Metern einen weiteren Aussichtspunkt erreicht, von dem aus das gesamte Amphitheater zu überblicken ist. In allen Tönen von Rot leuchten die Gesteinsschichten, in hellem Weiß, in Gelb und Violett. Ein prächtiges Schauspiel, vor allem am späten Nachmittag, wenn die Sonne mit flachen Strahlen in den Felsenkessel fällt, die Farben zum Erstrahlen bringt und die Konturen der Türme und Zinnen in der Tiefe herausmodelliert. Ganz langsam geht man die Wegstunde zurück bis zum kleinen, gemütlichen Blockbau des Visitor Centers, immer dieses herrliche Bild vor Augen.

Alpine Pond Trail: Ein lehrreicher Naturlehrpfad

Von anderer Natur ist der Alpine Pond Trail. Er beginnt und endet auch an einem Aussichtspunkt, dem Chessman Ridge Overlook , aber ansonsten führt der Weg in einer Achterschleife mit wenig Höhenunterschied durch den Wald am östlichen Rand der Abbrüche zu einem flachen Teich. Was

Schicht türmte sich im Laufe der Jahrmillionen übereinander, verfestigte sich zu Stein und die jüngsten von ihnen waren zeitweise der Erosion ausgesetzt. Durch Bewegungen in der Erdkruste, einhergehend mit vulkanischer Aktivität, wurden einzelne Teile des Colorado-Plateaus stärker angehoben als andere. So liegt das Markagunt-Plateau mit den Cedar Breaks, emporgehoben entlang eines gewaltigen Bruchs in der Erdkruste – der sogenannten Hurricane Fault –, noch etwa 400 Meter höher als das östlich anschließende Paunsaugunt-Plateau mit dem Bryce Canyon, das entlang der Sevier Fault angehoben wurde.

Das Gebiet der Cedar Breaks ist zwar kleiner als das des Bryce Canyon und von ähnlichem Landschaftscharakter, trotzdem aber von eigenem Reiz und einen Besuch wert. Die Gesteinsschichten sind hier sehr klar abgegrenzt und die Farbpalette fast noch ein Stück bunter als im Bryce Canyon. Dazu kommt in den Monaten Juli und August die Farbenpracht der mit vielen Arten von Wildblumen übersäten, alpinen Wiesen und im September die Laubfärbung der Espen auf dem bewaldeten, mehr als 3000 Meter hoch gelegenen Plateau im Rücken des Erosionskessels.

an Aussicht fehlt, wird ersetzt durch Einsichten, die einem die schön illustrierte Führerbroschüre zu diesem Naturlehrpfad vermittelt. Erklärt wird, was hier, in dieser sich selbst überlassenen Landschaft, so alles gedeiht, was wächst und kreucht und fleucht und wie eine Art von der anderen abhängt und zusammen mit den unterschiedlichen Gesteinen und dem federnden Waldboden ein kleines Ökosystem bildet. Eine gute Stunde muß man sich schon Zeit nehmen für diesen lehrreichen Spaziergang.

Weiterfahrt vom Cedar Breaks N.M.

Wir verlassen die Cedar Breaks und fahren auf steiler, gut ausgebauter Straße fast 1400 Meter hinunter nach Cedar City. Unterwegs bietet sich von der Höhe des Highway 14 ein gewaltiges Panorama. Im Süden, über bewaldeten, im Herbst in allen Farben leuchtenden Hügeln tauchen aus dem Dunst des Gegenlichtes die Felsentempel des Zion N.P. auf. In Cedar City, einer Kleinstadt, kann man essen gehen, sich mit Vorräten eindecken und sein Fahrzeug versorgen. Anschließend geht es auf die Interstate 15 und ab der Ausfahrt 27 über La Verkin zum Südeingang des Zion N.P. Vorher, bei der Autobahnausfahrt 40, kann man einen Abstecher in den nordwestlichen Teil des **Zion N.P.**, die **Kolob Canyons Section**, machen.

Bleibt man nur auf dem Scenic Drive durch die Kolob Canyons Section des Zion N.P., lohnt die Sache kaum. Auch der lange, anstrengende Marsch zum Kolob Arch ist der Mühe nicht unbedingt wert. Der Bogen konkurriert zwar mit dem Landscape Arch im Arches N.P. um den Titel des weltgrößten, steht aber nicht frei wie dieser, sondern schmiegt sich ähnlich wie der Mesa Arch im Island In The Sky an den Rand einer Felsklippe. Anders als bei letzterem sieht man den Kolob Arch aber nur aus

Der Point Supreme, gleich beim Visitor Center des Cedar Breaks N.M., hält spektakuläre Tiefblicke bereit.

der Froschperspektive, und zudem kommt man nicht nahe genug heran, um die riesigen Ausmaße wirklich erfassen zu können. Unterkunftsmöglichkeiten gibt es im Parkteil des Kolob Canyon nicht, kümmern wir uns also vielleicht besser darum, einen Platz auf einem der beiden Campgrounds am Ausgang des Zion Canyon und somit im interessanteren Teil des Nationalparks zu bekommen. Der Park mit seinen Wandermöglichkeiten in und über der Schlucht des Virgin River wurde bereits auf der Runde I beschrieben (ab Seite 92).

Die Runde II verläßt über den East Entrance den Park. Vorbei an der Checkerboard Mesa geht es hinunter nach Mount Carmel Junction und auf dem Highway 89 weiter nach Kanab. Hier teilt sich die Landstraße in eine nördlich verlaufende Hauptstrecke und in die Alternativroute 89 ALT. Genau diese Aufteilung können wir auch für unsere weitere Fahrt auf der Rundtour II übernehmen.

Routenvariante zum Grand Canyon North Rim

Wir verlassen Kanab nach Süden und überqueren die Grenze nach Arizona. Würden hier keine entsprechenden Straßenschilder stehen, wüßte man trotzdem sofort, daß man Utah soeben verlassen hat, denn gleich hinter der imaginären Grenzlinie steht die erste Schnapsbude. Durch die hitzeflirrende Luft geht es dem Kaibab-Plateau entgegen, das sich in dunstiger Ferne wie ein langgestreckter Rücken über der öden wüstenhaften Ebene erhebt. Vor Jakob Lake beginnt die Straße zu steigen und hört nicht mehr auf, bis mehr als 1000 Meter höher der Nordeingang zum Grand Canyon N.P. erreicht ist. Von Jakob Lake bis zur Grand Canyon Lodge sind es 44 Meilen, bis zum Cape Royal 61. Zur Meilenendabrechnung kommt also noch eine tüchtige Strecke Weges hinzu.

Es gibt Leute, die finden den **Nordrand** des **Grand Canyon** schöner als den Südrand. Was das dicht bewaldete Hinterland betrifft, kann man diese Ansicht gelten lassen. Zum Grand Canyon kommt man aber, zumindest als Europäer, nicht unbedingt, um Waldspaziergänge zu veranstalten, sondern um die einmaligen Aussichten in die grandiose Schlucht hinein zu genießen und um eventuell zum Colorado River hinunterzusteigen. Was diese beiden Punkte anbelangt, bietet der Südrand meiner Meinung nach die eindrucksvolleren Möglichkeiten, sich ein Bild von den gewaltigen Naturkräften zu verschaffen, die in dieser Landschaft wirken. Auch Fotos werden vom Südrand aufgenommen in aller Regel besser gelingen, weil man hier die Sonne die meiste Zeit über im Rücken hat und nicht mit Gegenlicht kämpfen muß. Weniger besucht ist der Nordrand zwar schon, an den wenigen, leicht erreichbaren Brennpunkten – Bright Angel Point, Point Imperial und Cape Royal, auf die sich das allgemeine touristische Interesse konzentriert, merkt man davon aber kaum etwas. Andere Punkte, wie etwa der Toroweap Point (80 Meilen südlich von Fredonia, ausgehend vom Highway 389 in der Nähe des Pipe Spring N.M., einer historischen Ranch), sind nur über sehr schlechte Straßen erreichbar. Was es sonst zum Grand Canyon zu sagen gibt, findet sich bereits bei der Beschreibung der Runde I (Seiten 30-37). Dem hinzuzufügen sind ein paar Kurzbeschreibungen der dort bereits im Informationsteil aufgeführten Wanderwege.

Wanderungen am North Rim des Grand Canyon N.P.

Ein halbstündiger Spaziergang beginnt bei der Grand Canyon Lodge und führt über einen schmalen, nur stellenweise gesicherten Felsgrat ein Stück hinunter zum Bright Angel Point. Die Aussicht geht von hier am weitesten nach Westen und ist vielleicht frühmorgens am schönsten.

Der 2,4 Kilometer lange **Transept Trail** führt, der Canyonkante folgend, in etwa einer Dreiviertelstunde Gehzeit vom Campground zur Grand Canyon Lodge und bietet ebenfalls nach Westen gerichtete Ausblicke in die Schlucht.

Vom Parkplatz am **Cape Royal** spaziert man in einer Viertelstunde zum Overlook. Hier ist Wotans Throne ganz nahe.

Der **Uncle Jim Trail** startet an jenem Parkplatz, von dem aus man sich auch auf den North Kaibab Trail begibt. Ein kurzer Verbindungsweg führt vom Campground zum Trailhead. Der 8 Kilometer lange, weitgehend eben verlaufende Rundweg führt in ca. 3 Stunden hauptsächlich durch Wald und bietet bei einem Overlook die Aussicht auf die Serpentinen des North Kaibab Trail.

Auch der 19,3 Kilometer lange **Ken Patrick Trail** beginnt beim North Kaibab Trail parking lot. Er führt durch Wald und teilweise entlang des Canyon Rim mit einem Höhenunterschied von knapp 200 Metern zum Point Imperial. Etwa 5 Stunden ist man unterwegs bis zu diesem vielleicht schönsten Aussichtspunkt am Nordrand. Allerdings kann man den Point Imperial auch mit dem Auto erreichen, was Andrang beschert, aber auch den Rückweg ersparen kann.

Zum Ausgangspunkt des **Widforss Trail,** für den man ca. 5 Stunden Zeit benötigt, führt eine kurze, ungeteerte Waldstraße, die gegenüber des Parkplatzes am Beginn des North Kaibab Trail von der Hauptstraße abzweigt. Auf dem 8 Kilometer langen, eben verlaufenden Weg, den man auf gleicher Strecke zurückgeht, wechseln Wald- und Canyonszenerien einander ab. Besonders reizvoll während der herbstlichen Laubfärbung.

Der **North Kaibab Trail** ist der einzige ausgebaute Weg, der vom Nordrand zum Grund des Canyons führt. Bis hinunter zur Phantom Ranch am Ufer des Colorado River ist eine Distanz von 22 Kilometer zurückzulegen und ein Höhenunterschied von fast 1800 Metern zu überwinden! Die ersten 7,6 Kilometer bis **Roaring Springs** sind die steilsten. Bis hierher steigt man schon 930 Meter ab. Und wieder auf, wenn man eine etwa achtstündige Tageswanderung hierher unternimmt. Für die einfache Distanz bis ganz hinunter zum Fluß muß man schon 6 gelenkstrapazierende Stunden einkalkulieren, für den extrem anstrengenden Wiederaufstieg am nächsten Tag mindestens das Doppelte.

Weiterfahrt nach Page und zum Lake Powell

Die **Alternativroute** führt vom Grand Canyon zurück nach Jakob Lake. Vorbei an den Vermillion Cliffs, Lees Ferry links liegen lassend oder auch nicht, überquert sie schließlich den Colorado über die schmale Navajo Bridge und mündet südlich von Page in unsere Hauptroute der Runde II.

Die **Hauptroute** führt von Kanab direkt nach Page und zum Lake Powell. Unterwegs passieren wir den Ausgangspunkt zur Wanderung durch den **Paria Canyon** (beschrieben ab Seite 39), und ab hier kennen wir die Strecke schon von der Beschreibung der Runde I. **Page** (Beschreibung auf Seite 38) bietet noch den herrlichen Ausflug zum **Antelope Canyon** (beschrieben auf Seite 40). Den sollten wir uns wirklich nicht entgehen lassen.

Wenn wir nun also der Hauptroute folgen und den Abstecher zum North Rim des Grand Canyon nicht gemacht haben, steuern wir jetzt den **Südrand** der Schlucht an. Was es dort zu sehen, zu erleben und zu erwandern gibt, schildert ebenfalls der entsprechende Teil der Runde I (ab Seite 30). Haben wir den Nordrand gesehen und/oder den Südrand, aber die National Monuments **Wupatki** (beschrieben auf Seite 28) und **Sunset Crater** (beschrieben ab Seite 26) noch nicht, dann könnte man deren Besuch alternativ in Erwägung ziehen.

Wahrscheinlich nähern wir uns an dieser Stelle aber bereits viel zu schnell dem Ende unserer Rundreise. Mit der Anfahrt, mit dem Sammeln erster Eindrücke im Nationalpark, mit der ersten kurzen und der am nächsten Tag folgenden ausgiebigen Wanderung muß man für jeden Park zwei Tage Zeit einkalkulieren. Zwölf Nationalparks bzw. National Monuments haben wir allein auf der Hauptroute schon besucht, und so wird es Zeit, zum Ausgangspunkt zurückzukehren.

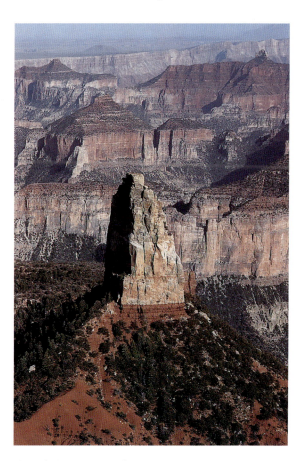

Grand Canyon North Rim.
Der Mount Hayden vom Point Imperial.

In der südlichen Umgebung von Flagstaff gibt es noch ein paar kleinere National Monuments, Walnut Canyon, Tuzigoot und Montezuma Castle, die allesamt eingerichtet sind, um die dortigen prähistorischen Indianersiedlungen zu erhalten. Wir haben aber schon eine ganze Menge Pueblos (Tuzigoot) und Felsklippenhäuser (Walnut Canyon und Montezuma Castle) gesehen. Der an sich sehenswerte Oak Creek Canyon mit seinen bizarren Felstürmen ist leider ebenso überlaufen wie das Städtchen Sedona. Schenken wir uns den Rummel und kehren direkt auf dem Freeway 17 von Flagstaff nach Phoenix zurück, aus dem angenehmen Gebirgsklima in den Backofen des Central Valley.

Kalifornien und mehr
Rundtour III

146 Kalifornien und mehr – Rundtour III

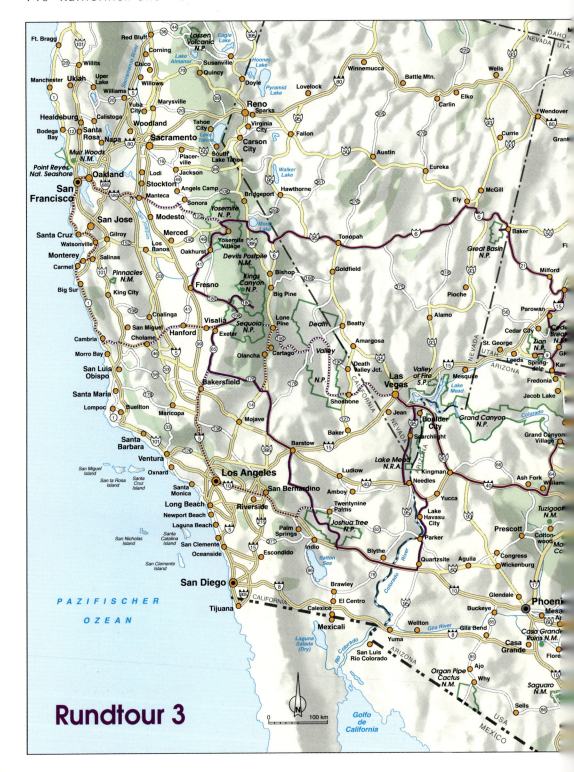

Rundtour 3

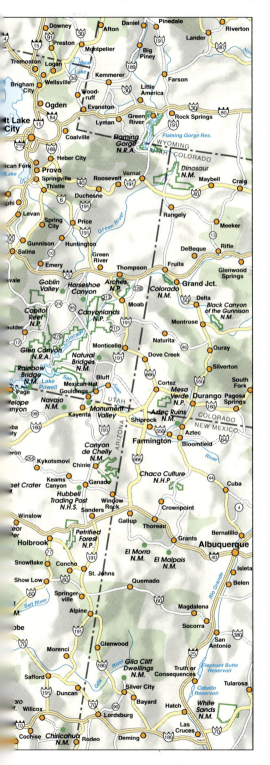

Der Routenvorschlag Nummer drei verläßt zum größten Teil den geschichtlich definierten Südwesten (Arizona, New Mexico und Teile von Colorado und Utah) und erweitert diesen Begriff im geographischen Sinne um Teile Südkaliforniens und die südöstliche Ecke von Nevada. Er führt zu (mindestens) neun wunderschönen Naturschutzgebieten in grundverschiedenen Landschaften. Wir erwandern das Granithochgebirge der Sierra Nevada und die vielfarbige Welt der Sedimentgesteinsschichten auf dem Colorado Plateau. Wir kommen in Wälder von bizarren Palmlilien, uralten Kiefern und mächtigen, turmhohen Sequoien. Ca. 2300 Meilen, also etwa 3700 Kilometer, fährt man auf der vorgestellten Hauptroute. Erfahrungsgemäß addieren sich dazu noch etliche beim Hin- und Herfahren in den Parks.

Wählt man San Francisco als Ausgangsort, kommen ca. 400 Meilen mehr auf den Tacho. Diese Stadt ist schon sehenswert und – erbaut auf vielen Hügeln – fast schon ein echtes Wanderziel. Man kann beispielsweise auf den Telegraph Hill und den Coit Tower gehen und von dort wieder hinunter zum Hafen. Oder durch den Golden Gate Park zum Japanese Tea Garden. Vielleicht auch über die Golden Gate Bridge. Möglichkeiten, etliche Meilen zu Fuß zurückzulegen, gibt es genug. Aber einen Stadtführer kann und will dieses Buch nicht bieten, zum Thema San Francisco gibt es eine Fülle an Literatur.

Wer schon von der Pazifikküste aus startet, will sich vielleicht auch auf den vielgerühmten Highway 1 begeben, das würde allerdings bedeuten, 250 weitere Meilen auf der Straße zu verbringen. Auch Los Angeles ist ein möglicher Ausgangspunkt für die Rundtour III, und diese würde dann sogar ein paar Meilen kürzer. Das Death Valley und auch der Mount Whitney lägen aber bei dieser Streckenführung noch weiter ab vom Schuß. Zu beachten ist bei der Runde III, besonders dann, wenn man ab San Francisco startet und im Uhrzeigersinn fährt, daß der 3031 Meter hohe Tioga Paß im Yosemite N.P. schon ab dem Labor

Day (erster Montag im September) und bis zum Memorial Day (letzter Montag im Mai bzw. am 30. Mai) gesperrt sein kann.

Beginnen wir, einmal mehr, in Las Vegas. Schon haben wir die Qual der Wahl. Sollen wir das Death Valley dem Joshua Tree N.P. vorziehen? Ich meine nicht. Zwar klettert das Thermometer im Joshua-Tree-Sommer auch auf Werte um die 40 °C, im Death Valley ist es dann aber noch heißer, fast zu heiß, um sich mehr als drei Schritte aus dem klimatisierten Auto zu wagen. Im Frühjahr, wenn die Palmlilien und allerlei Wildblumen im Joshua Tree N.P. blühen, ist es dort besonders schön. Im Winter bricht die hohe Zeit für die Felsakrobaten in den Klettergärten des Joshua Tree N.P. an, und die Temperaturen sind dort dann auch zum Wandern angenehmer. Das ist in dieser Jahreszeit allerdings auch im Death Valley (beschrieben ab Seite 102) der Fall, dann ist es als Wanderziel eine echte Alternative und die Streckenlänge würde bei der Routenführung durch das »Tal des Todes« erheblich verkürzt.

Die **Routenvariante** durch das Death Valley würde weiterführen nach Lone Pine östlich des Sequoia N.P. Von dort aus kommt man auf kürzestem Wege auf den höchsten Gipfel der »Lower 48 Staates«, den Mount Whitney.

Mount Whitney: Der höchste im Land

Mit 4417 Metern Höhe ist der Mount Whitney der höchste Berg der USA außerhalb von Alaska (und Hawai). Wer sich die Besteigung dieses Gipfels als Ziel gesetzt hat (am besten im Sommer), sollte über ausreichend Kondition und eine hochalpine Ausrüstung verfügen und bestens akklimatisiert sein. Ausgangspunkt für den kürzesten Weg ist Lone Pine, wo man auch das Backcountry Permit sowie Karten und Informationsmaterial erhält. Gerade nach dem Besuch des Death Valley mit dem tiefsten Punkt der USA (- 86 m) überwindet man auf dem Weg zum Mount Whitney einen gewaltigen Höhenunterschied. Um dem damit ebenfalls verbundenen Klimawechsel gewachsen zu sein, sollte man auch gesundheitlich auf der Höhe sein.

Für die Besteigung des Gipfels auf dem ab Whitney Portal 11 Meilen langen Mount Whitney Trail (einfache Distanz) sollte man mindestens zwei Tage Zeit einkalkulieren und in einem der beiden Trail Camps unterwegs übernachten. Der Weg selbst birgt – außer der großen Höhe (Höhenunterschied 1959 m) und der damit verbundenen extremen Temperaturunterschiede – keinerlei Schwierigkeiten. Eine große Unternehmung bleibt die Gipfelbesteigung trotzdem.

Hauptroute

Daß die Vereinigten Staaten ein großes, weites Land sind, macht sich auf unserer Hauptvorschlagsroute der Runde III etwas unangenehm bemerkbar. Die Etappen zwischen den einzelnen Nationalparks sind zuweilen etwas lang. Schon die Anfahrt von Las Vegas zum Joshua Tree N.P. verschlingt gute 300 Einheiten unseres Meilenkontingents und führt, freundlich ausgedrückt, durch eine reichlich karge Landschaft. Ein wenig Abwechslung im Wüsteneinerlei bietet die Stecke nur zwischen den Ortschaften Needles und Parker, wo der Highway 95 und ein kurzes Stück auch die Interstate 40 das begrünte Ufer des mehrfach aufgestauten Colorado begleiten bzw. queren. Wer sein Fahrzeug früh genug übernimmt, schafft vielleicht noch am selben Tag den Weg bis Lake Havasu City und macht hier Station. Möglichkeiten dazu bieten verschiedene Campgrounds und Motels, die in dem wild zersiedelten Ort allerdings nicht leicht zu finden sind. Reklame- und Hinweisschilder sind in der Gemeinde nicht erlaubt. Auf der Weiterfahrt erreichen wir die Interstate 10 bei Quartzsite und steuern über die Autobahn den Südeingang des Joshua Tree N.P. an.

Death Valley N.P. Am tiefsten Punkt unserer Reise empfiehlt sich wieder einmal ein Fahrzeug mit integriertem Kühlschrank.

Joshua Tree National Park

Im Joshua Tree National Park treffen zwei Wüsten zusammen: die tieferliegende Colorado-Wüste im östlichen Teil des Parks und die Mohave-Wüste im höheren Westteil. Sie unterscheiden sich im Grad der Trockenheit, und so gedeihen in der Colorado-Wüste die genügsamen Creosote-Büsche, Ocotillos und Cholla-Kakteen, während die namengebenden Joshua Trees, eine Yucca-Art, etwas mehr Feuchtigkeit benötigen, die sie in der Mohave-Wüste offenbar finden. Hier wachsen sie jedenfalls in – freilich recht lichten – Wäldern. Wir fahren von Süden her in den Park und bewegen uns vorerst in der Colorado-Wüste. Schon in ihr steigt die schmale Straße stetig an, bis wir zum winzigen Cottonwood Visitor Center gelangen.

Auf dem nahegelegenen Campground könnten wir Station machen und ihn als Basislager für eine Wanderung von der palmenumstandenen Cottonwood-Quelle zur Lost Palm Oasis nutzen. Hier, wo ausreichend Wasser zur Verfügung steht, findet sich der größte von fünf Fächerpalmenbeständen im Park. Eine erstaunliche Sache in all der umgebenden Trockenheit und ein Paradies für zahlreiche Tierarten. Sommertemperaturen animieren aber nicht unbedingt zu dieser anstrengenden Wanderung.

Fahren wir weiter auf der Parkstraße in höher gelegene, etwas angenehmere Klimazonen. Das Ende der Colorado-Wüste markiert der Cholla Cactus Garden mit einem kurzen Naturlehrpfad. Aber Vorsicht, die Stacheln dieser putzigen, von weitem wollig weich erscheinenden Kakteen-Art haken sich bei leisester Berührung in der Haut ein und sind nur schwer und schmerzhaft zu entfernen.

Beim White Tank Campground wandelt sich das Landschaftsbild. Aus den graugrünen Gneisbergen der Cottonwood- und Eagle Mountains sind wir durch die Senke des Pinto Basins gefahren, und jetzt tauchen die ersten gelblichen Monzonithaufen, isoliert in der Landschaft liegend, auf. Im Zusammenklang zwischen diesen bizarr verwitterten Kletterfelsen, den wild verrenkten Ästen der Joshua Trees und der grauen Bergketten am Horizont, alles unter azurblauem Himmel, offenbart sich der Reiz dieses Wüstenparks.

Der vielleicht schönste Campground liegt inmitten der Jumbo Rocks. In den kühleren Jahreszeiten herrscht auf allen Campgrounds im Park Hochbetrieb, im Sommer bekommt man aber immer einen Platz. Bevor wir uns häuslich niederlassen, können wir noch dem größeren Oasis Visitor Center am nördlichen Parkeingang einen Besuch abstatten.

> **Adresse/Information:** Joshua Tree N.P., 74485 National Park Drive, Twentynine Palms, CA 92277, ℅ (619) 367-7511. **Öffnungszeiten:** Ganzjährig geöffnet. **Größe:** 3213 km². **Höhenlage:** 598 m, Oasis Visitor Center. 900 m, Cottonwood Visitor Center. 1341 m, Jumbo Rocks. 1661 m, Eureka Peak. **Wetter/Klima:** Von Juni bis September sehr heiß (Tagestemperaturen um 40 °C). Nachts immer noch recht warm. Angenehme Temperaturen im »Winter« zwischen November und März. Nachts kann dann die Quecksilbersäule schon unter den Nullpunkt fallen. Sehr geringe Niederschläge, am trockensten von April bis Mai. **Landschaftscharakter/Attraktionen:** Bizarr verwitterte Monzonitburgen in einer Wüste mit »Wäldern« von Palmlilien, den kuriosen Joshua Trees. Die zum Teil grotesk verrenkten Bäume wirken besonders attraktiv zur Blütezeit im März/April. Die eigenartig verwitterten Felsgebilde sind Anziehungspunkt für Extremkletterer. **Unterkunft: Im Park:** 8 Campgrounds mit insgesamt 494 Plätzen. Der Sheep Pass Campground (Nr. 9) ist Gruppen vorbehalten. Reservierungen (über MISTIX) sind nur für den Black Rock Canyon Campground erforderlich. Alle anderen: First come, first served. Keine weiteren Unterkünfte im Park. **Außerhalb:** Motels in Twentynine Palms, wenige Kilometer vom nördlichen Parkeingang, und in Yucca Valley, ca. 20 km vom westlichen Parkeingang entfernt. Dem Südeingang am nächsten (etwa 50 km) liegt die Stadt Indio. Hier gibt es Campingplätze mit Anschlüssen für Wohnmobile (im heißen Sommer nicht gerade unwichtig) und eine große Auswahl anderer Unterkünfte. **Verpflegung: Im Park:** Keinerlei Verpflegungsmöglichkeit. **Außerhalb:** Einkaufsmöglichkeiten mit größerer Auswahl in Yucca Valley. Restaurants in Yucca Valley und Twentynine Palms. Supermärkte und Restaurants in Indio. **Wanderwege (Auswahl):** 🚶 Hidden Valley: 1,6 km Rundweg. 🚶 Skull Rock Trail: 2,7 km Rundweg. 🚶 49 Palm Oasis: 4,8 km Hin- und Rückweg. 🚶 Ryan Mountain, 1638 m: 4,8 km Hin- und Rückweg, 300 Hm. 🚶 Lost Palm Oasis: 11,2 km Hin- und Rückweg. 🚶 Boy Scout Trail: 13 km (einfache Distanz).

Wanderungen im Joshua Tree N.P.

Es gibt eine Vielzahl von Wanderwegen auf dem Gebiet des Parks, vom kurzen Spaziergang auf Naturlehrpfaden wie im Cholla Cactus Garden bis zur ausgedehnten Wanderung durch das Wonderland of Rocks auf dem Boy Scout Trail. Für den Sommer empfehlen sich Unternehmungen von kürzerer Dauer wie der Weg ins Hidden Valley oder der Skull Rock Trail.

🚶 Skull Rock Trail: Nur der Name ist makaber

Der Skull Rock Trail beginnt und endet am Jumbo Rocks Campground. Wenn man hier Quartier macht, kann man nach den Wanderungen zwischen und auf den Jumbo Rocks seine Erkundungen fortsetzen, bis im Westen die Sonne sinkt und die steinernen Türme, Zinnen und riesigen Kanonenkugeln wie mit Blattgold überzieht. Für den knapp 3 Kilometer langen Naturlehrpfad ohne große Höhenunterschiede, der einem riesigen steinernen Totenschädel seinen makabren Namen verdankt, braucht man etwa 1 Stunde Gehzeit. Man kann sich natürlich auch mehr Zeit lassen und die diversen Schrifttafeln am Weg studieren, die über die Wüstenflora und -fauna informieren und auch Hinweise zur Geologie des Gebiets geben. Da hier die Joshua Trees noch nicht so zahlreich vertreten sind, ist das interessanteste die Landschaft mit ihrer unerschöpflichen Formenvielfalt des verwitternden Monzonits, eines dem Granit verwandten Gesteins. Als glühendes Magma stieg es vor Millionen Jahren aus der Tiefe nach oben bis unter die Gneisschicht, die heute im und um den Park langgezogene Bergketten bildet. Weiter nach oben ging es nicht mehr. Die Schmelze begann zu erkalten und erstarrte. Gleichzeitig schrumpfte die Masse unter Bildung von Rissen und Spalten, und die einzelnen Bestandteile – Feldspat, Quarz, Glimmer und eisenhaltige Minerale – kristallisierten aus. In die Spalten drang Restschmelze und erstarrte ebenfalls. Während der letzten,

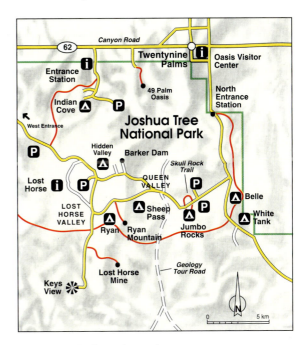

Auf dem Skull Rock Trail.

Der Cap Rock, ein prominenter Kletterfelsen im Joshua Tree N.P.

immer noch andauernden Hebungsphase der amerikanischen Landmasse trug die Erosion die Sedimentschichten, die den Gneis überlagerten, ab und griff schließlich auch die Gneismasse an. Wo der Gneis bereits zur Gänze abgetragen war, kam der hellockerfarbene Monzonit zum Vorschein, der von weißlichen Aplit-Adern durchzogen ist. In die schon bei der Erstarrung im Erdinneren angelegten Risse frißt sich heute das wenige Regenwasser und nagt an dem Gesteinsverbund. Es bilden sich Türme und riesige Quader, die immer weiter zerlegt werden. Die Minerale der Gesteinsoberfläche werden zuerst gelöst, was zu einer typischen Abrundung der Kanten führt. Vom Druck der überlagernden Schichten befreit, dehnt sich das Gestein, und die großen Temperaturunterschiede in der Wüste tun ein übriges, daß von dem schalenförmig verwitternden Gestein ganze Schichten abgesprengt werden, bis sich der Fels zu Kugeln formt. Von weitem sehen die bizarren Felsformationen rund und glatt aus. Aus der Nähe betrachtet, und erst recht, wenn man Hand an den Fels legt, offenbart sich die Feinstruktur mit scharfkantigen Kristallen. Auf den zahlreichen, kurzen Routen durch die Wände dieser Felsburgen sind sie oft der letzte Halt, den ein Kletterer in diesem Felsdorado findet.

Palmenoasen, Aussichtsberge und versteckte Täler: Ausflüge im Gebiet

Der Skull Rock Trail ist die ideale Tour für den Ankunftsnachmittag. Wer noch einen ganzen weiteren Tag im Joshua Tree N.P. verbringen will, kann ihn mit der Begehung weiterer kurzer Wege füllen, die unterschiedliche Landschaftseindrücke vermitteln.

Zu nennen wäre etwa der Besuch der **49 Palm Oasis**. Auf dem 4,8 Kilometer langen, wenig anstrengenden Rundweg gelangt man zu einer Oase mit kleinen Teichen, um die sich zahlreiche Fächerpalmen gruppieren. Zeitbedarf etwa 2 Stunden. Die Zufahrt über die Canyon Road bis zu deren Ende, dem Ausgangspunkt dieser Wanderung, zweigt vom Highway 62 zwischen den Orten Twentynine Palms und Joshua Tree ab.

Bei Joshua Tree fährt man abzweigend vom Highway 62 über den Westeingang in den Park zurück. Bis zum Cap Rock breitet sich auf dieser Strecke der dichteste Bestand an Joshua Trees im Park aus. Hier könnte man wirklich fast von einem Wald sprechen. Von der Hauptstraße zweigt am Kletterfelsen des Cap Rock rechts ein Sträßchen zum Ausgangspunkt für die Wanderung durch das **Hidden Valley** ab. Auch dieser 1,6 Kilometer kurze Weg ist als Naturlehrpfad angelegt. Er zwängt sich am Beginn durch einen engen Durchlaß im Fels und führt dann rund um eine allseits von Felswänden umschlossene Ebene. Um die vorige Jahrhundertwende soll dieser natürliche *Corral* von Viehdieben für sich und ihre Beute als Versteck benutzt worden sein.

Zeitbedarf für den Rundgang: bis zu 1 Stunde.

Direkt an der Hauptstraße durch den Park, nach dem Abzweiger zum Aussichtspunkt Keys View, beginnt der Weg auf den Ryan Mountain. Etwa 300 Höhenmeter sind bis zum aussichtsreichen Gipfel zu überwinden. Bei Sommerhitze sind die 4,8 Kilometer Rundweg ein wenig anstrengend, und man sollte wenigstens 2 Stunden Zeit für das Unterfangen einplanen.

Über den Sattel des Sheep Pass geht es danach zurück zum Campground bei den Jumbo Rocks, und der Ausflugskreis durch den Park hat sich geschlossen. Fast jedenfalls, denn die Fahrt zum Keys View hinauf sollte man nicht versäumen. Vielleicht zum Sonnenuntergang – oder man merkt sich das phantastische Aussichtserlebnis für den nächsten Tag zum Sonnenaufgang vor. Keine schlechte Idee, auch deshalb, weil die anschließende Fahrt in Richtung des nächsten Zieles, des Sequoia N.P., mindestens einen Tag vollständig ausfüllt und somit ohnehin frühes Aufstehen angesagt ist.

Mormonen sollen die Palmlilien nach dem verzweifelt die Arme gen Himmel reckenden Propheten Josua benannt haben.

Vom Joshua Tree N.P. zum Sequoia N.P.

Vom Jumbo Rocks Campground im Joshua Tree N.P. bis zum Lodgepole Campground oder der Giant Forest Lodge im Sequoia N.P. sind 390 Meilen Teer unter die Räder zu nehmen, und da es sich zum Teil um schmale, kurvenreiche Streckenabschnitte handelt, wird man bei vorschriftsmäßiger Fahrweise kaum vor Sonnenuntergang desselben Tages sein Ziel erreichen. Für das Nachtlager sollte also mittels rechtzeitiger Reservierung Sorge getroffen sein.

Nun ist die ganze Reserviererei eine recht lästige Agelegenheit, weil sie einen auch noch im Urlaub dazu zwingt, Termine einzuhalten. Zu empfehlen sind Reservierungen aber schon, vor allem in den vielbesuchten kalifornischen Nationalparks, wozu auch der Sequoia Park zählt. Man kann die Strecke natürlich auch – und das ist fast zu empfehlen – in zwei Etappen aufteilen. Als Station bietet sich dazu die schöne Landschaft um den Lake Isabella an. So bleiben am nächsten Tag nur noch 142 Meilen zu fahren.

Wir fahren also – eventuell vom Keys View – durch die Joshua-Tree-Wälder zu beiden Seiten der Parkstraße zum Westausgang des Joshua Tree N.P. Vom Ort Joshua Tree geht es über den Highway 62 hinein nach Yucca Valley, einer Siedlung, deren tatsächliche Ausdehnung wesentlich größer ist, als es die Kartenbilder wiedergeben. In Yucca Valley kann man sich noch mit allem versorgen, was Mensch und Maschine für die nächste Zeit benötigen, dann geht es auf dem Highway 247 weiter. In all der Tristesse dieses Streckenabschnitts ist nur Barstow als größere Stadt erwähnenswert, wo sich die Autobahnen 15 und 40 treffen und wo man einkaufen und tanken kann und im Bedarfsfall auch übernachten.

Aus Barstow heraus folgt man dem Highway 58 nach Westen und biegt dann in nördlicher Richtung auf den Highway 395 ein. An dieser Kreuzung steht eine riesige Anlage zur Gewinnung von Sonnenenergie, und das ist dann auch schon wieder alles, was das Auge des Betrachters ein wenig von der öden Landschaft am Rande der Mohave-Wüste ablenkt. Wir bleiben auf der 395 bis Inyokern, und hier heißt es aufpassen, um nicht am Abzweiger hinüber zum Highway 14 vorbeizufahren.

Wollen wir allerdings dem Mount Whitney auf kürzestem Weg einen Besuch abstatten, fahren wir auf dem jetzt autobahnartig ausgebauten Highway 395 weiter nach Lone Pine, dem Ausgangsort für eine Besteigung des 4417 Meter hohen Gipfels (siehe S. 148), und nach diesem hochalpinistischen Ausflug über die gleiche Strecke (der sich auch die Routenvariante über das Death Valley bedient) wieder zurück auf die Hauptroute.

Bei Freeman Junction zweigt der Highway 178 nach Westen zum Lake Isabella ab. Mit der Auffahrt zum Walker Pass wird die Landschaft wieder interessanter,

*Die Erosion als Bildhauer.
Der Monozonit im Joshua Tree N.P. verwittert zu seltsamen Formen.*

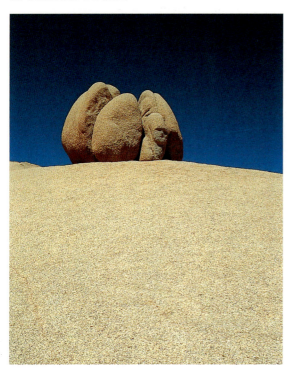

Joshua Tree N.P. Eine überdimensionale Billardkugel in den Jumbo Rocks.

gebirgig und zunehmend grün. Noch einmal kommen wir durch große Bestände von Joshua Trees, dann geht es hinunter in einen weiten Talkessel und zum Isabella-Stausee. Im Bereich des Westufers finden sich zahlreiche, vom staatlichen »Bureau of Land Management« (BLM) verwaltete Campingplätze, im Ort Lake Isabella auch Motels, Lebensmittelgeschäfte und Restaurants.

Die Fahrt geht über den Highway 155 weiter nach Wofford Heights. Von dort steigt die Straße mit zahlreichen Kurven und Kehren steil hinauf zum Greenhorn Summit. Die folgende Abfahrt über Glennville nach Woody durch eine mediterran anmutende Landschaft stellt die Bremsen des Fahrzeugs und den Gleichgewichtssinn des Wagenlenkers auf eine gleichermaßen harte Probe. Eine enge und abschüssige Kurve reiht sich an die nächste. Erst ab Woody kommen wieder Straßenstücke, die länger als 20 Meter geradeaus führen und das Gefälle trudelt durch ein Wogenmeer Hunderter, mit goldgelbem Gras bewachsener Hügel aus, hinein in den Dunst des San Joaquin Valley. Wir folgen dem Highway 65 durch die künstlich bewässerten Obstplantagen nach Norden bis Exeter. Jetzt weisen schon diverse Schilder den Weg zum Sequoia N.P., und wir folgen dem Highway 198 nach Osten. Abermals kommen wir durch die seltsame Landschaft der Foothills, dann geht es hinein in das Tal des mal ungebändigt schäumenden, mal zum Stausee gezähmten Kaweah River. Nach der kleinen Ortschaft Three Rivers erreichen wir den Südeingang zum Sequoia N.P. Gleich danach wird Ash Mountain mit dem Park-Hauptquartier und dem ersten Visitor Center erreicht. Von hier aus werden beide Parks, der Sequoia- und der nördlich anschließende Kings Canyon N.P., verwaltet. Das ist nicht nur wegen der räumlichen Nähe logisch, sondern auch, weil beide Parks nahezu die gleichen landschaftlichen und botanischen Attraktionen bieten.

Sequoia und Kings Canyon National Park

Sowohl der Sequoia National Park als auch der später gegründete Kings Canyon National Park schützen ganz allgemein die Hochgebirgslandschaft der Sierra Nevada und speziell die größten Lebewesen auf Erden: die mächtigen Sequoia Bäume, die nur hier, an den Westhängen der Sierra, wachsen. Beides ist bitter nötig, denn andernfalls wäre die wilde Landschaft schon längst kreuz und quer von Highways zerschnitten, mit Skiliften, Gondel- und Schwebebahnen erschlossen, von nicht weniger als sieben großen Stauseen überflutet und mit fünf Kraftwerken vollgestellt. Und von den Mammutbäumen hätte die mächtige Holzindustrie wahrscheinlich nur noch übriggelassen, was man auf dem Big Stump Trail im Grant Grove des Kings Canyon N.P. beweinen kann, die abgestorbenen, gewaltigen Wurzelstöcke einst hoch in den Himmel ragender Baumriesen.

Bevor man die ersten Exemplare dieser erstaunlichen Koniferen zu Gesicht bekommt, heißt es, den steilen Generals Highway hinauf zum Giant Forest zu überwinden. Die ziemlich schmale Straße windet sich mit 130 engen Kurven und 12 größeren Serpentinen über 1436 Höhenmeter bergan. Mit Wohnmobilen ab 25 feet (das erlaubte Höchstmaß liegt bei 40 feet) muß man ganz schön zirkeln und benötigt für die 16 Meilen ab Ash Mountain gut eine Stunde Fahrzeit. Bevor die Lodge im Giant Forest Village erreicht wird, stehen bereits die ersten Riesenbäume, The Four Guardsmen, entlang der Straße Spalier.

Wenden wir uns aber zunächst profaneren Dingen zu und kümmern uns um einen

Tunnel Log über der Straße zum Moro Rock. Für PKWs kein Problem. Wohnmobile fahren außen rum.

11 Meter Durchmesser und 31 Meter Umfang! Die Basis des General Sherman Tree.

Sequoia und Kings Canyon National Park

Adresse/Information: Sequoia and Kings Canyon N.P., Ash Mountain, Three Rivers, CA 93271, ✆ (209) 565-3134, ✆ (209) 565-3351 (Straßenzustand/Wintersperren/Wetter). **Öffnungszeiten:** Ganzjährig zugänglich sind die Parkteile Grant Grove (Kings Canyon N.P.) und Lodgepole sowie Giant Forest im Sequoia N.P. Die Zufahrtsstraßen können kurzfristig wegen Schneeräumarbeiten gesperrt sein. Die Visitor Center in Grant Grove, Lodgepole und Ash Mountain sind ganzjährig geöffnet. Cedar Grove im Canyon des Kings River ist im Winter nicht erreichbar, desgleichen das Mineral King Gebiet im Sequoia N.P. **Größe:** 3495 km^2 (beide gemeinsam verwalteten Parks zusammen). **Höhenlage:** 518 m, Ash Mountain Visitor Center (Sequoia N.P.). 1954 m, Giant Forest Village (Sequoia N.P.). 2048 m, Lodgepole Visitor Center (Sequoia N.P.). 2008 m, Grant Grove Visitor Center(Kings Canyon N.P.). 1421 m, Cedar Grove Village (Kings Canyon N.P.). 4417 m, Mount Whitney (Sequoia N.P.), höchster Berg der USA außerhalb Alaskas. **Wetter/Klima:** Sommerhitze in den tief gelegenen Foothills im Süden. Im Bereich der Sequoienhaine angenehme Sommer-Tagestemperaturen. Nachts stark abkühlend. Frühjahr und Herbst kühl. Niederschläge zu jeder Jahreszeit, hauptsächlich aber im kalten Winter als Schnee. Im Hochgebirge auch im Sommer entsprechend kühl. **Landschaftscharakter/Attraktionen:** Von tief eingeschnittenen Canyons durchzogenes Granit-Hochgebirge mit einer Vielzahl von Seen. Dichte Dornbusch-Vegetation (Chapparal) in den tief gelegenen Zonen wird abgelöst durch Koniferenmischwälder, die, mit zunehmender Höhe spärlicher werdend, bis hinauf in die alpine Zone über 3400 m reichen. In den Höhen um die 2000 m stehen die mächtigsten Bäume der Erde, die Sequoien. Hohe Berge, stille Seen, tiefe Schluchten, tobende Wildbäche und Wasserfälle sind die weiteren Highlights. **Unterkunft:** *Sequoia N.P.: Im Park:* 3 Campingplätze in den Foothills mit insgesamt 85 Plätzen. First come, first served. Für Wohnmobile oder Anhänger ist hier nur der Potwisha Campground geeignet (44 Plätze). Im Mineral King Gebiet (haarsträubende Zufahrtsstraße) gibt es zwei Zeltplätze mit insgesamt 58 Plätzen. Lodgepole bietet den größten Campground mit 260 Plätzen. Hier ist Reservierung erforderlich über MISTIX. Oft bekommt man allerdings auch vor Ort noch einen Platz. Der Dorst Campground, 13 km östlich von Lodgepole am Generals Highway (218 Plätze, first come, first served) öffnet erst Mitte Juni, frühestens am Memorial Day (31. Mai). Eine Lodge befindet sich im Giant Forest. Reservierungen unter der Parkanschrift (Guest Services, P.O. Box 789) oder telefonisch: (209) 561-3314. *Außerhalb:* Zwischen dem vom Giant Forest 84 km entfernten Visalia und dem Park gibt es entlang des Highway 198 zahlreiche Campingplätze und Motels. *Kings Canyon: Im Park:* Grant Grove bietet 3 Campgrounds mit insgesamt 360 Plätzen. First come, first served. Cedar Grove bietet 2 Campgrounds mit 194 Plätzen. First come, first served. Ein zusätzlicher Platz (Canyon View) kann von maximal vier Gruppen nach schriftlicher Reservierung belegt werden. Lodges gibt es in Grant Grove und in Cedar Grove. Reservierungen unter der Parkanschrift (Guest Services, P.O. Box 789, ✆ (209) 561-3314). Auf der Verbindungsstraße zwischen den beiden Parks kommt man durch Gebiet, das vom National Forest Service verwaltet wird. Hier gibt es weitere Campingplätze und privat geführte Lodges. *Außerhalb:* 83 km entfernt von Grant Grove ist Fresno. Hier wie am verbindenden Highway 180 gibt es zahlreiche Unterkunftsmöglichkeiten. **Verpflegung:** *Im Park:* Lebensmittelgeschäfte und Restaurants im Giant Forest Village sowie in Lodgepole (Sequoia N.P.). Lebensmittelgeschäfte und Restaurants auch in Grant Grove und Cedar Grove (Kings Canyon N.P.). *Außerhalb:* In den größeren Städten Visalia und Fresno gibt es alle Möglichkeiten, sich den Bauch vollzuschlagen oder Vorräte zu bunkern. **Weitere Einrichtungen:** Tankstelle, Propangas, Duschen, Münzwäsche, Post in Lodgepole (Sequoia N.P.). Tankstellen in Grant Grove und Cedar Grove (Kings Canyon N.P.).

Wanderungen im Sequoia- und Kings Canyon N.P.

In beiden Parks gibt es schier unerschöpfliche Wandermöglichkeiten, von den Foothills bis hinauf in die High Sierra, Tagesunternehmungen und solche für mehrere Tage, ja Wochen. Anlaufstationen längerer Unternehmungen sind im Gebiet verteilte Camps und Ranger-Stationen. Gleichwohl ist man die meiste Zeit auf sich selbst angewiesen, auf seine Kondition und auf die Ausrüstung und Verpflegung, die man im Rucksack zu tragen in der Lage ist. Entsprechend ernsthaft gestalten sich Weitwanderungen in der Sierra Nevada, in der nicht nur der Naturfreund, sondern zum Beispiel auch der Schwarzbär unterwegs ist. Für alle Aktivitäten, die mit Übernachtungen im Backcountry einhergehen, ist ein Permit erforderlich. Die Zahl solcher Genehmigungen ist begrenzt, und es empfiehlt sich, entsprechende Informationsschriften anzufordern sowie schriftliche Reservierung unter der Parkanschrift beim Backcountry Office vorzunehmen (mindestens 14 Tage im voraus, aber nicht vor dem 1. März). Ein geringer Teil der Permits wird auch vor Ort nach dem System first come, first served vergeben.

Die ausführliche Beschreibung aller Trails im Gebiet würde ein eigenes, dickes Buch füllen, die Wegstrecken in beiden Parks addieren sich zu 1280 Kilometern, vom 100 Meter langen Spaziergang um eine der grandiosen Sequoien bis zum 113 Kilometer langen High Sierra Trail, der von Westen nach Osten, vom Giant Forest durch den Sequoia N.P. bis auf den Mount Whitney führt. Noch länger ist der John Muir Trail, der in seinem 340 Kilometer langen Verlauf vom Yosemite Valley zum Mount Whitney mehr als zur Hälfte, von Nord nach Süd, durch den Kings Canyon- und Sequoia N.P. führt.

Der Chief Sequoyah Tree. Auf dem Congress Trail können wir Zwerge dem Riesen auf die Rinde rücken. Der hautnahe Vergleich macht bescheiden.

Wanderwege (Auswahl): Sequoia N.P.: 🚶 General Sherman Tree/Congress Trail: 3,2 km Rundweg. 🚶 Tokopah Falls: 5,5 km Hin- und Rückweg, 100 Hm. 🚶 Soldiers Trail/Bear Hill Trail/Moro Rock: 7,4 km Rundweg, 200 Hm. 🚶 Trail Of The Sequoias: 9,7 km Rundweg, 100 Hm. 🚶 Marble Falls: 11,3 km Hin- und Rückweg, 600 Hm. 🚶 Lakes Trail: 10,8 km bis Pear Lake, 700 Hm (9 km bis Emerald Lake, 7,4 km bis Heather Lake), jeweils einfache Distanzen. 🚶 Twin Lakes: 22 km Hin- und Rückweg, 823 Hm. 🚶 Mount Whitney, 4417 m: 17 km (einfache Distanz), Ausgangspunkt Lone Pine, siehe S. 148), 1959 Hm. Kings Canyon N.P.: 🚶 General Grant Trail: 800 m Rundweg. 🚶 Big Stump Trail: 1,6 km Rundweg. 🚶 Dead Giant Loop/Sequoia Lake Overlook: 3,5 km Rundweg, 100 Hm. 🚶 River Trail: 5,5 km Rundweg. 🚶 Sunset Trail: 9,7 km Rundweg, 350 Hm. 🚶 Mist Falls: 12,9 km Hin- und Rückweg, 183 Hm. 🚶 Paradise Valley: 23 km Hin- und Rückweg, 457 Hm.

Platz für die Nacht. Für die Lodge sollte man auf alle Fälle reserviert haben, sonst ist ein Unterkommen dort ein reiner Glücksfall. Auf dem Lodgepole Campground 5 Meilen weiter ist zwar auch Reservierung angeraten, aber wenn man nicht gerade an einem Hochsommer-Wochenende ankommt, wird am Vormittag, wenn man freundlich aber hartnäckig frägt und der MISTIX-Mann gute Laune hat, mit einiger Wahrscheinlichkeit noch ein Platz auf diesem zentral gelegenen Campingplatz aufzutreiben sein.

Häufig anzutreffen, ob seiner Unrast aber schwer zu fotografieren: der Steller's Jay.

Untersuchungen haben ergeben, daß sich der durchschnittliche Nationalparkbesucher nie weiter als unglaubliche 100 Meter von seinem Auto entfernt! Etwas weiter sollten wir uns schon wagen und etwas mehr Zeit investieren, um die Umgebung auch hier im Sequoia N.P. zu erkunden.

Congress Trail: Zum größten Lebewesen der Erde

Zunächst will man sich natürlich die Mammutbäume aus der Nähe anschauen. Beste Gelegenheit dazu bietet der 3,2 Kilometer lange Congress Trail. Der Startpunkt ist am Generals Highway zwischen dem Giant Forest Village und dem Lodgepole Visitor Center bzw. -Campground. Der Weg beginnt gleich mit einem Paukenschlag: Da steht man nun vor dem General Sherman Tree, dem größten Lebewesen auf Erden, und ist irgendwie hilflos, weil man die Dimensionen dieses Baumes überhaupt nicht erfassen kann. Ähnlich wie beim ersten Anblick des Grand Canyon findet das Gehirn einfach keinen vergleichenden Bezug zu dem, was ihm das Auge signalisiert. Freilich, man wußte ja vorher, daß hier riesige Bäume wachsen, und auf einer Tafel zu Füßen der gigantischen Sequoia kann man ja auch lesen, wie hoch und dick und alt dieser Baum ist, aber so richtig kann man es nicht begreifen, was sich da vor und vor allem über einem für ein Koloß erhebt: 83,8 Meter hoch, ein Umfang von 31,3 Metern und ein Durchmesser von 11,1 Metern an der Basis. Noch die Äste sind dicker als ausgewachsene Bäume in unseren Wäldern. Mit einem geschätzten Gewicht von 1256 Kilogramm und einem Volumen von 1487 Kubikmetern türmt sich so eine Menge Holz, die man wohl in einem Menschenleben kaum durch den heimischen Kamin verfeuern könnte. Am General Sherman Tree wie auch an vielen anderen Exemplaren seiner Art zeigen sich allerdings Spuren verheerender Waldbrände, schwarz vernarbte Wunden bis hinauf in die Baumkronen. Dank ihrer bis zu 60 Zentimeter dicken harzfreien, widerstands- und erneuerungsfähigen Rinde überleben die Mammutbäume aber solche Angriffe, und für die Erhaltung der Art ist periodisches Feuer sogar lebenswichtig, denn es düngt den Boden, trocknet die Zapfen, die sich dadurch öffnen und die Samen freigeben, und es schafft Platz und Licht für die Sämlinge. Bäume wie der General Sherman Tree erreichen so das biblische Alter von annähernd 3000 Jahren. Ein hoher Tanningehalt in der Rinde schützt sie vor Pilzbefall und Insekten. Geschätzt ist der General Sherman zwar »nur« 2300 bis 2700 Jahre alt, er wächst aber immer noch und wird wohl die überdauern, die heute zwergenhaft unter ihm »herumwuseln«. Man steht einfach fassungslos vor so einem Lebewesen, das schon zu Zeiten der Pharaonen existierte. Setzen wir uns also in Bewegung und wandern ein Stück durch den Giant Forest, in dem auch andere, kleinere Koniferenarten wie zum Vergleich wachsen. Von einem gewaltigen Baum, von einer eindrucksvollen Gruppe geht es zur nächsten, und langsam wird man vertraut mit den Ausmaßen dieser Giganten. Am besten nimmt man noch einen aufschlußreichen *Trail Guide* mit auf den Naturlehrpfad, erhältlich aus Automaten am Beginn des Weges oder im Visitor Center, und läßt sich ausreichend Zeit zu dessen Studium und zum Erleben der großartigen Natur. Zwei große Baumgruppen hat man nach dem

Senat und dem Repräsentantenhaus der USA benannt, und deswegen heißt der Waldpfad auch Congress Trail. Die »Abgeordneten« dieser beiden Häuser zeigen sich zwar schon hoch aufragend, aber noch recht rank und schlank. Wenigstens im Vergleich zum massigen President Tree, der etwas außen vor steht. Die meisten Bäume im Giant Forest sind nach Generälen und Präsidenten benannt. Wenigstens einer ist nach einem (Quoten-)Indianer, dem Cherokee Chief Sequoyah, benannt. Nach dem wiederum soll ein österreichischer Botaniker die ganze Baumart benannt haben. Je nachdem, wie stark uns die imposanten Riesen gefangennehmen, sind wir nach 1 bis 2 Stunden Wandern ohne große Höhenunterschiede zurück am Parkplatz mit der gewaltigen, abgesägten Baumscheibe, die uns unsere Winzigkeit nochmal auf andere Weise demonstriert.

Wenn wir wollen, können wir uns schon noch eine ganze Weile länger zwischen den Superbäumen aufhalten. Im Bereich des Giant Forest stehen noch eine Menge mehr Riesensequoien, benannte und namenlose, und es führt ein weitverzweigtes Netz von Wegen durch diesen unglaublichen Wald.

Den Congress Trail kann man beispielsweise erweitern um den **Trail Of The Sequoias**. Ausgehend vom General Sherman Tree ist man auf der dann knapp 10 Kilometer langen Runde etwa 3 Stunden unterwegs. Diesem Weg lehnt sich der 3 Kilometer lange **Crescent- und Long Meadow Loop** an, der auch vom Ende der Crescent Meadow Road aus angegangen werden kann. Auch der **Huckleberry Meadow Trail**, 8 Kilometer lang und erreichbar über den kurzen **Hazelwood Nature Trail**, der im Bereich der Lodge beginnt, könnte den Trail of the Sequoias noch in variabler Länge erweitern. Er ist mit dem Congress Trail über den Alta Trail verbunden, der bei der Giant Forest Lodge beginnt und über 11 Kilometer und 1200 Höhenmeter auf den 3415 Meter hohen Alta Peak führt.

Die Vegetation im Sequoia N.P. beschränkt sich nicht auf riesige Bäume. Auf unzähligen Wiesen breiten sich bunte Teppiche zarter Wildblumen.

👣 Soldiers Trail/Bear Hill Trail: Atemberaubender Tiefblick vom Moro Rock

Genug der Trailverwirrung, klarer als die meisten vielfach vernetzten Wege im Giant Forest definiert sich der Soldiers Trail. Der Rundweg duch den westlichen Teil des Giant Forest ist 7,4 Kilometer lang, beginnt und endet im Giant Forest Village und führt über nominelle 100 Höhenmeter (ein paar kommen noch im Auf und Ab dazu) in einer Stunde auf den Moro Rock. Diesem Aussichtsfelsen ist man schon zu Beginn des Jahrhunderts mit einem künstlich angelegten Steig auf den Granitleib gerückt. Heute führt die aktuelle Version dieses als historisch eingestuften Bauwerks, weiter ausgebaut und gut gesichert, über eine Abfolge von Treppenstufen die 90 Höhenmeter hinauf auf das kahle Dach des rundgeschliffenen Felsklotzes. Die Tiefblicke aber sind so rasant wie eh und je, und so mancher Zeitgenosse tastet sich schwer atmend und ganz vorsichtig – dem Motto »Immer an der Wand lang« folgend – bergan. Die Aussicht lohnt die kurze Mühe: Der Blick geht 1800 Meter tief hinunter in das Tal des Kaweah River und hinüber zu den Viertausendern der Great Western Divide. Nur nach Osten, Richtung Pazifik, ist die Sicht meist begrenzt durch den Dunst, der aus dem dicht besiedelten San Joaquin Valley aufsteigt. Das wäre nicht weiter schlimm, wenn es sich nur um verdunstendes Wasser aus den riesigen Obst- und Gemüseplantagen dort unten handeln würde und wenn es nur die Fernsicht einschränkte, aber die Suppe enthält auch jede Menge Schadstoffe aus den Fabriken im Tal, und zusätzlich trägt der Westwind auch noch den Dreck aus den Ballungsgebieten an der Küste heran. Unter dem Angriff dieser vereinigten Giftfracht beginnen auch die uralten Bäume immer schwerer zu atmen. Wenn sich daran nichts ändert, wurden die Sequoien einst nur vor der Bandsäge der Holzfäller gerettet, um nun dem sauren Regen zu erliegen. Ganz unschuldig daran ist natürlich auch der Nationalparkbesucher nicht, denn die wenigsten kommen mit dem Fahrrad hier herauf. Auch zum Moro Rock kann man direkt mit dem Auto fahren, der Vollständigkeit halber sei es erwähnt. Ob man allerdings einen Parkplatz findet, ist wieder eine andere Sache. Erwähnt sei, daß der zweite Teil des Rundweges entlang dieser Zufahrtsstraße führt. Vielleicht geht man ab dem Roosevelt Tree besser auf dem etwas abseitiger, parallel oberhalb der Parkstraße gelegenen Bear Hill Trail wieder zurück ins Giant Forest Village.

👣 Alta Trail: Wiesen und ein Dreitausender

Ein weiterer Ausgangspunkt für Wanderungen im Sequoia N.P. ist die Wolverton Picnic Area. Eine kurze Straße führt vom Generals Highway, abzweigend unweit des Lodgepole Village, dort hinauf. Hier beginnen Wege ins Hochland des Parks, zu Gebirgswiesen, Seen oder, kürzer als vom Giant Forest Village aus, auf den Gipfel des Alta Peak.

Letzterer ist schon fast eine Zweitagestour, denn der Weg klettert über anstrengende 11 Kilometer und 1200 Höhenmeter bis auf den 3415 Meter hohen Gipfel. Die Aussicht von dort oben ist allerdings phantastisch. Der Alta Trail, der zum Alta Peak, zur Hochspitze also, führt, hält auch noch eine zahmere Variante bereit. Nur 9 Kilometer sind es bis zur Alta Meadow, einer herrlichen Wiese mit Blick auf die prächtige Berggestalt. Bis hierher beträgt der zu überwindende Höhenunterschied nur noch 640 Meter. Wir bewegen uns allerdings auch dabei in Höhen an die 3000 Meter, was die Angelegenheit nicht zum Spaziergang degradiert.

👣 Lakes Trail: Eine Kette eiszeitlicher Seen

Die Landschaftsform der Sierra Nevada ist weitgehend geprägt von der letzten Kaltzeit. Alles, was nicht hoch genug aufragte, wurde unter einem dicken Eispanzer begraben. Als die Gletscher schließlich wieder

Sequoia und Kings Canyon National Park

Rast an den Tokopah Wasserfällen.

weggetaut und abgeflossen waren, hinterließen sie auch Mulden im Granit, in denen sich das Wasser der Gebirgsbäche zu Seen sammelt. Nicht weniger als 2650 solcher Seen, kleinere und größere, gibt es im Sequoia- und Kings Canyon N.P.

Zu vieren davon führt der Lakes Trail, ein weiteres Tourenangebot, das der Ausgangspunkt Wolverton parat hält. Man kann sich aussuchen, wie weit man ihm folgen will. 7,4 Kilometer sind es bis zum Heather Lake, 9 Kilometer zum Emerald- und Aster Lake und 10,8 Kilometer bis zum Pear Lake nördlich des Alta Peak. 700 Höhenmeter sind dabei zu überwinden bis auf eine Höhe von ca. 2900 Metern. Ein anstrengender, aber schöner Weg durch dichten Fichtenwald, über Moränenschutt und festen Fels. Wählt man die linke, etwas längere, aber weniger steile Wegvariante, kommt man zu einem Aussichtspunkt über dem Tokopah Valley und schließlich zu den herrlich gelegenen Seen.

Tokopah Falls: Kurzer Weg zu tosenden Wassern

Vom Lodgepole Campground aus führt ein weniger anstrengender Weg zu den Tokopah Falls. Dieser knapp 3 Kilometer kurze Weg, etwa 150 Höhenmeter hinauf zu den tosenden Wasserfällen der Marble Fork of the Kaweah River, ist locker in einer erlebnisreichen Stunde bewältigt, die man keinesfalls versäumen sollte. Der Granit dieses Seitenarms des Kaweah Flusses wird vom reißenden Naß schön glattpoliert und bietet zusammen mit den weißen Schaumkronen des sprudelnden Wassers ein reichhaltiges Farben- und Formenspiel. Der Weg führt zunächst durch den Wald von Lodgepole-Kiefern und über zartbunte Blumenwiesen entlang des Wildbachs. Dann erreicht man offenes Gelände, wo große Granitbrocken von der erodierenden Kraft des Tokopah-Gletschers künden, der erst vor 10 000 Jahren aufhörte, das Tokopah

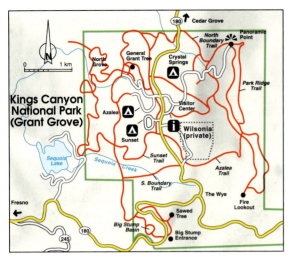

Wandern im Kings Canyon N.P.: Wege in die Einsamkeit

Für den, der den Congress-, den Tokopah- und den Lakes Trail im Sequoia N.P. gemacht hat, bieten die Wege im Kings Canyon N.P. nicht mehr allzuviel Neues. Im weiteren Verlauf unserer Rundfahrt kommen wir aber »zwangsläufig« auch in diesen Teil des Doppelnationalparks und haben so die Möglichkeit, zumindest die Vorzüge der Cedar Grove Area kennenzulernen. Die liegen in der relativen Abgeschiedenheit und der daraus resultierenden Ruhe.

Grant Grove: Zum »National Christmas Tree« und weiteren Riesen

Auf dem Weg dorthin kommen wir aber erst mal in den Grant Grove. Hier steht der zweitmächtigste Baum der Art »Sequoiadendron giganteum«, der General Grant Tree, verehrt oder verkitscht, ganz wie man will, als »nationaler Weihnachtsbaum«. Er ist zwar rund 2 Meter kürzer als der General Sherman Tree und wird mit zunehmender Höhe etwas schlanker als dieser, an der Basis ist er aber ein Stück dicker. Der knapp 1 Kilometer kurze Weg um diesen Riesen ist zeitlich allemal drin und kann, ähnlich wie im Giant Forest, über ein vernetztes Wegesystem beliebig erweitert werden. Dazu bietet sich der **North Grove Loop** genauso an wie der **Dead Giant Loop Trail**. Wer auf dem Sunset Campground nächtigt oder in der Lodge beim Visitor Center, kann von dort dem knapp 10 Kilometer langen **Sunset Trail** vorbei am Sequoia Lake zum General Grant Tree pilgern, ohne sein Auto bewegen zu müssen.

Big Stump Trail: Ein Trauermarsch

Noch einen Weg sollte man in der Grant Grove Area unbedingt machen, den Big Stump Trail. Über eine schlappe Meile führt er vorbei an einer Unzahl riesiger Sequoien-Baumstümpfe, stummen Zeugen profitgieriger Massaker an diesen Königen

Valley U-förmig zu erweitern. Zwischen den wild hingewürfelten Blöcken ist das Reich der Murmeltiere, die uns hier ganz nah an sich herankommen lassen und dabei frech aus den Eingängen ihrer Baue heraus mustern. Den Wasserfall, der in mehreren Kaskaden über 350 Meter von den Höhen herabstürzt, auf denen der Lakes Trail verläuft, kann man jetzt schon rauschen hören. Noch ein Stück, und das Rauschen steigert sich zum Donnern. Zu Füßen des mächtigen Wasserfalls endet der Trail. Weglos über das Blockgewirr weiter aufzusteigen, ist gefährlich. Lassen wir uns auf den glattgeschliffenen Granitplattformen am Rand des tosenden Wassers nieder und vom aufstiebenden Nebel einsprühen, in den die Sonne ihr Farbspektrum zaubert. Ein wenig Zeit kann man hier schon verträumen, der reichlich bevölkerte Lodgepole Campground ist schließlich nur eine hastige halbe Abstiegsstunde entfernt.

Auch der **Twin Lakes Trail** beginnt am Lodgepole Campground. Er führt über eine Strecke von 11 Kilometern 800 Höhenmeter hinauf durch dichte Vegetation zu den Zwillingsseen. Sie liegen nicht in nacktem Fels, sondern sind aufgestaut von einer Endmoräne und von Bäumen umstanden. Um Aussicht auf die Bergspitzen im Kings Canyon N.P. zu erhalten, muß man noch etwa 300 Meter höher und 2,4 Kilometer weiter zum Silliman Pass ansteigen.

des Waldes. Zum Heulen. Auch vom Mark Twain Tree, den man einst ob seiner immensen Ausmaße in einem offensichtlichen Anfall von kaum für möglich gehaltener Ehrfurcht vor dem Schicksal verschonte, zu Zaunpfählen und Dachschindeln verarbeitet zu werden, steht heute nur noch der tote Fuß. Den Baum hat man später, in dreizehntägiger Arbeit, zu Forschungszwecken gefällt und scheibchenweise an Museen verhökert. Traurig aber wahr. Kaum zu glauben ist, daß der Sawed Tree einen Angriff überlebt hat. Ein wenig oberhalb des Rundweges stehend, hat ihn wohl seine abtransportunfreundliche Lage an steilem Hang gerettet. Bereits zu etwa einem Drittel angesägt, grünt er erstaunlicherweise unbeirrt weiter vor sich hin. Die Geschichte dieses im letzten Moment durch die Nationalparkgründungen im Jahre 1890 verhinderten Totalkahlschlages dokumentiert das Grant Grove Visitor Center.

Am Visitor Center vorbei führt der Highway 180 in den Canyon des Kings River zum Cedar Grove Village. So einfach, kurz und nüchtern gestaltet sich diese Fahrt allerdings nicht. Es geht zunächst ein Stück bergan durch bewaldetes Gelände. Dann weitet sich der Blick, und die gut ausgebaute Straße fällt mit weiten Serpentinen über 1200 Höhenmeter ab in den Canyon des Kings River. Der ist mit einem Höhenunterschied von annähernd 2500 Metern zwischen dem Gipfel des Spanish Mountain und dem Flußbett der tiefste Canyon Nordamerikas. Dementsprechend rasant und grandios sind die Tief- und Ausblicke entlang der kurvenreichen, steilen Bergstraße. Unterhalb der Kings Canyon Lodge im Sequoia National Forest erreichen wir den südlichen Arm des Kings River, und entlang des rasend schnell dahinschießenden Wildflusses geht es zwischen eng zusammentretenden Felswänden wieder 600 Meter hinauf in den Kings Canyon N.P. mit dem Cedar Grove Village. Wäre es nach den Strategen der Energiewirtschaft gegangen, müßten wir diesen Teil der Fahrt im U-Boot

Ein Gelbbauch-Murmeltier am Weg zu den Tokopah Falls.

166 Kalifornien und mehr – Rundtour III

Über Stock und Stein. Ein River Trail im Sequoia und Kings Canyon N.P.

zurücklegen: Ein riesiger Stausee würde den Canyongrund bedecken. Im Cedar-Grove-Bereich ist die Talsohle mit glazialem Schutt aufgefüllt, und das Tal präsentiert sich hier etwas weiter. Platz genug für einen großen und drei kleinere Campgrounds, für eine Lodge und die Ranger-Station. Platz außerdem für die asphaltierte Straße bis Roads End und eine parallel verlaufende ungeteerte Straße mit dem kuriosen Status eines *Motor Nature Trail*.

River Trail: Spaziergang am Kings River

Platz gibt es zum Glück auch immer noch für den Kings River, der hier gemächlich durch lichten Wald und herrliche Wiesen plätschert. Vom Parkplatz bei den Roaring River Falls aus kann man entlang seines Südufers zum Spaziergang über den River Trail aufbrechen. Zu Beginn oder am Schluß des 5,5 Kilometer langen Rundwegs ohne nennenswerten Höhenunterschied, der den **Zumwalt Meadow Trail** mit einschließt und in 2 Stunden zu bewältigen ist, schaut man sich den kleinen Wasserfall des Roaring River an. Gemütlich geht es am schattigen Ufer entlang. Auf der Südseite der Zumwalt Meadow klettert man durch die Geröllhalde eines Bergsturzes, umrundet die feuchte Wiese und kehrt auf dem Hinweg über den River Trail wieder zu den Roaring River Falls zurück. Mitunter etwas schneller, als man es eigentlich vorhatte, denn der Weg heißt unter Kennern auch *Sendero Mosquito*. Zur Abwehr der lästigen Biester besorgt man sich am besten etwas zum Einreiben, spätestens im Laden bei der Lodge, der in weiser Voraussicht ein ganzes Sortiment von Mitteln zu diesem Zwecke führt.

Mist Falls/Paradise Valley: Zum Wasserfall im Paradies

Ein wenig anspruchsvoller ist der Weg vom Roads End ins Paradise Valley des Kings River. Bis zur Brücke über den Bubbs Creek steigt er zwar kaum an, aber die Sonne heizt einem schon mächtig ein. Über die Brücke und entlang des Bubbs- und Sphinx Creek geht es in Serpentinen steil hinauf und hinein ins Hinterland des Parks. Unser Weg geht am orographisch rechten, der Nase nach also dem linken Bachufer entlang. Bis zu den Mist Falls steigt man knapp 200 Meter höher. Mit dem Besuch der schönen Wasserfälle – besonders prächtig im Juni/Juli – könnte man es nach 6,5 Kilometern Wegstrecke bewenden lassen. Der Weg ins eigentliche Paradise Valley führt aber noch knapp 5 Kilometer weiter und noch 280 Meter höher. In jenem Tal selbst kann man noch weitere 5 Kilometer zurücklegen, und wer dann immer noch nicht genug hat, geht auf dem Woods Creek Trail weiter und immer höher, bis dieser auf den John Muir Trail stößt. Bis ins Paradise Valley und zurück ist man 23 Kilometer und 6 bis 8 Stunden unterwegs. Alles Weitere sprengt den Rahmen einer Tagestour, erfordert Übernachtung im Backcountry und somit eine Genehmigung.

Wollen wir alles begehen, was es an Trails im Sequoia- und Kings Canyon N.P. gibt, brauchen wir etwa 3 Monate Urlaub. Alle Wanderungen, die hier beschrieben wurden, können nicht mehr als eine Anregung bieten und würden allein schon für eine Woche Aufenthalt reichen.

Routenvariante
Highway 1 – San Francisco

Wer den Pazifik sehen will, fährt jetzt in südwestlicher Richtung hinunter nach Visalia. Den Obstgärten im Central Valley folgen die Viehfarmen um Hanford und Kettleman City. Erst ab hier bietet die Landschaft wieder mehr für's Auge. Durch die goldgelben Hügel der Coast Range fährt man über Paso Robles oder über Santa Margarita und San Luis Obispo nach Cambria an der Pazifikküste. Zwischen San Simeon und Monterey folgt der schönste Streckenabschnitt, Big Sur. Ab Monterey wird der Verkehr immer dichter, auf vielen möglichen Routen erreicht man San Francisco.

Wer diesen Abstecher wählt und sich auch die Stadt am Golden Gate ein wenig anschauen will, muß dafür schon 4 bis 5 Tage seiner Urlaubszeit einplanen.

Von San Francisco zum Yosemite N.P.

Über die Freeways 580 und 205 verläßt man den Ballungsraum San Francisco – Oakland in entsprechend dichtem Verkehr. Erst ab Manteca wird es weniger hektisch. Hier, wie im folgenden Oakdale, bestehen Möglichkeiten zu übernachten, zu tanken und sich zu verpflegen. Bei Groveland sind wir schon in den Ausläufern der Sierra Nevada, die Landschaft wird abwechslungsreicher. Der Stanislaus National Forest bietet entlang des Highway 120 zahlreiche Campingplätze und leitet nahtlos in den Yosemite N.P. über, den wir beim Big-Oak-Flat-Entrance erreichen.

Ab San Francisco sind bis ins Yosemite Village rund 200 Meilen zu bewältigen. Wer die Rundtour in San Francisco begonnen hat und hier Station machen will, sollte auf alle Fälle schon von zu Hause aus ein Quartier reserviert haben. Die andere Möglichkeit wäre, das Zentrum des Parks, Yosemite Valley und -Village, erst mal rechts liegen zu lassen und zunächst das Gebiet um die Tuolumne Meadows zu erkunden. Hier kann man vor Ort seinen Platz im Yosemite Village für die letzten Tage der Rundreise buchen. Bei einer solchen Streckenführung mit Startpunkt San Francisco ist wegen der Akklimatisation neben den auf Seite 147/148 erwähnten Sperrzeiten für den Tioga Pass auch der Höhenunterschied von etwa 3000 Metern zwischen beiden Punkten zu beachten.

Hauptroute:
Vom Kings Canyon in den Yosemite N.P.

Wir fahren auf der **Hauptroute** vom Kings Canyon N.P. gleich weiter in den Yosemite N.P. Von den Höhen der Sierra zieht die Straße hinunter in die Niederungen des San Joaquin Valley. In Fresno wenden wir uns nach Norden und erreichen auf dem Highway 41 den Südeingang des Yosemite N.P. Fish Camp kurz vor der Parkgrenze bietet Übernachtungs- und Verpflegungsmöglichkeiten. Kurz hinter der Parkgrenze zweigt eine Straße ab zum Mariposa Grove, einem Hain riesiger Sequoien. Hätten wir nicht schon die größten Exemplare dieser Art im Sequoia- und Kings Canyon N.P. gesehen, wäre dieser Abstecher unumgänglich. So aber lockt das Yosemite Valley mit seinen Granitdomen und gigantischen Wasserfällen. Über Wawona, vorbei am Straßenabzweiger zum Glacier Point, erreichen wir nach knapp 200 Meilen ab Cedar Grove endlich das gelobte Land.

Yosemite National Park

»Amerikas schönster Nationalpark«, so oder ähnlich wird in diversen Reiseführern der Yosemite National Park gepriesen. Mit Superlativen wird nicht gegeizt, ein »Schrein« der Natur, ja ein »Paradies« sei der Park. Seit John Muir, dem vielzitierten Naturschützer, der 1868 dieses Tal für sich entdeckte und maßgeblich daran beteiligt war, daß Yosemite 1890 zum Nationalpark erklärt wurde, wird nicht aufgehört, dieser Landschaft Hymnen zu singen. Dabei ist Schönheit, wie man weiß, ein relativer und ganz individuell empfundener Begriff. Wie man ferner weiß, läßt sich über Geschmack nicht streiten, lassen wir also die großen Worte einfach so im Raum stehen und jeden selbst entscheiden, welcher der vielen schönen Nationalparks der schönste ist. Seit Muir die Kunde von den »Bergen des Lichts« in die Welt hinaustrug und seit 1874 die erste Handvoll Touristen dem Ruf der erhabenen Wildnis folgten, ist jedenfalls eine Menge Wasser den Merced River hinuntergeflossen. Die jährliche Zahl der Besucher geht heute rasant auf die vier Millionen zu, und an manchen Sommerwochenenden wird die Zufahrt ins Yosemite Valley, dem Hauptanziehungspunkt im Park, einfach wegen Überfüllung gesperrt. Das Paradies wird zum Alptraum.

Wer Freude an diesem Park haben will, sollte zweierlei tun: erstens das Unterkunftsproblem im Park, sei es in den Hotels und Lodges oder auf den Campingplätzen, durch rechtzeitige Reservierung lösen und zweitens die überlaufenen Trampelpfade im Tal meiden und sich ins wilde Hinterland begeben, das zum Glück immer noch etwa 95% der Parkfläche ausmacht und ein großartiges Landschaftserlebnis bietet.

El Capitan, Hauptmann der Granitdome Yosemite's. Auf der Linie zwischen Licht und Schatten führt eine berühmte Kletterroute, »The Nose«, zum Gipfel.

Die Berge der Sierra Nevada, in der der Yosemite N.P. ebenso wie der Sequoia- und Kings Canyon N.P. liegt, bestehen zum größten Teil aus Granit. Der bildete sich vor etwa 200 Millionen Jahren, als die Pazifische Platte mit der Nordamerikanischen Kontinentalplatte kollidierte und unter diese abtauchte. In Richtung Erdinneres gedrückt, schmolzen die Gesteine der Pazifischen Platte. Das Magma drängte zur Oberfläche zurück und erstarrte unter einer dicken Sedimentschicht, die sich in einem Zeitraum von mehr als 100 Millionen Jahren bis hin zum Kollisionsereignis in einem Meer gebildet hatte, das am westlichen Rand der Nordamerikanischen Platte lag. Durch den Zusammenstoß emporgehoben, wurde der Meeresboden zu Festland, das sich schließlich Tausende Meter über der neuen Küste erhob. Die Erosion trug die Sedimentgesteine ab und legte den härteren Granitkern frei. Eine Hügellandschaft, durchzogen von Flüssen, entstand so 50 Millionen Jahre vor unserer Zeit. Die Hebung des Landes schritt fort, dabei wurde das Gebirge gekippt, Gefälle und Fließgeschwindigkeit der Gewäs-

Adresse/Information: Yosemite N.P., P.O. Box 577, Yosemite N.P., CA 95389, © (209) 372-0264. **Öffnungszeiten:** Ganzjährig geöffnet. Die Straßen zum Glacier Point (ab Badger Pass) und nach Tuolumne Meadows (Tioga Pass) sind im Winter (ab ca. Mitte Oktober bis etwa Mitte Mai, je nach Schneelage) gesperrt. Auch die Zufahrt zum Mariposa Grove kann im Winter kurzfristig gesperrt sein. **Größe:** 3084 km^2. **Höhenlage:** 640 m, El Portal. 869 m, Arch Rock Entrance. 1213 m, Yosemite Village/Yosemite Valley. 1223 m, Wawona. 1394 m, Big Oak Flat Entrance. 1707 m, Mariposa Grove. 2199 m, Glacier Point. 2307 m, El Capitan. 2695 m, Half Dome. 2880 m, Lembert Dome. 3031 m, Tioga Pass. 3997 m, Mount Lyell. **Wetter/Klima:** So unterschiedlich wie die Höhenlagen sind auch die Klimazonen. Während im Sommer im Yosemite Valley oft eine Bruthitze herrscht, die nachts nur zögernd aus dem Talkessel weicht, sind die Tage in der Höhe der Tuolumne Meadows angenehm warm, die Nächte reichlich kalt. Frühjahr und Herbst kommen hier oben sehr spät bzw. schon sehr früh. Mitte Mai erst weicht der letzte Schnee, Anfang Oktober fällt schon wieder der erste. Davon bekommt der Normaltourist allerdings nichts mit, weil die Straße über den Tioga Pass dann noch bzw. bereits wieder gesperrt ist. Der Winter im verschneiten Valley ist eine herrliche, ruhige Zeit.

Landschaftscharakter/Attraktionen: Der größte Teil des Parks besteht aus Felswildnis, geformt durch die weichenden Gletscher mehrerer Eiszeiten. Die Baumgrenze liegt bei über 3000 m. Die tiefer liegenden Teile des Parks sind zum Teil dicht bewaldet. Insgesamt kommen im Park fünf von sieben nordamerikanischen Vegetationszonen vor. Steilwandige Granitdome (Anziehungspunkte für Extremkletterer), gewaltige Wasserfälle (besonders zur Zeit der Schneeschmelze), stille Bergseen, die weite Felswildnis und uralte, riesige Sequoien sind die Attraktionen im Park.
Unterkunft: *Im Park:* 15 Campgrounds mit insgesamt 1841 Plätzen. 5 Plätze mit insgesamt 338 Plätzen sind reine Zeltplätze. Fast alle Plätze im Yosemite Valley (North Pines, Upper Pines, Lower Pines, Lower River und Upper River, letzterer nur für Zelte) müssen über MISTIX reserviert werden. Ganzjährig geöffnet sind im Valley nur die Plätze Lower Pines und Sunnyside (Sunnyside nur für Zelte; first come, first served). Gleichfalls über MISTIX zu reservieren sind Hodgdon Meadow von Mai bis Oktober (im übrigen Jahr first come, first served), Crane Flat von Juni bis Oktober (nur in dieser Zeit geöffnet) und die Hälfte der Plätze auf Tuolumne Meadows (nur im Sommer geöffnet). Die andere Hälfte wird am selben Tag vor Ort vergeben. Alle anderen Plätze: First come, first served. Davon ist nur der Wawona Campground das ganze Jahr über offen. Campingplätze für Gruppen bis max. 30 Personen im Valley, in Hodgdon und Tuolumne, zu reservieren über MISTIX. Neben den Zeltplätzen gibt es noch 7 weitere Unterkünfte im Park, 4 davon im Yosemite Valley. Die Bandbreite der Unterkunftstypen reicht dabei von einer Art Zeltlager im Curry Village, in White Wolf und Tuolumne über etwas gehobenere Cabins eben dort sowie der Yosemite Lodge (Normalstandard) bis zum alten, gemütlichen Wawona Hotel oder gar bis zur Luxusklause des Ahwahnee Hotel. Die Preise variieren dabei von $38 (!) für eine »tent cabin« bis zu $208 für ein Zimmer im Ahwahnee Hotel (Stand 1994). Alles zu reservieren (was sich rechtzeitig und dringend empfiehlt) bei: Yosemite Concession Services, 5410 East Home, Fresno, CA 93727, ✆ (209) 252-4848. *Außerhalb:* Campgrounds gibt es noch eine Menge an den vier Einfallstraßen zum Park in den umgebenden National Forests. Besonders reich bestückt damit ist der Highway 120 von Groveland bzw. Lee Vining aus in Richtung Yosemite. Motels gibt es in El Portal (am Highway 140) und Fish Camp (am Highway 41), beide Orte nur einen Steinwurf vom jeweiligen Parkeingang entfernt. Motels auch in Lee Vining, 21 km vom Tioga Pass Eingang entfernt.
Verpflegung: *Im Park:* Lebensmittelläden und Restaurants gibt es in Wawona, Crane Flat und Tuolumne, die größte Auswahl im Yosemite Village (Yosemite Valley). Ein Restaurant bietet auch die White Wolf Lodge, eine Snack Bar steht am Glacier Point. *Außerhalb:* El Portal verfügt über einen Supermarkt sowie Restaurants. Einkaufsmöglichkeiten und Restaurants auch in Fish Camp sowie Lee Vining. Wer über den Highway 120 von Westen anreist, versorgt sich, der Preise wegen, am besten schon in Oakdale (114 km bis zum Big Oak Flat Eingang) oder in Manteca (noch 50 km weiter westlich). Dasselbe empfiehlt sich bei einer Anreise über den Highway 140 oder 41. Einkäufe tätigt man dann eventuell bereits in Merced bzw. Fresno. **Weitere Einrichtungen:** Shuttle Busse im Valley und zu den Trailheads entlang der Tioga Road sowie zum Glacier Point. Tankstellen im Yosemite Village, in Crane Flat, Wawona und Tuolumne Meadows. Autowerkstatt im Yosemite Village. Duschen (für Camper) in Curry Village und im Housekeeping Camp. Dort auch Münzwäsche. Postamt, Klinik und sogar ein behelfsmäßiges Gefängnis gibt es im Yosemite Village.

ser vergrößerten sich und frästen Canyons in den Fels. Größere Flüsse wie der Merced River und der Tenaya Creek fraßen sich rascher und tiefer in den Granit als ihre kleineren Nebenflüsse, und schon vor 3 Millionen Jahren stoben Wasserfälle aus den sich so bildenden Hängetälern in die 900 Meter tiefe Schlucht des Yosemite Valley. Beginnend vor etwa einer Million Jahren füllte sich das Tal während mehrerer Kaltzeiten fast bis zum Rand mit Eis. Nur der Half Dome, damals noch ein ziemlich gleichmäßig geformter Granitblock, ragte über die Gletscher hinaus. Das fließende Eis formte den Canyon des Tenaya und Merced zum U-Tal, polierte die Wände des El Capitan und des Sentinel Rock und unterminierte die Basis des heutigen Half Dome, so daß dieser, den Gesetzen der Schwerkraft folgend, schließlich etwa um 20% seiner ursprünglichen Felsmasse verringert wurde und sich so die glatte senkrechte Nordwand bildete, die dem Berg heute sein unverwechselbares Gesicht gibt. Die Südseite des Berges dagegen ist nicht vom Eis rundgeschliffen, sondern Ergebnis der sogenannten Exfoliation, einer beim vom Druck entlasteten Granit auftretenden Verwitterungsform.

Anders verhält es sich mit Granitblöcken wie dem Lembert Dome im Gebiet der Tuolumne Meadows. Hier überragte das Eis die Felsen, überfuhr sie und rundete ihre Formen.

Doch zurück ins Yosemite Valley: Der letzte Vorstoß des Eises begann vor 30 000 und endete vor 10 000 Jahren. Der vorläufig letzte Yosemite-Gletscher erreichte nicht mehr die Höhen seiner Vorgänger, und seine Zunge dehnte sich nur noch bis zum El Capitan aus. Die Endmoräne staute das Schmelzwasser des Gletschers zu einem flachen See, den der nun wieder aktive Merced River und sein Zufluß, der Tenaya Creek, allmählich mit Sedimenten auffüllten. Kläglicher, wenn auch schöner Rest dieses einstigen Lake Yosemite ist der Mirror Lake, der in unseren Tagen immer weiter verlandet. Der Vorgang der Sedimentation betraf das ganze Tal und wiederholte sich in jeder der vorangegangenen Warm-

Granitkugeln am Lembert Dome. Hinterlassenschaft der letzten Eiszeit.

zeiten. So türmen sich heute über dem ursprünglich vom Gletscher ausgeräumten Talboden bis zu 600 Meter mächtige Sedimentschichten; der El Capitan bietet so statt 1600 Metern »nur« noch 1000 Meter Kletterwand, das allerdings vom Härtesten.

Lange bevor die ersten Ströme der Schaulustigen nach Yosemite zogen, bevor Kletterakrobaten ihre Kräfte an den glatten, senkrechten Granitwänden zu messen begannen und Wanderer zu den Absturzkanten der Wasserfälle, zu den Seen, Wiesen und Gipfeln der High Sierra aufbrachen, lebten Indianer im Yosemite Valley. Schon zum Ende der letzten Eiszeit mögen einige Gruppen durch die Region gezogen sein, die ersten Siedlungsspuren datieren etwa 3500 Jahre zurück. Vor etwa 1000 Jahren siedelten Vorgänger jener Indianer hier, die noch heute in der Umgebung von Yosemite beheimatet sind, die Miwok. Eine Gruppe dieser Ureinwohner lebte im Yosemite Valley, das sie recht bildhaft »Ahwahnee« nannten, »das Tal des offenen Mundes«. Sich selbst nannten sie demzufolge »Ahwahneechee«, die »die in diesem aufgesperrten Rachen lebten«, und zwar als Jäger und Sammler. Sie trieben Handel mit Stämmen der Pazifikküste und mit den Paiute, die östlich der Sierra lebten. Ob die Ahwahneechees ihren Wohnsitz als Paradies betrachteten, sei dahingestellt, vertrieben wurden sie jedenfalls daraus, als 1848 Edelmetall in den Flüssen der Sierra gefunden wurde und ein Jahr später der berühmtberüchtigte Goldrausch begann. Da waren die Indianer im Weg, und da sie sich gegen die Vertreibung wehrten, wurde schließlich die Armee eingesetzt. Nur ein paar indianische Namen wie Tenaya Lake oder Tuolumne Meadows erinnern daran, wer einst Herr im Lande war. Yosemite, »yo 'hemite« in der Sprache der Miwok, bedeutet soviel wie: »Sie sind Mörder«. Wer wohl?

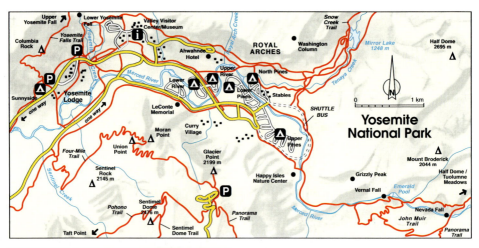

Wanderungen im Yosemite N.P.

1290 Kilometer Wanderwege gibt es im Yosemite N.P., vom 800-Meter-Spaziergang zum Fuß der Yosemite Falls bis zum 60 Kilometer langen Teilstück des John Muir Trail. Entsprechend unterschiedlich sind die Anforderungen und der Andrang. Letzterer ist am größten auf den Wegen im unmittelbaren Talbereich. Entsprechend belegt sind die Park- und Campingplätze im Tal. Wohl dem also, der im Valley Quartier gefunden hat.

Auch auf den, der die Tücken des Straßenverkehrs und der Quartiersuche erfolgreich gemeistert hat, warten weitere Widrigkeiten. Mücken sind noch die harmlosesten Plagegeister des Wanderers. Zecken könnten sich schon unangenehmer bemerkbar machen, dagegen sollte man sich zu Hause rechtzeitig impfen lassen. Selten wird man eine Klapperschlange sehen (falls doch, Abstand halten und Ruhe bewahren), noch seltener einem der wenigen verbliebenen Berglöwen begegnen, weil diese dem Menschen aus dem Weg gehen, wo sie können. Die Wahrscheinlichkeit, einem der etwa 300 Schwarzbären im Park über den Weg zu laufen, ist da schon größer. Um Meister Petz nicht anzulocken, sind strenge Regeln für die Lagerung von Essensvorräten erlassen, die man unbedingt beachten sollte. Einen anderen Übeltäter, Giardia Lamblia, sieht man überhaupt nicht. Dieses Protozoon bewohnt die Gewässer unseres gesamten Wandergebietes und damit auch der Sierra. Im menschlichen Körper verursacht es schwere Funktionsstörungen im Verdauungstrakt. Wasser aus noch so klaren Bächen zu trinken, ist also nicht angeraten, es sei denn, es wird abgekocht oder chemisch behandelt.

Wenden wir uns den erfreulicheren Seiten im Umgang mit der freien Natur zu und machen uns auf den Weg. Wie gesagt, es gibt so viele davon, daß die Wahl zur Qual wird. Ich hoffe, die folgende Auswahl kann eine Hilfestellung bei der Zusammenstellung des jeweils individuellen Idealprogramms sein.

Wanderwege (Auswahl): *Mariposa Grove:* ⚹⚹ Grizzly Giant: 2,6 km Rundweg. ⚹⚹ Fallen Tunnel Tree: 4 km Rundweg. *Yosemite Valley:* ⚹⚹ Bridalveil Fall: 800 m Hin- und Rückweg. ⚹⚹ Lower Yosemite Fall: 800 m Hin- und Rückweg. ⚹⚹ Mirror Lake: 3 km Hin- und Rückweg. Runde um den See zusätzlich 5 km. ⚹⚹ Vernal Fall (Mist Trail): 4,8 km Hin- und Rückweg, 320 Hm. ⚹⚹ Nevada Fall (Mist Trail oder John Muir Trail): 11 km Rundweg, 580 Hm. ⚹⚹ Upper Yosemite Fall: 11,5 km Hin- und Rückweg, 823 hm. ⚹⚹ Four Mile Trail/Glacier Point: 7,8 km (einfache Distanz), 982 Hm. ⚹⚹ Half Dome, 2695 m (über Vernal- und Nevada Fall): 27 km Hin- und Rückweg, 1465 Hm. ⚹⚹ Mirror Lake – Tenaya Lake: 18 km (einfache Distanz), 1275 Hm. *Tuolumne Meadows:* ⚹⚹ Lembert Dome, 2880 m: 2,5 km (einfache Distanz bis zum Gipfel), 260 Hm. ⚹⚹ Elisabeth Lake: 7 km Hin- und Rückweg, 275 Hm. ⚹⚹ Cathedral Lakes: 11 km Hin- und Rückweg, 200/330 Hm. ⚹⚹ Young Lakes: 14 km Rundweg, 400 Hm. ⚹⚹ High Sierra Camp Loop: Rundweg von ca. 85 km, 2000 Hm im Anstieg. ⚹⚹ John Muir Trail: 340 km langer Weitwanderweg. Die ersten (oder die letzten) 60 km führen durch Yosemite.

Klar und verlockend. Aber Vorsicht: Mit Giardia Lamblia ist nicht zu spaßen.

🚶 Spaziergänge im Talbereich: Bridalveil Fall, Yosemite Fall und Mirror Lake

Der erste kurze Spaziergang führt zum Fuß des Bridalveil Fall, dessen »Brautschleier« man schon bei der Anfahrt ins Valley, kurz nach dem Wawona Tunnel, zu Tal stürzen sieht. Ganze 400 Meter ist der Weg lang. Er beginnt direkt am Parkplatz neben der Straße, aber der Eindruck, den man auf diesem Kurztrip zum Fuß des 189 Meter hohen Wasserfalls gewinnt, ist wesentlich gewaltiger, als der Blick aus der Ferne vermuten läßt.

Über drei Stufen von insgesamt 740 Meter Höhe donnert der Yosemite Fall zu Tal und ist damit der fünfthöchste Wasserfall der Welt. Auch zu seinem Fuß führt ein 400 Meter langer, geteerter Weg, der nahe der Yosemite Lodge beginnt. Am eindrucksvollsten präsentiert sich diese rauschende Kaskade, wie alle Wasserfälle hier im Tal, zu Zeiten der Schneeschmelze im Mai und Juni. Nach trockenen Sommern, wie sie seit Jahren üblich sind, können die gigantischen Fontänen zu Rinnsalen verkommen oder ganz versiegen.

Ähnlich verhält es sich mit dem Mirror Lake. Gegen Ende des Sommers wird dieser Spiegel für die Granitwände des hier allmählich enger werdenden Tals regelmäßig blind. Der See wird zunehmend aufgefüllt von den Sedimentfrachten des Tenaya Creek, er trocknet aus und wird in nicht allzuferner Zukunft gänzlich verlanden. Noch kann man ihn über den 1,5 Kilometer langen Weg, der bei der Shuttlebus-Haltestelle 17 beginnt, besuchen. Ein wenig stiller wird es hier auch bereits, und die anschließende Fünf-Kilometer-Runde um den See bzw. ein Stück weiter aufwärts, am Bach entlang und am anderen Ufer wieder zurück, führt schon ein schönes Stück heraus aus der lauten Hektik des Yosemite Village. Zwei Stunden, die guttun.

Letzte Sonnenstrahlen auf dem Half Dome, gesehen vom Glacier Point.

Nach Lust und Laune hoch hinaus: Vernal Fall, Nevada Fall und Half Dome

Für den, der höher hinaus will, bietet das Yosemite Valley eine Reihe prachtvoller Möglichkeiten. Der Mist Trail führt zum Vernal Fall. Bis zum Aussichtspunkt auf den 97 Meter hohen Wasserfall geht man vom Happy Isles Nature Center aus gemütliche 1,2 Kilometer Wegstrecke und etwa 120 Höhenmeter hinauf. Der Weg bis hin zur Kante, über die das Wasser tost, führt nochmal über die gleiche Distanz, wird jedoch steiler und überwindet weitere 200 Höhenmeter. Anstrengend ist das noch nicht besonders, aber naß. Wenn der Merced River, an dessen Ufer der Weg nach oben steigt, ordentlich Wasser führt, wird man vom aufstiebenden Sprühnebel, dem *mist*, durchweicht bis auf die Haut und kann sich am Emerald Pool erst mal wieder von der Sonne trocknen und aufwärmen lassen. Wasserabweisende Kleidung kann also nicht verkehrt sein, wenn man sich nicht mitten im Sommer einen Schnupfen holen will. Vom Emerald Pool erreicht man, ein paar Serpentinen weiter und 130 Meter höher, den Clark Point. Von hier aus kann man auf einem Teilstück des John Muir Trail wieder ins Tal absteigen. Die ganze Runde ist dann 5,5 Kilometer lang und nimmt etwa 3 Stunden Zeit in Anspruch.

Ab dem Emerald Pool oder dem Clark Point kann man dem Mist Trail bzw. dem **John Muir Trail** weiter zum Nevada Fall hinauf folgen. Der Rundweg Vernal Fall – Nevada Fall und zurück erweitert sich so auf 11 bis 12 Kilometer, je nachdem, welche Route man wählt. Länger und etwas anstrengender ist der John Muir Trail, und er überwindet im Auf und Ab auch ca. 200 Höhenmeter mehr. Auf dem Mist Trail steigt man vom Vernal Fall, nun ohne Wassergestiebe, insgesamt über 580 Höhenmeter zum Nevada Fall auf. Der 181 Meter hohe Fall stürzt sich mit unbeschreiblicher Wucht über die von ihm glattpolierten Granitwände. Um dieses grandiose Schauspiel ausgiebig genießen zu können, muß man sich schon 5 bis 6 Stunden Zeit nehmen.

Wer jetzt noch nicht genug hat, kann ab dem Nevada Fall über das Little Yosemite Valley aufsteigen zum Half Dome. Die 600 Meter hohe mauerglatte Nordwestwand bleibt den Kletterspezialisten vorbehalten. Über die immer noch reichlich steile Nordostflanke des Buckels führt ein stahlseilversicherter, klettersteigartiger Weg auf den markanten, 2695 Meter hohen Gipfel, der vielleicht schönsten Felsgestalt im Yosemite. Eine große Tour, die nicht für jedermann machbar ist. 27 Kilometer sind zurückzulegen, bis man wieder im Tal ist, und dabei knapp 1,5 Kilometer an Höhe zu gewinnen. 12 Stunden Zeit wird man für den äußerst anstrengenden Ausflug, für den man Trittsicherheit und Schwindelfreiheit mitbringen sollte, schon benötigen. Lohn der Mühe ist eine einmalige Aussicht über das Yosemite Valley und die Gipfel der High Sierra.

Im Yosemite Valley, genauer gesagt am Happy Isles Nature Center, beginnt der **John Muir Trail**. Er steigt auf zum Nevada Fall und führt am Half Dome und Clouds Rest vorbei zu den Tuolumne Meadows. Dort wendet er sich südwärts und verläßt durch den Lyell Canyon nach 60 Kilometern den Yosemite N.P. Bis zum Ziel, dem Mount Whitney im Sequioa N.P., sind insgesamt 340 Kilometer zurückzulegen, die gesamte Höhendifferenz addiert sich zu etwa 13 Kilometern und der Zeitbedarf beläuft sich auf 3 bis 4 Wochen. Das überfordert ein normales Urlaubskontingent und erfordert neben einer Menge Kondition eine ausgefeilte Logistik, denn außer ein paar Rangerstationen gibt es keine Stützpunkte unterwegs. Was an Ausrüstung und Verpflegung benötigt wird, muß komplett im Rucksack mitgeführt werden. Genaue Informationen sowie das erforderliche Wilderness Permit kann man über die Parkadresse anfordern.

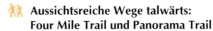

Aussichtsreiche Wege talwärts: Four Mile Trail und Panorama Trail

Auch die Aussicht vom Glacier Point ist nicht zu verachten, zumal sie mit null Anstrengung gewonnen werden kann. Schaustück am Ende der Straße, die zum Gipfel heraufführt, ist der Half Dome. Man kann diese Aussicht natürlich auch Schritt für Schritt gewinnen und über den Four Mile Trail zum Glacier Point heraufkeuchen. Der Weg beginnt an der Parkstraße gegenüber der Leidig Meadow und erklimmt die steile Nordflanke des Sentinel Dome. 982 sehr anstrengende Meter höher und, entgegen der Namensgebung des Trails, fast 5 Meilen oder 7,8 Kilometer weiter, steht man dann an demselben Punkt wie der Auto-Wanderer, ist aber auf jeden Fall ein paar Kalorien bei der Kraxelei losgeworden. Beliebt ist der Weg trotzdem, wird aber normalerweise bergab begangen, die Yosemite Falls im Visier. Zu diesem kniestrapazierenden Vergnügen läßt man sich mit einem der Tourbusse vom Yosemite Village aus hochfahren.

Denselben Service nimmt man in Anspruch, wenn man vom Glacier Point über den Panorama Trail zum Nevada Fall absteigen will und von dort über den Mist Trail oder den John Muir Trail wieder ins Tal bzw. ins Yosemite Village wandert. Für

Glacier Point: ein Aussichtserlebnis par excellence. Hart erkämpft zu Fuß oder geschenkt mit dem Auto.

Clouds Rest, der 3025 Meter hohe Rastplatz der Wolken (links), und der Half Dome präsentieren sich in der Nachmittagssonne vom Olmstedt Point aus.

die 14 Kilometer Wegstrecke sollte man etwa 6 Stunden Zeit einkalkulieren, denn der anstrengende Abstieg hält noch ein paar Gegenanstiege parat und auf diese Art kommen etwa 1200 Höhenmeter zusammen. Auf diesem Weg ist alles geboten: die herrliche Aussicht vom Glacier Point, die beeindruckende Weite der High Sierra und mit dem Illilouette-, dem Nevada- und dem Vernal Fall gleich drei grandiose Wasserfälle. Und nicht zu vergessen, bis auf das Getöse des fallenden Wassers herrscht hier eine himmlische Ruhe.

Das sind noch längst nicht alle Wege, die vom Yosemite Valley aus auf die Höhen zu beiden Seiten des Tals führen. Die Nordflanke wartet mit einem anstrengenden Weg zum **Upper Yosemite Fall** auf (11,5 Kilometer Rundweg, 823 Meter Höhenunterschied, 6 Stunden). Auf der Höhe kann man dann noch unterschiedlich weit zu einer Reihe von exquisiten Aussichtspunkten wandern, zum Yosemite Point, auf den North Dome, den Eagle Peak und sogar auf den El Capitan, der als Wandergipfel weniger bekannt sein dürfte denn als »Turngerät« für Extremkletterer.

Ähnlich wie bei den Abstiegen vom Glacier Point kann man aber auch, ausgehend von der Straße zum Tioga Pass, auf diesen ins Yosemite Valley hinunterwandern. Tourbusse verkehren auch hier und bringen einen zu den Ausgangspunkten solcher Unternehmungen. Entlang des **Yosemite Creek**, der sich zuletzt als der gewaltige Yosemite Fall zu Tal stürzt, führt ein 18 Kilometer langer Weg über etwa 1200 Höhenmeter hinab ins Yosemite Valley. Empfehlenswert ist auch der etwa 20 Kilometer lange Weg vom Tenaya Lake, der über den Mirror Lake über 1275 Meter Höhendifferenz hinab ins Yosemite Village führt.

🥾 Tuolumne Meadows: Runde Granitdome über weiten Wiesen

Das zweite große »Basislager« für unsere Wanderunternehmungen im Yosemite N.P. sind die Tuolumne Meadows, 92 Straßenkilometer vom Yosemite Village entfernt.

Vom Olmstedt Point, an der Straße zu den Tuolumne Meadows und zum Tioga Paß gelegen, bietet sich ein Prachtblick zurück auf die Berge über dem Yosemite Valley. Clouds Rest und der Half Dome schimmern silbern in der Ferne. Vorbei am Tenaya Lake erreicht man die weiten Wiesen von Tuolumne, durch die der gleichnamige Fluß und zahlreiche kleinere Bäche mäandern. Im Hochsommer, wenn die Wiesen ein einziger Blütenteppich bedeckt, zeigt sich die Gegend von ihrer schönsten Seite. Im Hinterland, abseits der Paßstraße, führen zahlreiche Wanderwege zu kristallklaren Seen, rundgeschliffenen Granitdomen und hohen Felszacken.

Einen Eindruck von der Weite der High Sierra kann man vom Gipfel des **Lembert Dome** gewinnen. Gleich gegenüber des Tuolumne Campgrounds beginnt der Weg. Durch den Kiefernwald geht es zwar ziemlich steil empor, was noch nicht weiter anstrengend wäre, würde man sich nicht auf mehr als 2600 Meter über dem Meeresspiegel bewegen. In diesen Regionen machen einem die 260 Höhenmeter bis zum Gipfel schon einigermaßen zu schaffen. Zeit lassen ist angesagt für den 2,5 Kilometer kurzen Anstieg. Wo man aus dem Lodgepolepine Forest heraus einen Sattel erreicht, wechselt die Unterlage von sandigem Waldboden auf nun blanken Granit, weglos steigt man auf bis zum höchsten Punkt. Die Aussicht bietet ein 360°-Panorama über die Tuolumne Wiesen und die Wälder am Fuße hoher Bergspitzen: Cathedral Peak und Unicorn Peak im Südwesten, Mount Conness und White Mountain im Nordosten und noch eine ganze Menge mehr. Zu Füßen dieser Gipfel liegen ein paar der zahllosen Seen, deren flache Becken die weichenden Gletscher diverser Eiszeiten in der Sierra Nevada hinterlassen haben.

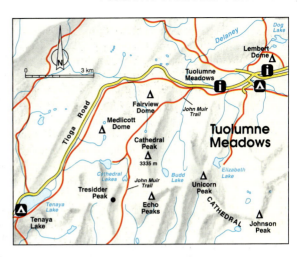

🥾 Young Lakes, Cathedral Lakes, Elisabeth Lake: Durch die Tuolumne Meadows zu eiszeitlichen Seen

Der Young Lakes Loop führt zu dreien von ihnen. Startpunkt für die 14 Kilometer lange Runde mit einem Höhenunterschied von rund 400 Metern ist ebenfalls gegenüber dem Campingplatz. Wo sich der Weg verzweigt, steht eine entsprechende Hinweistafel. Vorbei am Dog Lake zieht sich der Pfad durch den Kiefernwald höher. Unterhalb des Ragged Peak liegen die Young Lakes in einem Felsenkessel, überragt vom 800 Meter höheren Gipfel des Mount Conness. Zurück an der Weggabelung nehmen wir den rechten Weg und kehren über die Tuolumne-Wiesen und Soda Springs zurück zur Tioga Road. Der Zeitbedarf für diese Runde liegt bei 4 bis 5 Stunden.

Etwas kürzer ist der Trail zu den Cathedral Lakes. Nach 5,5 Kilometern Weges mit etwa 200 Metern Höhenunterschied erreicht man den unteren der beiden Seen. Ca. 130 Meter höher und vom unteren See einen weiteren Kilometer Wegstrecke entfernt liegt der Upper Cathedral Lake. Über beiden wiesen- und waldgerahmten Spiegeln erhebt sich der Cathedral Peak mit seinen beiden kirchturmartigen Spitzen. Nur dieser Teil des eigentümlich gestalteten Berges überragte einst die Oberfläche eines mehr als 650 Meter tiefen Meeres aus Eis und entging so der formenden Kraft des Gletschers, der das Kirchenschiff rund schliff. Etwa 3 Stunden Zeit muß man diesem schönen Ausflug widmen, der am westlichen Rand der Tuolumne Meadows nahe des Budd Creek beginnt und dort auch endet.

Ähnlich wie mit dem Cathedral Peak verhält es sich mit dem Unicorn Peak über dem Elisabeth Lake. Wie der Name schon sagt, verfügt diese Berggestalt aber nur über einen einzigen spitzigen Auswuchs, der die Eismassen überragte und damit eines der letzten Einhörner sein dürfte. Zum See, in dem das Horn sich spiegelt, führt ein 3,5 Kilometer langer Weg, der auf dem Gelände des Tuolumne-Campgrounds beginnt. Etwas steiler als der Weg zu den Cathedral Lakes schwingt sich der Trail entlang des Unicorn Creek und durch den Lodgepolepine Forest hinauf und erreicht etwa 275 Meter höher eine Wiese, in die der Elisabeth Lake eingebettet ist. Eine schöne, wenig anstrengende Wanderung von vielleicht 2 Stunden Dauer.

High Sierra Camp Loop: Sechs-Tage-Weitwanderung zu den Höhepunkten des Gebiets

Etwas mehr Zeit benötigt man für die Begehung des High Sierra Camp Loop. Das ist ein etwa 85 Kilometer langer Rundweg, auf dem sechs Stützpunkte eingerichtet sind. Man kann dort in *tent cabins* oder auch im eigenen Zelt übernachten, und man bekommt auch etwas zu essen, kann also mit relativ wenig Gepäck eine sechstägige, herrliche Weitwanderung machen.

Für die Begehung dieser wunderschönen und entsprechend beliebten Runde benötigt man aber erstens ein Permit und zweitens muß man die Plätze in den begrenzt aufnahmefähigen Camps weit im voraus reservieren (Adresse siehe Stichwort Unterkunft/Lodge-Reservierungen im Info-Block).

Tuolumne Meadows. Der Lembert Dome und der Tuolumne River.

Ausgehend vom Camp auf den Tuolumne Meadows, nahe dem Campground, führt die erste Etappe entlang des Tuolumne River über die Wiesen zum Glen Aulin Camp und verliert auf diesen ersten 11 Kilometern etwa 250 Meter an Höhe. Man passiert kleinere Wasserfälle, von denen man sich noch ein paar mehr anschauen kann, wenn man vom Camp aus noch einen Rundweg von weiteren 10 Kilometern machen will. Die 400 Höhenmeter, die man dabei bis zu den Waterwheel Falls verliert, muß man natürlich auch wieder aufsteigen.

Vom Glen Aulin Camp steigt die zweite Etappe über 13 Kilometer hoch zum May Lake mit dem dortigen Camp. Dabei überwindet der Weg insgesamt etwa 500 Höhenmeter.

Vom May Lake unter dem Mount Hoffmann geht es vorbei am Tenaya Lake zum Sunrise Camp. Auf den 14 Kilometern dieser dritten Etappe fällt der Weg zunächst ca. 350 Höhenmeter ab, um dann ab dem Tenaya Lake, vorbei an den Sunrise Lakes, wieder 450 Meter aufzusteigen. Vom höchsten Punkt des Weges ist es dann nur noch ein Katzensprung hinunter zum Sunrise Camp, allerdings ein steiler über 100 Höhenmeter.

Die vierte Etappe bewegt sich zwischen dem Sunrise Camp und dem High Sierra Camp am Merced Lake. Es geht 700 Meter hinunter ins Echo Valley und von dort aus wieder 100 Meter hoch bis zum Camp am See unter dem Quartzite Peak. 15 Kilometer ist diese Etappe lang.

Es folgt die anstrengendste Etappe der Runde, der Aufstieg zum Vogelsang Camp. Egal welchen der zwei möglichen Wege man wählt, das Vogelsang Camp liegt auf ca. 3100 Meter Höhe und somit 950 Meter höher als das Merced Lake Camp. Die Variante entlang des Lewis Creek führt über den Vogelsang Pass und steigt noch etwa 150 Meter höher an als der Weg im Tal des Fletcher Creek. Beide sind mit etwa 14 Kilometern gleich lang.

Die Schlußetappe zurück zu den Tuolumne Meadows kann ebenfalls auf zwei verschiedenen Wegen bewältigt werden.

Der direktere Weg führt über 12 Kilometer und 500 Höhenmeter, ohne nennenswerten Gegenanstieg am Rafferty Creek entlang abwärts. Die längere Variante (18,5 Kilometer) steigt erst noch etwas höher zum Evelyn Lake und führt dann durch den Lyell Canyon, den einer der Quellflüsse des Tuolumne River durchzieht, zum Ausgangspunkt der Rundtour zurück.

Vom Yosemite N.P. zum Great Bassin N.P.

Über den Tioga Pass, mit 3031 Metern der höchste Straßenpaß in Kalifornien, verlassen wir den Yosemite N.P. hinunter nach Lee Vining im Mono Basin. Im Ort kann man seine Vorräte auffrischen, und man sollte nicht versäumen, das brandneue, sehr interessante Visitor Center der **Tufa State Reserve** über dem tiefblauen **Mono Lake** zu besuchen. Dort wird einem nahegebracht, wie gefährdet das einmalige Ökosystem des Sees ist, der sich bereits vor 500 000 Jahren in dem von vulkanischen Aktivitäten verschlossenen und seither abflußlosen Becken gebildet hat. Seit 1941 leitet die Stadt Los Angeles über einen 350 Meilen langen Aquädukt Wasser aus den Zuflüssen des Sees in der Sierra ab. Seitdem ist der Wasserspiegel des Mono Lake um 13 Meter gesunken und sein Volumen auf die Hälfte geschrumpft. Die dadurch zunehmende Salzkonzentration bedroht das Leben der winzigen Garnelen im See, die wiederum die Lebensgrundlage für zahlreiche Vogelarten bilden.

Kurz nach Lee Vining zweigt vom Highway 395 der Highway 120 nach Osten ab. Im Winter ist er genauso gesperrt wie seine westliche Fortsetzung über den Tioga Pass. Nach ein paar Meilen führt eine Schotterstraße zum Mono Lake hinunter und zu einem der Uferstreifen, an denen bizarre Tuffgebilde als Folge der Verlandung des Sees immer weiter über dessen jetzigen Wasserspiegel emporragen.

»Narrow and winding«, kündigt ein Schild zu Beginn des Highway 120 an. So schlimm wird es aber nicht, die Straße ist besser ausgebaut als so manche andere, vor der nicht gewarnt wird. Blumenteppiche in Violett und Rosa und Gelb begleiten im Sommer die einsame, nur stellenweise etwas achterbahnige Landstraße nach Benton. Den winzigen Ort mit einer einzigen Zapfsäule an der Tankstelle umgibt eine kleine grüne Oase. Dann geht es auf dem Highway 6 über die Staatsgrenze und hinein in die Einöde Nevadas.

Das Auto schnauft hinauf zum Montgomery Pass, der Sendersuchlauf des Autoradios irrt durch den wellenlosen Äther. Also wird auf der Paßhöhe Eric Clapton ins Cassettenfach gesperrt, und nach den ersten genialen Tönen, die der Meister seiner Stratocaster entlockt, fängt plötzlich alles an zu fliegen. Das Wohnmobil fliegt mit 70 Sachen über den flimmernden Asphalt, ab und zu nähert sich ein punktförmiges Gebilde im Rückspiegel, wird größer, entpuppt sich als Auto und fliegt schließlich mit Tempo 80 vorbei. Von der Highway Patrol keine Spur, nicht mal 55'er-Schilder. Die Berge um Coaldale glänzen in allen Sarcletti-Eis-Farben: Vanille, Schoko und Walnuß, Haselnuß, Pistazie und Nougat, Erdbeer, Himbeer und Brombeer und in der Ferne noch ein Hauch von Zwetschge. Darüber prangt ein weiß-blauer Himmel.

Zwanzig schnurgerade Meilen voraus ein Glitzern über der Farbahnmarkierung: Tonopah. Ein geisterhaft wirkender Friedhof empfängt den Ankömmling in der Zivilisation. Es gibt Motels, einen etwas gespenstisch wirkenden RV-Park, und für Unterhaltung ist auch gesorgt: Bowlingbahn, Footballstadion und natürlich ein Casino sorgen für etwas Abwechslung, welche die Landschaft den Einwohnern nicht bieten kann. In einer Ecke des Supermarkts kann man sich auch gleich seine 44'er aussuchen, praktischerweise bevor man die Kasse passiert hat. Im örtlichen »Mc Hamburger« herrscht Hochbetrieb – Tonopah liegt zwar mitten im Niemandsland, dort aber wenigstens am Highway 95 zwischen den Spielermetropolen Las Vegas und Reno.

Auf den Hügeln rund um die alte Bergbaustadt hat die Army ihre weißen, kugelrunden Lauscher aufgestellt und ist damit heute wohl der Hauptarbeitgeber in der Gegend. Jedenfalls ist der Highway 6, auf dem wir die Stadt verlassen, der »Army of the Republic« gewidmet, und spätestens bei einer weißen Rakete am Straßenrand und dem Schild »Tonopah Test Range« wird einem klar, wozu die Gegend bestimmt ist. Fast ist man geneigt zu denken, daß, wann immer eine Landschaft für derartige »Spielereien« geeignet ist, dann in dieser die Bergketten rundum ein olivfarbenes und braunes, zuweilen schmutzigblaues Tarnkleid angelegt haben.

Noch einem Schild gleich hinter Tonopah sollte man Beachtung schenken: »Next Gas 112 Miles«. Im Zweifelsfall also nochmal zurück nach Tonopah und volltanken. Es folgen Schilder wie »Open Range next 50 Miles«, ohne daß irgendeine Kuh zu sehen wäre. Wegweiser verheißen einen »Fish Lake« irgendwo in der Wüste und künden Einöden namens »Golden Arrow« und »Silver Bow« an. Dann, irgendwo in »the middle of nowhere«, steht plötzlich doch eine Herde von unfreiwilligen Steaklieferanten am Straßenrand.

Pfeilgerade und so gut wie unbefahren zieht die Straße durch die Salbeisteppe, eine Strecke so recht, um den kalifornischen Trubel ad acta zu legen. Ganze vier Häuser stehen in Warm Springs, und die Straßenkreuzung (wohin bloß?) in »downtown« schreckt einen so richtig auf. Wir fahren geradeaus weiter auf der 6, und

Nevada. Highway 6. Grandiose Weite.

Mono Lake: Noch kreisen Mövenschwärme um die bizarren Tuffgebilde.

nach einer Weile werden die Berge links und rechts der Straße wieder farbiger. Schwarze und weinrote Lava, überwachsen von gelbem, dürren Gras, dominiert nach dem Sandy Summit, wo man die Ausläufer des Luna Crater Volcanic Field passiert.

In Currant steht neben einer überdimensionalen Gips-Kuh die versprochene Tankstelle, und nach der Ortschaft wird die Landschaft wieder etwas vegetationsreicher. Ein Wald nach unserem Verständnis ist im Humboldt National Forest zwar nicht geboten, aber immerhin ein paar zwergwüchsige Bäume. Aus den grünen Flanken des Ward Mountain grinsen weiße Steinreihen wie liegengelassene Dritte Zähne, ehe man, nach 322 Meilen ab den Tuolumne Meadows, endlich Ely erreicht.

Endlich? Man mag darüber den Kopf schütteln, aber diese Strecke zählt für mich zu den farbigsten, abwechslungsreichsten und, trotz der Länge, entspannendsten Routen, die ich im Südwesten je gefahren bin. Einfach toll!

Egal wie kräftig wir auf die Tube gedrückt haben, die nächsten 70 Meilen bis zum Great Basin N.P. werden wir an diesem Tag nicht mehr schaffen. Machen wir also Station in Ely. Mehrere Motels bieten sich dazu an oder ein KOA-Campground. Wer in Tonopah keine Vorräte »gebunkert« hat, kann dies in Ely nachholen.

Der nächste Tag sieht uns bei frischen Kräften, und der Great Basin N.P. ist nur noch einen Katzensprung entfernt. Wer auf dem KOA-Campingplatz am Highway 93 übernachtet hat, ist schon auf dem richtigen Weg. Wir folgen den Schildern zum Nationalpark, biegen ab auf den Highway 50 bzw. 6 und erreichen Baker, am Rand einer der weiten, graugrünen Sagebrush-Ebenen gelegen, die wir bis hierher durchquert haben. Rund um den Ort zeigt sich die Vegetation dank Bewässerung etwas üppiger, ein paar Bäume spenden den wenigen Häusern Schatten. Vom »Zentrum« aus führt rechts abbiegend eine Straße direkt hinauf zum Visitor Center im Park.

Great Basin National Park

Auf über 3000 Meter Höhe fällt massenweise Schnee. Unter der Last verbiegen sich die Espen zu kuriosen Formen.

Adresse/Information: Great Basin N.P., Baker, NV 89311, ✆ (702) 234-7331. **Öffnungszeiten:** Ganzjährig geöffnet. Je nach Schneelage ist jedoch der Wheeler Peak Scenic Drive von etwa Ende Oktober bis Ende Mai gesperrt. **Größe:** 312 km². **Höhenlage:** 2080 m, Visitor Center. 3031 m, Wheeler Peak Campground. 3982 m, Wheeler Peak. **Wetter/Klima:** In Abhängigkeit von der jeweiligen – zunehmenden – Höhenlage im Sommer sehr warm bis mild. Nachts, besonders auf der Höhe, stark abkühlend. Frühjahr und Herbst mild bis kühl. Im Winter kühl bis eisig. Ergiebige Schneefälle in den Höhenlagen ab 2500 m. **Landschaftscharakter/Attraktionen:** Bewaldete Hochgebirgsinsel inmitten weiter, halbwüstenhafter Ebenen. Hohe Gipfel, uralte Bäume, die Lehman Cave Tropfsteinhöhle. **Unterkunft:** Im Park: 4 Campgrounds mit insgesamt 104 Plätzen. First come, first served. Nur der Lower Lehman Creek Campground ist das ganze Jahr über geöffnet. Die anderen schließen von Mitte Oktober bzw. September bis Mitte Mai. Der Wheeler Peak Campground öffnet erst Mitte Juni. Keine weiteren Unterkünfte im Park. Außerhalb: Motels in Baker vor den Toren des Parks, oder – in größerer Auswahl – im 113 km entfernten Ely. Dort auch private Campingplätze mit Anschlüssen für Wohnmobile. **Verpflegung:** Im Park: Snack Bar beim Visitor Center. Außerhalb: Geschäfte und Restaurants in Baker oder – in größerer Auswahl – in Ely. **Wanderwege (Auswahl):** ✹ Lexington Arch: 3,2 km Hin- und Rückweg, 300 Hm. ✹ Alpine Lakes Loop: 4,8 km Rundweg, 150 Hm. ✹ Bristlecone Pine Grove: 6,4 km Hin- und Rückweg, 150 Hm. ✹ Lehman Creek: 6,4 km (einfache Distanz), 640 Hm. ✹ Wheeler Peak, 3982 m: 16 km Hin- und Rückweg, 885 Hm. ✹ Baker Lake: 16 km Hin- und Rückweg, 800 Hm. ✹ Baker-Johnson Lake Loop: 17,7 km Rundweg, 1000 Hm.

Der Great Basin National Park in der südlichen Snake Range umfaßt lediglich einen kleinen Teil dessen, was insgesamt als das »Große Becken« firmiert: eine abflußlose Senke zwischen der Sierra Nevada im Westen und den Wasatch Mountains im Osten. Dabei handelt es sich nicht nur um ein einziges, riesiges Hochtal, sondern um etwa 90 einzelne Becken, umrahmt von 160 Bergketten. Bei der Fahrt vom Yosemite- zum Great Basin N.P., von einer Senke über einen Paß in die nächste Ebene, haben wir diese Landschaftsstruktur schon gut beobachten können.

Im Gegensatz zu den meisten Gebirgen, die unter dem Druck von aufeinandertreffenden Erdkrustenschollen aufgefaltet wurden, verdanken die Bergketten des *Great Basin* ihre Entstehung einer Ausdehnung der Erdkruste. Entlang von in Nord-Süd-Richtung verlaufenden Verwerfungen, die sich bei diesem Vorgang bildeten, türmen sich Gesteine in die Höhe, die vor 600 Millionen Jahren auf dem Grund eines Meeres als Sediment abgelagert wurden. In den Becken zwischen den Bergketten sammelte sich der Abraum der Erosion, zu Tal geschafft von eiszeitlichen Gletschern und den Schmelzwassern des periodisch weichenden Eises. Die Seen, die sich in den Becken bildeten, konnten nicht abfließen, trockneten aber in Warmzeiten, wie wir sie auch heute haben, regelmäßig aus. Graugrüner Sagebrush – Salbei – füllt heute ein trockenes Meer, aus dem die graubraunen Berge wie Inseln ragen. Um die hohen Gipfel versammeln sich die Wolken und bilden mit ihrem Regen die Lebensgrundlage für eine artenreiche Pflanzen- und Tierwelt an den Flanken der Bergketten.

Die Snake Range ist nur eine von diesen Bergketten. Immerhin wurde sie, wenn auch erst im Jahre 1986, mit der Gründung des Great Basin N.P. unter Naturschutz gestellt. Vorher bestand hier schon das Lehman Caves N.M. Die Höhle am Fuße des

Bristlecone Pines werden schon mal 5000 Jahre alt. Sie sind die ältesten Lebewesen auf Erden. Dieses üppig grünende Exemplar ist noch etwas »jung«, vielleicht so um die 2500 Jahre alt.

Gebirges wurde 1885 entdeckt. Sie ist nicht besonders groß, zeigt aber einige schöne Tropfsteinformationen. Das Visitor Center befindet sich am Eingang der Höhle, 459 Meter über der Ortschaft Baker am Rand des Snake Valley gelegen. Der 12 Meilen lange Scenic Drive, ausgestattet mit atemberaubenden Aus- und Tiefblicken, überwindet vom Parkeingang aus nicht weniger als 1000 Höhenmeter und endet am Campground unter dem Wheeler Peak, dessen Gipfel sich darüber noch weitere 986 Meter erhebt. Entsprechend diesen gewaltigen Höhenunterschieden gestalten sich die klimatischen Bedingungen im Nationalpark. Die hier heimischen Pflanzen und Tiere haben sich über die Jahrtausende erfolgreich angepaßt. Der kurz weilende Besucher sollte gegen mögliche Wetterunbilden mit entsprechender Bekleidung ausgerüstet, vor allem aber, der Höhe wegen, bei guter Kondition und Gesundheit sein.

Über die aussichtsreiche, geteerte Panoramastraße im nördlichen Parkteil sind nicht nur drei Campingplätze zu erreichen, sondern auch die Ausgangspunkte von Wanderungen, die gewiß nicht überlaufen sind. Während der Yosemite N.P. jährlich von 4 Millionen Besuchern überschwemmt wird, finden sich im Great Basin N.P. pro Jahr gerade mal 75 000 Gäste ein, und die meisten von ihnen geben sich mit einer Führung durch die Lehman Caves zufrieden. Bis jetzt jedenfalls.

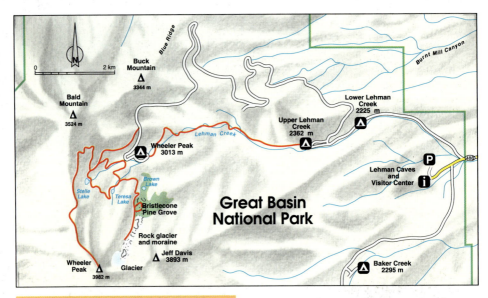

Wanderungen im Great Basin N.P.

In den südlichen Teil des Parks führen einige Schotterpisten zu Wanderwegen in die fast absolute Einsamkeit. Der Weg zum **Lexington Arch**, einem großen Felsbogen im Kalk am Fuße der Snake Range, ist 1,6 Kilometer lang und überwindet dabei 300 Höhenmeter. Die Zufahrt zum Ausgangspunkt der Wanderung ab dem Highway 21, südlich von Garrison, schafft aber nur ein Fahrzeug mit viel Bodenfreiheit.

🥾 Baker Lake und Lehman Creek: Zu hochgelegenen Seen und entlang einsamer Flüsse

Zum Ausgangspunkt für eine Wanderung zum Baker Lake gelangt man leichter. Unterhalb des Visitor Center führt die Dirt Road zum Baker Creek Campground. Zum See, auf einer Höhe von mehr als 3200 Metern, steigt man von dort 8 Kilometer lang an und überwindet dabei 800 Höhenmeter. Weitere 200 Meter muß derjenige ansteigen, der einen dann 17,7 Kilometer langen Rundweg über den Johnson Pass zum Johnson Lake und zurück zum Ausgangspunkt gehen will.

Eine ähnliche Wanderung wie die entlang des Baker Creek zum Baker Lake kann man auch am Lehman Creek unternehmen. Der Weg führt über 6,4 Kilometer vom Upper Lehman Creek Campground zum Wheeler Peak Campground und überwindet dabei 640 Höhenmeter. Fast immer in der Nähe des sprudelnden Baches geht es durch vier der sieben Vegetationszonen im Nationalpark, von den Kakteen bis zu den Espen.

Dank der Straße zum Campingplatz kann man es sich auch leicht machen und den Weg abwärts gehen, vorausgesetzt, man verfügt über einen Abholdienst, der einen zurück zum Ausgangspunkt bringt.

🥾 Alpin Lakes Loop: Zu zwei einsamen Seen unter hohen Gipfeln

Der herrlich gelegene Wheeler Peak Campground ist auch der ideale Ausgangspunkt für drei weitere Wanderungen zu ganz unterschiedlichen Zielen im Park:

Der Alpine Lakes Loop führt über knapp 5 Kilometer und 150 Höhenmeter zu zwei Hochgebirgsseen, dem Teresa- und dem Stella Lake, eine Angelegenheit von etwa 2 Stunden Dauer. Trotz der Lage der Seen von fast 3200 Metern über dem Pazifik ist

Der eiskalte, glasklare Stella Lake unter dem Wheeler Peak.

die kurze Wanderung also nicht anstrengend. Der Steigerung des landschaftlichen Eindrucks halber sollte man den Rundweg im Uhrzeigersinn angehen und die Seen in der genannten Reihenfolge aufsuchen. Am Parkplatz vor dem Eingang zum Campingplatz wendet man sich also nach links und überquert auf einer Holzbrücke den nördlichen Quellbach des Lehman Creek. Ganz sanft steigt der Weg durch den schattigen Fichtenwald bis zum südlichen Quellbach, wo sich der Weg teilt. Rechts weitergehend sind wir kurz darauf schon am Teresa Lake, der im Wald türkisgrün schimmert. Es geht noch ein Stück weiter aufwärts bis zum Stella Lake. Um den blau leuchtenden Stella Lake lichtet sich der Wald und macht einem Wiesenufer Platz, das im Juli und August von zarten, aber in kräftigen Farben leuchtenden Wildblumen übersät ist. Im kalten Wasser des flachen Sees, der über die Hälfte des Jahres zugefroren ist, regt sich nur mikroskopisch kleines Leben. Über dem windbewegten Wasserspiegel ragt der Wheeler Peak auf. Ein schönes Bild, das sich am besten im Nachmittagslicht präsentiert. Obwohl der Weg so einfach zu bewältigen ist, kann man hier oben immer noch ganz allein sein, abgesehen von einem Erdhörnchen vieleicht, das auf einem Baumstumpf friedlich an seiner Mahlzeit knabbert. Auf dem Rückweg hinunter durch den Fichten- und Espenwald begleiten einen nur der Bach, dessen Wasserkaskaden über bemoosten Steinen glitzern, und der Wind, der in Böen vom Wheeler Peak herunterpfeift. Wild tritt auf die Lichtungen zum Dinner; eine Stimmung wie im Märchen, aber es ist wahr.

🥾 Wheeler Peak: Ein Fast-Viertausender mit weitem Ausblick

Wer höher hinaus will, steigt, die entsprechende körperliche Konstitution vorausgesetzt, auf den 3981 Meter hohen Wheeler

Ein Yellow Pine Chipmunk beim Abendessen.

Peak. Falls man sein Basislager auf dem gleichnamigen Campground aufgeschlagen hat, startet man gleich von dort und nimmt den Weg zum Stella Lake. Unweit vom See trifft man auf den 8 Kilometer langen Trail, der vom Parkplatz oberhalb der Zufahrt zum Campground ausgeht, etwa gleich lang ist wie der Weg vom Campingplatz aus, aber 84 Meter weniger an Höhe überwindet. Bleiben immer noch anstrengende 885 Meter in dünner Luft zu erklimmen. Oberhalb des Stella Lake passiert man die Baumgrenze. Hier regiert uneingeschränkt der Wind, zerzaust die wenigen Fichten, die in über 3300 Metern noch aushalten, und verkrüppelt den Bergwacholder. Oberhalb des Krummholzgürtels wachsen nur noch winzige Polster zarter Alpenflora zwischen dem ansonsten nackten Fels. Der graue Quarzit ist ein metamorphes Gestein, das unter hohem Druck aus dem Quarzsand eines früheren Meeresbodens umgeformt wurde. Spaltenfrost hat es in Millionen Brocken zerlegt, und über dieses Trümmerfeld geht es, geleitet von überdimensionalen Steinmännchen, nicht besonders steil, aber mühsam hinauf bis auf den kahlen Gipfel. Es gibt nichts Höheres in weitem Umkreis, und dementsprechend umfassend präsentiert sich die Aussicht auf die Bergketten und ausgetrockneten Seebecken des Great Basin. Doch auch bei gutem Wetter wird man es hier oben nicht sehr lange aushalten, der böige Wind treibt einen wieder zurück. Zeigen sich Wolken am Himmel, sollte man sowieso auf die Tour verzichten, das Wetter wird in diesen Höhen schnell zur unberechenbaren Gefahr, und die 8 Kilometer Rückweg auf dem holprigen Pfad erfordern schon unter normalen Umständen genug Aufmerksamkeit und Zeit. Für die ganze Unternehmung muß man etwa 7 bis 8 Stunden einplanen.

Bristlecone Pine Grove: Zu den ältesten Lebewesen der Erde

Der eigentliche Höhepunkt im Great Basin N.P. ist aber vielleicht ein Hain uralter Borstenzapfenkiefern, der Bristlecone Pine

Der Wheeler Peak, zweithöchster Berg Nevadas. Unter seinen Nordabstürzen hat sich ein Eisfeld erhalten.

Grove. Der 3 Kilometer lange Weg führt über 150 Höhenmeter hinauf zu diesen faszinierenden Bäumen, beginnt wieder am Wheeler Peak Campground und ist im ersten Teil identisch mit dem Weg zum Teresa Lake. Bei der Wegteilung wenden wir uns aber diesmal nach links, queren einen bewaldeten Steilhang oberhalb des Brown Lake und erreichen einen wüsten Haufen von Quarzitbrocken, den die Endmoräne eines Gletschers im Kar unter den Nordostabstürzen des Wheeler Peak bildet. Auf diesem unwirtlichen Boden, Stürmen, Frost, Massen von Schnee, dann wieder Hitze und einer gnadenlos strahlenden Höhensonne ausgesetzt, an der äußersten Grenze also, an der Bäume hier überhaupt wachsen können, gedeiht die Bristlecone Kiefer am allerbesten. Exemplare an tieferen, geschützteren Lagen wachsen zwar erheblich schneller, werden aber gerade mal so an die 400 Jahre alt. Immerhin. Die wildzerklüfteten Baum-Fossile auf 3200 Metern Meereshöhe werden jedoch zu Methusalems. Im Jahre 1964 hat man in diesem Hain einen Baum namens Prometheus umgesägt und an Hand seiner Wachstumsringe festgestellt, daß er unvorstellbare 4900 Jahre zuvor Wurzeln geschlagen hatte. Erst 300 Jahre später machten sich die Ägypter an den Bau der Pyramiden von Gizeh. Wie lange dieses bislang nachweislich älteste

*Alles ist vergänglich.
Selbst die Bristlecone Pines ...*

Lebewesen auf Erden noch überdauert hätte, weiß niemand, es wird aber angenommen, daß die Bristlecones älter als 5000 Jahre werden können. Inmitten dieser Zeugen einer fernen Zeit und angesichts der eigenen statistischen Lebenserwartung wird man still, ehrfürchtig und nachdenklich. Von irgendeinem Stundenbedarf für diese Tour in eine andere Zeitdimension zu berichten, erscheint mir ziemlich lächerlich. Sagen wir es so: Es dauert nicht lange, um für kurze Zeit ein Stückchen durch die Ewigkeit zu hetzen.

Vom Great Basin N.P. zum Cedar Breaks N.M.

Noch sind wir nicht am Ende dieser Rundtour III. Was noch auf dem Programm steht, das **Cedar Breaks N.M.** (beschrieben ab Seite 138), der **Bryce Canyon N.P.** (beschrieben ab Seite 85), der **Zion N.P.** (beschrieben ab Seite 92), die Gegend um **Page** (beschrieben ab Seite 38) sowie der Südrand des **Grand Canyon N.P.** (beschrieben ab Seite 30), ist bekannt von den Rundtouren I und II. Bleibt noch die Streckenbeschreibung vom Great Basin N.P. bis zu den Cedar Breaks.

Bei Garrison fahren wir hinein nach Utah. Wir sind noch immer im Great Basin, und dementsprechend geht es wieder von einer Sagebrush-Ebene in die nächste, über einen Paß bis zur nächsten Bergkette. An ein paar bewässerten Oasen zwischen all der Trockenheit weiden wenige Kühe. Daneben gibt es jede Menge *Wildlife* zu bestaunen. Zwei Rehe, drei Waschbären, bestimmt mehr als zehn Vögel – und nicht mehr als fünf Autos. Das alles auf den 89 Meilen des Highway 21 bis Milford, wo es die nächste Tankstelle gibt. Macht pro Meile immerhin 0,056 Kraftfahrzeuge!

Ab Milford wird es etwas lebhafter und dank des Beaver River auch grüner. Die 21 führt weiter zur Interstate 15 und zur Ortschaft Beaver. Beim Exit 78 verlassen wir die Autobahn und fahren von Parowan auf dem Highway 143 ziemlich steil hoch nach Brian Head und in das Cedar Breaks N.M.

Der Rest der Runde ist aus den vorangegangenen Kapiteln bekannt. Sollten wir in Las Vegas gestartet sein, neigt sich das letzte Zeitdrittel der Reise langsam dem Ende entgegen. Wer der Routenvariante an den Pazifik und nach San Francisco nicht gefolgt ist, kann ab Page eventuell noch einen Abstecher zum Monument Valley machen und über den Canyon de Chelly und die Hopi Mesas zum Grand Canyon fahren.

Wer die Rundreise in San Francisco begonnen hat und ab Page noch bis ins Indianerland vordringen will, muß überlegen, wie sich das zeitlich auf die weitere Streckenführung auswirkt. Wer auf seiner Route ab und bis San Francisco wirklich gar keinen Wert auf den Besuch von Las Vegas legen sollte, kann seine Fahrt vom Südrand des Grand Canyon zum Joshua Tree N.M. zwischen Kingman und Lake Havasu City ein gutes Stück abkürzen. Schade wär's allerdings schon ein wenig.

All die vielen Worte und selbst die Bilder können kaum wiedergeben, wie herrlich sich der Südwesten der USA präsentiert.

Machen Sie sich die Freude, diese phantastischen Landschaften selbst zu sehen, zu erfahren, zu erwandern, zu erleben.

... und der Bryce Canyon, der sich auf diesem Teil des Fairyland Trail im Endstadium zeigt.

Register

Agate House Trail 121
Alpine Lakes Trail 184, 185
Alpine Pond Trail 139
Alta Trail 162
Angels Landing Trail 96
Antelope Canyon Trail 40
Arches N.P. 64 ff.
Aztec Ruins N.M. 131

Baker Lake Trail 184
Balanced Rock Trail 65
Bear Hill Trail 162
Betatakin Trail 43, 44
Big Stump Trail 164, 165
Black Forest Trail 123
Blue Mesa Trail 121, 122
Bridalveil Fall Trail 173
Bright Angel Trail 35, 36
Bristlecone Pine Trail 187, 188
Broken Arch Trail 68
Bryce Canyon N.P. 85 ff.
Buckskin Gulch Trail 39, 40

Cactus Forest Trail 113
Calf Creek Recreation Area 82
Canyon de Chelly N.M. 48 ff.
Canyonlands N.P. 56 ff.
Capitol Reef N.P. 78 ff.
Cassidy Arch Trail 81
Cathedral Lakes Trail 177
Cedar Breaks N.M. 138 ff.
Cedar Ridge Trail 35
Chaco Culture National Historical Park 128 ff.
Chesler Park Trail 61
Chiricahua N.M. 116 ff.

Cliff Palace Trail 134, 135
Cohab Canyon Trail 80
Confluence Overlook Trail 57
Congress Trail 160
Crescent Meadow Loop Trail 121

Dead Giant Trail 164
Dead Horse Point State Park 71
Death Valley N.P. 102, 103
Delicate Arch Trail 69 ff.
Devils Garden Trail 67
Douglas Spring Trail 114

Edge of the Cedars S.P. 55
El Malpais N.M. 126
El Morro N.M. 124
Elizabeth Lake Trail 178
Emerald Pools Trail 98
Escalante Canyon Wilderness Area 83
Escalante Petrified Forest S.P. 83

Fairyland Loop Trail 89
Fiery Furnace Trail 66
Four Mile Trail 175
Fortynine (49) Palm Oasis Trail 152
Freight Wagon Trail 113
Fremont River Trail 79
Frying Pan Trail 80

Gateway to the Narrows Trail 94
Giant Logs Trail 121
Glen Canyon N.R.A. 38
Goblin Valley S.P. 73
Goosenecks S.P. 50
Grand Canyon N.P. 30 ff.

Grand Canyon N.P. North Rim 142
Grand Gulch Primitive Area 51
Grant Grove Trail 164
Great Basin N.P. 182 ff.
Great Gallery Trail 76

Hailstone Trail 117
Half Dome Trail 175
Hat Shop Trail 87
Hazelwood Nature Trail 161
Heart of Rocks Trail 118
Hidden Valley Trail 153
High Sierra Camp Loop Trail 178, 179
Horseshoe Canyon (Canyonlands N.P.) 73, 76
Hovenweep N.M. 137
Hubbel Trading Post National Historic Site 47
Huckleberry Meadow Trail 161
Hugh Norris Trail 112

Inscription Rock Trail 124
Inspiration Point Trail 117
Island In The Sky (Canyonlands N.P.) 71 ff.

John Muir Trail 175
Joshua Tree N.P. 150 ff.

Ken Patrick Trail 142
King Canyon Trail 111
Kings Canyon N.P. 156, 158, 164 ff.
Kolob Canyons Section (Zion N.P.) 141

Lake Mead N.R.A. 24
Lakes Trail 162, 163

Lava Flow Nature Trail 27
Lehman Creek Trail 184
Lembert Dome Trail 177
Lexington Arch Trail 184
Loma Verde Trail 113
Long Logs Trail 121
Long Meadow Loop Trail 161

Maze District (Canyonlands N.P.) 73
Mesa Arch Trail 71
Mesa Top Trail 124
Mesa Verde N.P. 132 ff.
Mica Mountain Trail 114
Mirror Lake Trail 173
Mist Falls Trail 166
Mist Trail 174
Mono Lake 179
Monument Valley National Tribal Park 44
Mount Whitney Trail 148

Narrows Trail 94
Natural Bridges Loop Trail 52
Natural Bridges N.M. 52 ff.
Navajo N.M. 42
Navajo Loop Trail 87
Needles District (Canyonlands N.P.) 56 ff.
Nevada Fall Trail 174
Newspaper Rock State Historical Monument 55, 62
North Grove Trail 164
North Kaibab Trail 142
North Rim (Grand Canyon N.P.) 142

O'Leary Peak Trail 27
Organ Pipe Cactus N.M. 109

Painted Desert 123
Panorama Trail 175, 176

Paradise Valley Trail 166, 167
Paria Canyon Trail 39, 40
Paria Canyon-Vermillion Cliffs W.A. 39
Park Avenue Trail 65
Peekaboo Loop Trail 88
Petrified Forest N.P. 120 ff.
Petroglyph Point Trail 136
Pink Hills Trail 113, 134
Pothole Point Trail 57
Prater Ridge Trail 134
Pueblo Alto Trail 130

Queens Garden Trail 88

Rainbow Bridge N.M. 38
Rampart Trail 139
Rim Trail 33
River Trail 166
Riverside Trail 94
Roadside Ruin Trail 57
Roaring Springs Trail 142
Ryan Mountain Trail 153

Saguaro N.M. 110 ff.
Sand Dune Arch Trail 66, 68
Scout Lookout Trail 96
Sendero Esperanza Trail 112
Sequoia N.P. 156 ff.
Sequoias, Trail of the 161
Skull Rock Trail 151
Slickrock Foot Trail 60
Soldiers Trail 162
South Kaibab Trail 35
South Rim (Grand Canyon N.P.) 30 ff.
Spruce Tree House Trail 135
Squeeze Pen Trail 113

Sunset Crater Volcano N.M. 25 ff.
Sunset Trail 164

Tanque Verde Trail 114
Tokopah Falls Trail 163
Tonto Trail 35
Transept Trail 142
Tucson Mountain County Park 110
Tufa State Reserve 179
Tuolumne Meadows (Yosemite N.P.) 177 ff.
Twin Lakes Trail 164

Uncle Jim Trail 142
Under The Rim Trail 87
Upheaval Dome (Syncline-)Trail 71
Upper Yosemite Falls Trail 176

Valley of Fire S.P. 99
Vernal Fall Trail 174

Wasson Peak Trail 111
Weeping Rock Trail 98
Wentworth Trail 113
West Rim Trail 96
Wheeler Peak Trail 186, 187
White House Trail 48
Widforss Trail 142
Wildhorse Trail 113
Windows Trail 65, 66
Wonderland of Rocks Trail 117
Wupatki N.M. 28 ff.

Yosemite Creek Trail 176
Yosemite Falls Trail 173
Yosemite N.P. 169 ff.
Young Lakes Trail 177

Zion N.P. 92 ff.
Zumwalt Meadow Trail 166
Zuni-Acoma Trail 126

1. Auflage 1995
© 1995 Bergverlag Rudolf Rother GmbH, München

ISBN 3-7633-3005-4

Lektorat und Gestaltung: Anette Köhler, Barbara Hörmann
Satz: Bergverlag Rudolf Rother GmbH, München

Reproduktionen: fotolitho Stampfer, Bozen

Kartographie: Elsner & Schichor, Ingenieurbüro für Karten & Grafik, Karlsruhe

Gesamtherstellung: Rother Druck GmbH, München

Printed in Germany

(2431/51083)

Die Ausarbeitung aller in diesem Führer beschriebenen Wanderungen erfolgte nach bestem Wissen und Gewissen des Autors.
Die Benützung des Führers geschieht auf eigenes Risiko.
Soweit gesetzlich zulässig, wird eine Haftung für etwaige Unfälle und Schäden jeder Art aus keinem Rechtsgrund übernommen.

Bildnachweis:

Sämtliche Fotos vom Autor.

Umschlagbild: Der Delicate Arch im Arches N.P.
Seite 2/3: Bryce Canyon vom Bryce Point
Seite 4/5: Grand Canyon. Sonnenuntergang vom Desert View
Seite 20/21: Grand Canyon vom Mather Point
Seite 104/105: Sonnenuntergang auf dem Gilbert Ray Campground (Tucson Mountain County Park)
Seite 144/145: Am Olmstedt Point im Yosemite N.P.
Umschlagrückseite: Auf dem Fairyland Trail im Bryce Canyon N.P.